教育部人才培养模式改革和开放教育试点法学教材

法律逻辑学

（第三版）

主　编　王　洪

副主编　孔　红

撰稿人　王　洪　孔　红

　　　　朱素梅　张　鹰

中国政法大学出版社

2019·北京

图书在版编目（CIP）数据

法律逻辑学/王洪主编. —3版. —北京：中国政法大学出版社，2019.4（2024.7重印）
ISBN 978-7-5620-8946-9

Ⅰ. ①法… Ⅱ. ①王… Ⅲ. ①法律逻辑学 Ⅳ. ①D90-051

中国版本图书馆CIP数据核字(2019)第057918号

书　　名	法律逻辑学（第三版） Fa Lü Luo Ji Xue (Di San Ban)
出 版 者	中国政法大学出版社
地　　址	北京市海淀区西土城路25号
邮　　箱	fadapress@163.com
网　　址	http://www.cuplpress.com（网络实名：中国政法大学出版社）
电　　话	010-58908435(第一编辑部) 58908334(邮购部)
承　　印	北京鑫海金澳胶印有限公司
开　　本	787mm×1092mm　1/16
印　　张	16
字　　数	344千字
版　　次	2019年4月第3版
印　　次	2024年7月第4次印刷
印　　数	15001~20000册
定　　价	39.00元

作者简介

王 洪 王洪，男，1960 年生，湖南人，中国政法大学逻辑学硕士。中国政法大学逻辑研究所教授、博士生导师、中国政法大学法律思维与法律逻辑研究中心主任、中国逻辑学会法律逻辑专业委员会名誉主任、北京市逻辑学会会长。主要从事法律逻辑与现代逻辑研究。主持教育部"国家精品视频公开课"《法律逻辑与方法》，主持国家"十二五"重点图书出版规划项目《法律逻辑学》。出版了专著《制定法推理与判例法推理》（中国政法大学出版社 2016 年版）等，主编了教材《逻辑导论》（中国政法大学出版社 2016 年版）等。在《哲学动态》、《哲学研究》（逻辑学专辑）、《比较法研究》、《政法论坛》、《法哲学与法社会学》等杂志上发表"法律逻辑研究的主要趋向"等学术论文。

孔 红 1969 年生，山东人，中国社会科学院逻辑学博士。中国政法大学逻辑学研究所教授、逻辑学专业、法学理论专业法律逻辑方向硕士生导师，中国逻辑学会法律逻辑专业委员会副会长。主要研究方向为现代逻辑、法律逻辑。出版学术专著《逻辑中的表列方法》（中国政法大学出版社 2013 年版），发表的代表性论文有："判例类比推理的逻辑"（《湖北大学学报（哲学社会科学版）》2013 年第 4 期）、"道义逻辑与法律规范推理"（《哲学动态》逻辑学专辑 2006 年）等。译著有：《数理逻辑》（合译，[美] 蒯因著，中国人民大学出版社 2007 年版）、《推理的要素》（中国轻工业出版社 2018 年版）。

朱素梅 1965 年生，安徽人，华东师范大学逻辑学硕士。中国政法大学逻辑学研究所副教授、逻辑学专业硕士生导师，中国逻辑学会会员，国际语用论辩学会会员。曾参加国家社科基金项目：逻辑与知识创新，撰写其中的《逻辑为立法提供技术支持》（中国人民大学出版社 2002 年版）。主要译著有：《数理逻辑》（合译，[美] 蒯因著，中国人民大学出版社 2007 年版）、《法律与市场经济》（合译，[美] 马洛伊著，法律出版社 2006 年版）。

张 鹰 张鹰，1968 年生，河北人，中国政法大学逻辑学硕士。中国政法大学逻辑学研究所副教授，中国逻辑学会会员。主要从事逻辑学基础理论、法律逻辑学的研究与教学工作。参加编写了《逻辑引论》（华文出版社 1998 年版）、主编了《法律逻辑学》（商业出版社 2015 年版）等教材，发表了"简析《监狱法》的立法技术问题""论法律规范语词的不一致性"等学术论文，译著有《数理逻辑》（合译，[美] 蒯因著，中国人民大学出版社 2007 年版）。

出版说明

　　广播电视大学自 1979 年创建至今已有 20 多年，为国家培养了几十万法律专业高等专门人才。1999 年为适应我国社会经济发展，建设社会主义法治国家的需要，教育部现代远程教育工程，中央广播电视大学"人才培养模式改革与开放教育试点"项目，作为国家重点科研课题正式启动，法学专业本科人才培养模式改革与开放教育试点是该项目的重要组成部分。为了实现教育资源的优化配置，中央广播电视大学和中国政法大学合作推出了法律专业专科起点的本科教育，同时邀请了北京大学、中国人民大学等部分高等学校的专家参加教学资源的建设。

　　为了更好地探索现代远程开放教育规律，充分体现学生自主学习的特点，中央广播电视大学结合 20 多年办学经验，从教材的体例、版式设计上做了改革，以适合学生的学习，在内容上力求反映应用性的特点，使学生掌握本学科的基本概念和理论体系，具有分析问题和解决问题的能力，培养其自学能力和认识事物的创新能力，以满足人才培养模式改革和开放教育的需求。在建设文字教材的同时，我们还根据远程开放教育的特点，辅之以录音、录像、CAI、网络软件等学习材料为学习者提供学习支持服务。本教材为中央广播电视大学实施教育部"人才培养模式改革和开放教育试点"项目法学专业系列教材。

　　该系列教材分别由中央广播电视大学出版社和中国政法大学出版社等出版。在教材建设过程中，我们得到了中央广播电视大学、中国政法大学、北京大学、中国人民大学、清华大学、中国人民公安大学、中央民族大学、对外经济贸易大学、中国社会科学院法学研究所、国家法官学院等十几家高等院校、法学研究机构、国家司法机关的有关专家、学者的大力支持，在此表示衷心的感谢。

法学教材编委会

2007 年 7 月

第三版说明

本书主要介绍逻辑基本理论与方法。这是法律论证与推理、法律分析与批判的最基本工具，在法律制定、法律解释与法律适用中具有最广泛的运用。正如《牛津法律指南》指出："法律研究和适用法律要大量地依靠逻辑。在法律研究的各个方面，逻辑被用来对法律制度、原理、每个独立法律体系和每个法律部门的原则进行分析和分类；分析法律术语、概念，以及其内涵和结论，它们之间的逻辑关系，……在实际适用法律中，逻辑是与确定某项法律是否可适用于某个问题、试图通过辩论说服他人或者决定某项争执等相关联的。"

本书在第二版基础之上修订而成，主要对错误与疏漏之处加以补正。本书由王洪教授主持修订，原作者参与了修订。具体分工如下：

王洪：第一章、第二章、第四章（第二节）；

孔红：第三章、第四章（第一节）；

朱素梅：第五章、第七章（第二节）；

张鹰：第六章、第七章（第一节、第三节）。

本书的修订得到了中国政法大学和中央广播电视大学的大力支持，中国政法大学出版社为本书修订做了大量细致而富有创造性的工作，在此一并表示衷心的感谢。

由于作者学力所限，书中难免有错误和疏漏之处，还请逻辑学界、法学界的专家学者和广大读者批评指正。

编　者

2019 年春天于北京中国政法大学

第二版说明

　　本书主要介绍逻辑基本理论与方法，这是法律分析、法律批判、法律推理与法律论证的最基本的逻辑工具，在法学研究与法律实践中具有最广泛的运用。

　　本书在第一版基础之上修订而成，主要对错误与疏漏之处加以修正。本书由王洪教授主持修订，原作者参与了修订，具体分工如下：

　　王　洪：第一章、第二章、第四章（第二节）

　　孔　红：第三章、第四章（第一节）

　　朱素梅：第五章、第七章（第二节）

　　张　鹰：第六章、第七章（第一节、第三节）

　　本书的修订得到了中国政法大学和中央广播电视大学的大力支持，中国政法大学出版社为本书修订出版做了大量细致而富有创造性的工作，在此一并表示衷心的感谢。

　　本书难免还有错误与疏漏之处，请逻辑学界、法学界专家学者及广大读者批评指正。

《法律逻辑学》课程组

2007 年 7 月

第一版说明

本教材是在中央广播电视大学文法部和中国政法大学经济法系的推动下，在中央广播电视大学教务处、中国政法大学教务处和法律系以及中国政法大学出版社支持下出版的。

本教材是在多年逻辑教学和研究的基础之上写成的。逻辑学作为一门工具性的基础学科，其生命力在于应用。逻辑作为分析的工具、推理的工具、论证的工具，在法律研究和法律工作中具有广泛的应用。本教材充分吸收了现代逻辑的研究成果，同时又保留了传统逻辑的作用知识，介绍了逻辑学的基本理论和基本方法。本教材力求内容充实、重点突出、简明扼要、通俗易懂，便于学生理解和掌握。同时，本教材力求理论联系实际，注重运用逻辑理论分析和解决实际问题，以适应逻辑教学的需要，适应法律研究和法律工作的需要。

本教材由王洪担任主编，孔红担任副主编。作者撰写分工如下：

王　洪：第一章、第二章、第四章（第二节）

孔　红：第三章、第四章（第一节）

朱素梅：第五章、第七章（第二节）

张　鹰：第六章、第七章（第一节、第三节）

本教材的编写，参考了黄菊丽、王洪主编的《逻辑引论》和王洪主编的《逻辑学》，得到了逻辑学界许多学者的热情关怀。主编中国政法大学王洪副教授在时间非常紧张的情况下，仍组织作者完成了编写工作，为教材的出版付出了大量的心血。中国政法大学出版社社长李传敫先生也给予了大力支持。在本教材的建设过程中，中国政法大学黄厚仁、黄菊丽教授、北京师范大学吴家国教授、中央广播电视大学基础部王道君副教授对《法律逻辑学》教学大纲及书稿进行了审定，并提出了宝贵的意见。参加大纲和书稿审定工作的还有中国政法大学王洪副教授、中央广播电视大学文法部沉芸老师、中国政法大学出版社副编审杜娟、编辑韩思艺。在此一并表示衷心的感谢。

本教材不足之处，请读者批评指正，以便修正和提高。

《法律逻辑学》课程组

2001 年 12 月

目　录

第一章

绪　论

第一节　逻辑学的对象

一、"逻辑"的含义

"逻辑"一词是英语 logic 的音译，英语 logic 一词源于古希腊语 λόγοδ（逻各斯）一词，λόγοδ 一词原意指言辞、思想、理性、规律性 等。"逻辑"这个词在现代汉语中是个多义词。它主要有以下几种含义：

"逻辑"一词是一个多义词

1. 指称客观事物的规律。例如，"新生事物不可战胜，而腐朽的东西终究要灭亡，这是事物发展的逻辑。"此处的"逻辑"是指客观事物发展的规律。

2. 指称某种理论、观点或说法。例如，"康德的先验逻辑"，此处的"逻辑"是指一种哲学理论。又如，"明明是侵略，却说成是友谊，这是强盗的逻辑"，此处的"逻辑"是指一种说法或观点。

3. 指称逻辑规则或逻辑规律。例如，"推理要合乎逻辑"，此处的"逻辑"是指逻辑规则或规律。

4. 指称逻辑学。例如，"古代的逻辑是和当时的语法学、修辞学密切结合的"，"逻辑是法学专业学生的必修课程"，此处的"逻辑"是指逻辑学这门科学。

二、逻辑学的研究对象

逻辑学是一门古老的学科，至今已有二千多年的历史。这门学科最早是由古希腊思想家亚里士多德（公元前384年~公元前322年）创立的。在很长一段时期里，逻辑学与哲学、修辞学和论辩术（dialectica，其原意是指谈话的艺术）等方面的学问交织在一起。经历了一个漫长的过程，它才逐渐从相关学科中分化出来，成为一门独立的学科。到了欧洲近代，才通用"逻辑"一词来指称研究推理或论证的学问，这种用法沿用至今。

逻辑学的历史源远流长

亚里士多德研究的逻辑主要是演绎逻辑，他建立了人类历史上最早的一个演绎逻辑系统。但他尚未用"逻辑"一词来指称其理论，亚里士多德的逻辑理论著作称为《工具论》，这是古代最完整的一部逻辑著作。16世纪以后，随着自然科学的发展和实验科学的兴起，英国思想家弗兰西斯·培根（1561年~1626年）创立了归纳逻辑。培根认为亚里士多德的逻辑不能发现科学原理，不是发现的逻辑，不是发明的逻辑。他认为逻辑学应成为发明的逻辑、发现的逻辑，他提出一种新的逻辑作为科学的新工具，这就是归纳逻辑。为了与亚里士多德的逻辑相区别，培根将自己的逻辑著作称为《新工具》。18世纪，德国哲学家康德（1724年~1804年）以"形式逻辑"一词指称亚里士多德的逻辑，从此就通行"形式逻辑"一词。狭义的形式逻辑指演绎逻辑，广义的形式逻辑还包括归纳逻辑。逻辑学作为一门学科，通常就是形式逻辑这门学科的简称。

逻辑学的由来

逻辑学的主要研究对象是推理形式及其规律。

什么是推理？推理是以一个或几个命题为根据或理由，从而得出另一个命题的思维过程。推理的根据或理由称为前提，得出的命题称为结论。推理是由前提和结论两部分组成的。

逻辑学主要是研究推理形式及其规律的

例1　如果他的行为构成侵权行为，则他应当承担赔偿责任，

他的行为构成侵权行为，

所以，他应当承担赔偿责任。

例2 有些青年不是律师，

所以，有些律师不是青年。

例3 凡上层建筑是有阶级性的，

凡法律是上层建筑，

所以，凡法律是有阶级性的。

这是三个不同的推理。在三个推理中，"所以"之前的命题是前提，其后的命题是结论。

什么是推理形式？推理形式是命题形式的序列。而命题形式是由逻辑常项和变项组成的表达式。作为推理前提和结论的命题，由两个部分组成：①词项或命题；②联结词项或联结命题的逻辑联结词。逻辑联结词也称为逻辑常项。如果将推理前提和结论中的词项或命题（支命题）替换为变项，逻辑常项保持不变，就得到该推理的形式。

只有理解命题形式，才能理解推理形式。只有把握推理形式，才能真正理解逻辑学的对象

用相应的变项替换上述推理中的词项或命题，而逻辑常项保持不变，就可以得到其推理形式。上述推理的形式分别为：

用相应的变项符号替换词项或命题，就可以得到推理形式

例1 如果p则q

p

所以，q

例2 有S不是P

所以，有P不是S

例3 凡M是P

凡S是M

所以，凡S是P

显然，推理是由命题组成的；推理形式是由命题形式序列组成的；而命题形式是由变项和逻辑常项两种成分组成的。

在命题形式中，逻辑常项是含义固定不变的成分，它所指称的不是具体的事物或具体的事物情况，它所指称的是事物或事物情况之间的某种逻辑关系。例如，"如果……则……""有……不是……""凡……是……"等是逻辑常项。

理解逻辑常项的含义

在命题形式中，变项是可变的成分，它可以表示任一事物或事物情况，没有固定所指。例如，上述命题形式中的M、S、P是词项变项；上述命题形式中的p、q是命题变项。词项变项可以表示任一词项。命题变项可以表示任一命题。

应当指出，推理是具体的，它涉及具体内容。推理形式是抽象的，它反映推理的形式结构。有时候，尽管两个推理所涉及的具体内容不同，但从形式来看，它们具有相同的形式结构，具有相同的推理形式。

例4　如果某甲是案犯，则某甲有作案时间，

某甲没有作案时间，

所以，某甲不是案犯。

例5　如果一个数是偶数，则它能被2整除，

这个数不能被2整除，

所以，这个数不是偶数。

这两个推理所涉及的具体内容是不相同的，但这两个推理的形式结构是相同的，它们有相同的推理形式：

如果p则q，

非q，

所以，非p。

由于推理的前提和结论都是命题，因而前提和结论有真假之分。符合客观事物情况的命题就是真命题；不符合客观事物情况的命题就是假命题。 命题有真假之分

推理形式没有真假之说，但有正确与错误之别。什么样的推理形式是正确的？什么样的推理形式是错误的？如果对推理形式中的变项作任何相应的代入，都不可能从真前提得出假结论，即只要前提为真，结论就真，则称该推理形式是正确的。如果推理形式中的变项存在一个相应的代入，使得从真前提得出假结论，则称该推理形式是错误的。正确的推理形式亦称为逻辑有效式（简称为有效式）；错误的推理形式亦称为逻辑无效式（简称为无效式）。推理形式正确的推理称为有效的推理；推理形式错误的推理称为无效的推理。 推理有正确与错误之别 注意正确推理形式的含义

根据正确的推理形式进行推理，不可能从真前提推出假结论，即只要前提为真，则结论必为真。因此，有效的推理其前提蕴涵结论，前提与结论之间具有逻辑上的必然联系。例1和例3的推理形式是有效式，其推理的前提与结论之间具有逻辑上的必然联系，只要前提为真，则结论必真。例2的推理形式是无效式，其前提与结论之间没有逻辑上的必然联系，即前提与结论之间没有蕴涵关系。 注意有效推理的特点

应当指出，一个推理是否有效，是就其推理形式而言的，是就其前提与结论之间是否具有逻辑上的必然联系而言的。它与推理涉及的具体内容无关，它与前提和结论事实上的真假无关。

前提和结论的真假问题，前提和结论是否符合客观事物情况的问题，这是事实问题，这是具体科学所研究的。逻辑学不研究前提和结论 注意事实问题和逻辑问题的区别

事实上的真假，不研究前提和结论是否符合客观事物情况。它主要关心推理是否有效，推理形式是否正确，前提与结论之间是否具有逻辑上的必然联系，前提是否蕴涵结论，前提能否推出结论。推理是否有效，推理形式是否正确，这是逻辑问题，这是逻辑学所要研究的。逻辑学的主要任务，就是要为判定推理形式是否正确提供一系列的判定方法或检验程序，就是要系统地揭示有效推理的规律和规则。前提与结论之间具有逻辑上必然联系的推理称为演绎推理；前提与结论之间没有逻辑上必然联系的推理称为非演绎推理。逻辑学也研究非演绎推理的一些方法。

三、逻辑的类型

（一）传统逻辑与现代逻辑

根据逻辑学历史发展阶段的不同，可以分为传统逻辑和现代逻辑。传统逻辑是指从古希腊亚里士多德开创至 19 世纪进入现代发展阶段以前所发展起来的逻辑理论和体系。19 世纪中期以后在欧洲建立起来的数理逻辑，相对于以往的逻辑体系来说，通常称为现代逻辑，亦称为符号逻辑，它是形式逻辑的现代类型。德国哲学家、数学家莱布尼兹（1646 年~1716 年）把逻辑推理处理成演算的思想，推动了数理逻辑的产生和发展。

（二）演绎逻辑与归纳逻辑

根据研究的推理的种类不同，可以分为演绎逻辑和归纳逻辑。演绎逻辑是研究演绎推理的。演绎推理是前提与结论之间具有逻辑上的必然联系的推理，演绎推理其前提蕴涵结论，其前提真则结论必然为真。归纳逻辑是研究非演绎推理的。非演绎推理是前提与结论之间没有逻辑上的必然联系的推理，非演绎推理其前提并不蕴涵结论，其前提真而结论未必真。

注意演绎逻辑与归纳逻辑的区别

（三）应用逻辑

运用现代逻辑的思想和方法，研究相关领域的推理规律，形成了相应领域的应用逻辑。根据相关领域的不同，可以把应用逻辑分为哲学逻辑、语言逻辑、法律逻辑等。

哲学逻辑是以数理逻辑为基础，以哲学概念、范畴和一般方法论问题为研究对象的形式理论。哲学逻辑包括两大类逻辑系统：一类是相对于经典逻辑而言的异常系统；另一类是经典逻辑的扩充系统。前者如模糊逻辑、弗协调逻辑等，后者如模态逻辑、时态逻辑、问题逻辑、认知逻辑、道义逻辑、命令逻辑等。

语言逻辑是应用现代逻辑和现代语言学（语言符号学）的成果和方法，结合语言交际中的语境，研究自然语言中各种类型的表达方式的意义、思维形式及其规律的科学。语言逻辑是一门新兴的正在建立的学科。

法律逻辑是一门以法律推理为主要研究对象的学科。它以法律推理为核心，结合案件事实的侦查与证明、法律解释与适用、法庭辩论与法院裁决等，研究其推理方法、推理规则、推理形式及其规律。法律逻辑是一门尚处创建阶段且正在迅速发展的学科。法律逻辑的研究，对于正确地制定法律、解释法律、适用法律具有重大的意义。

本书不是严格意义上的法律逻辑体系，也不准备对这方面的研究作更多的介绍。本书仍以逻辑学的基本理论和方法为主要内容，但在内容和体系上有所调整，其目的在于满足立法和司法实践工作的实际需要，为立法和司法实践工作提供一些基本的逻辑工具。本书适当介绍一些法律逻辑研究的成果，作为逻辑学基本理论和方法的延伸和补充。因此，本书主要介绍逻辑学的基本理论和方法，但这些基本理论和方法是法律逻辑等一切应用逻辑的重要基础。

四、逻辑与语言

逻辑与语言的联系十分密切。这是因为逻辑是研究推理形式的，推理形式是思维形式，而思维与语言是不可分割的，因此逻辑与语言也是紧密相连的。人们的思维活动，无论是思维的产生，还是思维活动的实现，思维成果的表达，都要借助于语言。人们正是通过对语言的研究与抽象，从而总结出思维的逻辑形式。当然，自然语言也存在一些不足：首先，自然语言有歧义性；其次，自然语言有模糊性；最后，自然语言的确定性依赖于一定的语言环境（简称为语境）。　　　　　自然语言的不足

自然语言的这些不足与科学思维、逻辑思维的严密性、准确性、细致性是不相容的。为了适应科学技术发展的需要，于是产生了人工语言。所谓人工语言，就是由人制造出来的用以表示某种意义的符号。这种语言严格贯彻一个符号一个意义的原则。由于人工语言的专一性和高度的抽象性，因此，使用形式化的人工语言来表达思想、描述推理，比自然语言具有更大的优越性。由于符号语言的高度抽象性，这就有利于思维简化、形式化；由于符号语言的专一性，这就有利于思维的精确化，不会出现含混不清、模棱两可等情况；由于符号语言摆脱了来自具　　人工语言的优点

体内容方面的困扰，从而使思维更加敏捷、方便。现代逻辑为了克服自然语言的歧义性和模糊性，以人工符号语言代替自然语言，研究推理形式及其有效性，使逻辑的推演像数学运算那样便捷和精确无误。这是逻辑学的一次重大的飞跃。显然，从自然语言的直观形态到符号语言的抽象形态都离不开语言，逻辑形式与语言形式密切相关。可以建立这样一种对应关系：词项是语言中的词或词组，命题是语言中的语句，推理是语言中的语句群。

逻辑离不开语言，二者密切相连，但是，逻辑学并不等同于语言学，二者的研究对象是不相同的：语言学研究语言，总结语言形式及其规律。逻辑学不专门研究语言形式及其规律，它是通过语言抽象出思维的逻辑形式及其规律。逻辑学与语言学是两门不同的学科。

第二节 逻辑学的性质和作用

一、逻辑学的性质

一门学科的性质是由它所研究的对象所决定的。逻辑学不是具体科学或经验科学，它不研究自然规律，不研究社会规律，不提供任何有关事实真理的知识。逻辑学也不是哲学，它不是关于世界观的学问。逻辑学也不是价值理论，它不对任何事物或事物情况作出任何价值上的判断。逻辑学主要是研究推理及其有效性的，它所提供的是推理形式及其规律的知识，提供的是逻辑真理的知识。

从研究对象理解学科的性质

1. 逻辑学是一门全人类性的科学，它自身的内容没有阶级性。不管哪个国家、哪个民族、哪个阶级，人们推理的形式结构及其规律是共同的，没有专门属于不同国家、不同民族、不同阶级和不同个人的推理形式及其规律。因此，逻辑学所提供的知识是全人类普遍适用的，逻辑的规范作用对所有的阶级、所有的个人都一视同仁。任何一个人进行分析、推理、论证，任何一个人要表达思想、建立理论，都要遵守共同的逻辑规律或规则，都要运用共同的逻辑工具。也恰恰因为如此，人们之间的思想交流、相互理解才可能成为现实。

从逻辑学的内容理解逻辑学的全人类性

2. 逻辑学是一门基础性的学科。逻辑学的基本理论在其他科学那里被当作一些普遍适用的原则和方法。任何一门学科都是由概念、命题、推理和论证所组成的理论体系，逻辑的原则和方法就为该理论体系的建立铺平道路。从某种意义上而言，逻辑是各门学科建立的基础，是各门学科迈向真理殿堂的前阶。另外，从学习和研究各门学科的角度来说，逻辑学所提供的知识，也是我们学习和研究其他各门学科的基础。正因为如此，在联合国教科文组织公布的学科分类中，逻辑学被列为七大基础学科的第二位。七大基础学科即数学、逻辑学、天文学和天体物理学、地球科学和空间科学、物理学、化学、生命科学。

3. 逻辑学是一门工具性的学科。逻辑学同数学一样，相对于其他基础学科而言，它是一门工具性的学科。它为包括基础学科在内的一切科学理论提供逻辑工具。逻辑学的基本理论在其他科学中被当作一些普遍适用的原则和方法。正如列宁所言："任何科学都是应用逻辑。"[1]逻辑学是人们进行有效推理和论证的工具，从而也是人们正确思维、正确表述思想和建立理论以及分析和批判错误思想的工具。

二、逻辑学的作用

1. 有助于人们正确认识事物，探寻新结果，获得新知识。观察、实验和假说是人们正确认识事物、作出科学发现的重要手段。正如恩格斯所言："只要自然科学运用思维，它的发展形式就是假说。"[2] 以少数科学原理或假说为前提，解释更多的现象和问题，这是近代自然科学突飞猛进的重要基础。逻辑学提供有效推理的工具，运用有效的推理形式，遵循正确推理的规则，可以从前提合乎逻辑地得出结论，从已知推出未知；可以观察、实验的结果以及少数科学原理或假说为前提进行推理，探寻新结果，获得新知识，解释尽可能多的问题或提出新的解释。正如恩格斯所言："甚至形式逻辑也首先是探寻新结果的方法，由已知进到未知的方法。"[3] 例如，牛顿运用万有引力定律解释了物体坠地，说明了行星的运行轨道。法国天文学家勒费里埃运用万有引力定律推算了海王星的空间位置，这种推算为后来的科学观测所证实。

逻辑学是推动科学发展的强有力的工具。逻辑学对于科学发现、科学原理的建立以及科学知识的发展具有重要的作用。爱因斯坦对逻辑学的作用曾有过很高的评价：西方的科学的发展以两个伟大的成就为基础。那就是希腊哲学家发明的形式逻辑体系（在欧几里得几何学中），以及通过系统的实验有可能找出因果关系（在文艺复兴时期）。这种评价是不为过的。

理解逻辑学的作用，有助于理解逻辑学的内容

---

〔1〕 列宁著，中共中央马克思恩格斯列宁斯大林著作编译局译：《哲学笔记》，人民出版社1974年版，第216页。
〔2〕 《马克思恩格斯选集》第4卷，人民出版社1995年版，第336页。
〔3〕 《马克思恩格斯选集》第3卷，人民出版社1972年版，第174页。

2. 有助于人们准确、严密地表述思想和构建理论体系。人们表述思想和建立理论，都力求思想要明确，条理要清楚，结构要严密，首尾要一贯，这些都是逻辑问题。正如毛泽东所言："写文章要讲逻辑。就是要注意整篇文章、整篇讲话的结构，开头、中间、尾巴要有一种关系，要有一种内部的联系，不要互相冲突。"[1] 逻辑学提供表述思想、建立理论的逻辑方法，运用逻辑知识，遵循逻辑规则和规律，有助于人们避免思想的含糊、混乱、自相矛盾，有助于人们合乎逻辑地表述思想和建立理论，有助于人们概念准确、条理清楚、结构严密地表述思想和建立理论体系。正因为如此，毛泽东说道：只有学会语法、修辞和逻辑，才能使思想成为有条理的和可以理解的东西。

科学理论赖以生存的根本就是不断地进行推理和论证。正如金岳霖所说："若不利用推论，则根本不能成系统，若利用推论，则不能不有命题方面的推论工具。"[2]"各种学问都有自己的系统，……既为系统，就不能离开逻辑。"[3]"逻辑的任务是发现一些规则，人们应用这些规则就能从已给定的一些公理得出科学定理，从而建立一门科学学说。"[4] 逻辑学提供从严格的事实判断、科学原理或假说命题出发得出逻辑推论的工具，提供组织其他任何理论系统的工具。运用正确的推理形式，遵循有效推理的规则，进行有效的推理，有助于建立一个严密的科学理论体系。例如，欧几里得几何学，就是凭借逻辑推理从少数几条公理出发，不断进行有效推理或论证，推出一系列的定理，从而建立起一个严密的几何学体系。

3. 有助于人们的论证更为严谨，更具有说服力。人们关于观点、主张、思想的争论离不开论证。人们论证思想都力求理由要充足，论证要严谨，要无懈可击，要具有说服力。正如冯友兰所言："苛察缴绕，使人不得反其意。"[5] 论证要有说服力，这要涉及多个方面的问题，其中也有逻辑问题。逻辑学最早正是为了满足思想论争的需要而产生和发展起来的，是为了满足伦理学和形而上学等哲学论证、政治的和法庭的辩论、数学的证明的需要而发展起来的，是由论辩术演变而来的。逻辑学提供有效论证的工具。掌握有效论证的逻辑方法，遵循有效论证的逻辑规则，有助于人们合乎逻辑地论证思想；有助于人们严密地论证思

---

[1] 《毛泽东选集》第 5 卷，人民出版社 1977 年版，第 127 页。
[2] 金岳霖：《逻辑》，三联书店 1961 年版，第 275 页。
[3] 金岳霖：《逻辑》，三联书店 1961 年版，第 259 页。
[4] ［德］肖尔兹：《简明逻辑史》，张家龙译，商务印书馆 1977 年版，第 9～10 页。
[5] 冯友兰：《中国哲学简史》，北京大学出版社 1985 年版，第 99 页。

想；有助于使人们的论证更具有说服力；有助于使本身正确的思想显示出真理的威力，使人不能不充分信服；有助于使本身正确的主张立于不败之地；有助于使正确的思想得到声张。有效论证的结论的必然性，既是真理的威力，也是逻辑力量的表现。难怪英国哲学家培根要这样说："读史使人明智，读诗使人灵秀，数学使人周密，科学使人深刻，伦理学使人庄重，逻辑修辞之学使人善辩。"的确，掌握逻辑这一工具，正是提高论证能力的必由之路。

4. 有助于人们揭露谬误、驳斥诡辩。在人们的思想、思想的表述、思想的论证、思想的论争中，不仅会有谬误，还有诡辩。诡辩就是有意地为错误的思想和言论进行辩护。正如黑格尔所说的那样，诡辩就是"以任意的方式，凭借虚假的根据，或者将一个真的道理否定了，弄得动摇了，或者将一个虚假的道理弄得非常动听，好像真的一样"。[1]诡辩者"可以替一切东西辩护，但同时也可以反对一切东西"。[2]思想论争中的谬误和诡辩涉及多个方面的问题，其中也有逻辑错误的问题。逻辑学不仅提供了正确表述和有效论证思想的方法，还提供了正确表述和有效论证思想的规则。因而逻辑学也就成为思想分析和批判的工具，成为人们揭露谬误、驳斥诡辩的不可缺少的工具。正如金岳霖所言：逻辑"它是思想的剪刀……它排除与它们标准相反的思想"。[3]"积极地说，逻辑就是'必然'；消极地说，它是取消矛盾。"[4]那些没有逻辑性或不符合逻辑的思想都会"由于触到逻辑这块礁石而沉没"。[5]掌握并熟练地运用这些逻辑工具，有助于人们敏锐地发现对方思想、论述及其论证中的逻辑错误，识破其诡辩手法，从而有力地揭露谬误，驳斥诡辩。正如黑格尔所言："当一个人自诩为能说出理由或提出根据时，最初你或不免虚怀领受，肃然起敬。但到了你体验到所谓说出理由究竟是怎样一回事之后，你就会对它不加理睬，不为强词夺理的理由所欺骗。"[6]掌握逻辑工具不但能保证自己不为其强词夺理所欺骗、所迷惑，而且能够揭露它、打击它、消灭它。

掌握逻辑工具对于揭露谬误、驳斥诡辩是非常重要的。据说古希腊有一个名叫欧提勒士的人，他向著名的辩者普罗达哥拉斯学习法律。两

---

〔1〕 〔德〕黑格尔：《哲学史讲演录》第 2 卷，贺麟、王太庆译，商务印书馆 1978 年版，第 7 页。
〔2〕 〔德〕黑格尔：《小逻辑》，贺麟译，商务印书馆 1980 年版，第 264 页。
〔3〕 金岳霖：《逻辑》，三联书店 1961 年版，第 259 页。
〔4〕 《金岳霖学术论文选》，中国社会科学出版社 1990 年版，第 516~517 页。
〔5〕 《金岳霖学术论文选》，中国社会科学出版社 1990 年版，第 442 页。
〔6〕 〔德〕黑格尔：《小逻辑》，贺麟译，商务印书馆 1980 年版，第 264 页。

个人曾订有合同，其中约定在欧提勒士毕业时付一半学费给普罗达哥拉斯，另一半学费则等欧提勒士毕业后头一次打赢官司时付清。但欧提勒士毕业后并不执行律师职务，总不打官司。普罗达哥拉斯等得不耐烦了，于是向法庭状告欧提勒士，他提出了以下二难推理或二难论证：

如果欧提勒士这场官司胜诉，那么，按合同的约定，他应付给我另一半学费；如果欧提勒士这场官司败诉，那么，按法庭的判决，他也应付给我另一半学费；他这场官司或者胜诉或者败诉；所以，他无论是哪一种情况都应付给我另一半学费。

欧提勒士不但不为其老师广征博引、头头是道的论证所迷惑，反而针对其二难推理，提出了一个完全相反的二难推理与之对抗：

如果我这场官司胜诉，那么，按法庭的判决，我不应付给普罗达哥拉斯另一半学费；如果我这场官司败诉，那么，按合同的约定，我也不应付给普罗达哥拉斯另一半学费；我这场官司或者胜诉或者败诉；所以，我不应付给他另一半学费。

欧提勒士的这一反驳，驳得有力，驳倒了普罗达哥拉斯的主张。这正可谓"其人之道还治其人之身"。这就是历史上著名的"半费之讼"。欧提勒士的眼光是敏锐的，其手法是高明的。掌握逻辑工具，正是达到这种境界的有效途径。

古希腊的法庭辩论曾是亚里士多德逻辑学产生的重要源泉。逻辑学在法学研究和法律工作中具有极其重要的作用。国家制定的法律，是人们的行为规范，是审判机关作出裁判的依据。法律概念的表述，法律条文的规定，必须明确、清晰、严密，必须前后一致、首尾一贯，绝不能含糊不清、漏洞百出，更不能自相矛盾、相互抵触、相互冲突。否则，势必导致法律适用的混乱。在刑事侦查中，查清案件事实，对案情作出正确的判断，不但需要进行深入细致的侦查，而且需要进行严密而周全的思考和推理，需要敏捷的思维。在法庭辩论中，诉讼双方对其诉讼主张和请求，不但要有确凿的证据和确实的理由，而且要作出严密、充分、有说服力的论证。在司法审判中，法院裁判必须以理服人，其判决必须说明理由，其判决论证要严谨，要无懈可击，要具有说服力，所有这些问题都与逻辑有关。逻辑学提供正确思维和正确表述思想的工具，提供正确推理和有效论证的工具，因此，不论是立法工作，还是司法工作，都要应用逻辑的理论和方法，都要遵循逻辑规律和规则，都要合乎逻辑。逻辑是正确制定法律、解释法律、适用法律不可缺少的重要工具。正如《牛津法律指南》中所言："法律研究和适用法律要大量地依靠逻辑。在法律研究的各个方面，逻辑被用来对法律制度、原理、每个

要做好法律工作就一定要掌握逻辑理论和方法

独立法律体系和每个法律部门的原则进行分析和分类，分析法律术语、概念以及其内涵和结论，它们之间的逻辑关系，……在实际适用法律的过程中，逻辑是与确定某项法律是否可适用某个问题、试图通过辩论说服他人，或者决定某项争执等因素相关联的。"[1] 因此，对于法律工作者来说，掌握逻辑工具是至关重要的。正如麦考密克所言："我们需要法律的技术人员，能干和有想象力的技术人员。但是，要成为这样一个技术人员，其任务就是要仔细研究技术。在律师们的技术当中，主要的就是进行正确的推理和有力的论证的技术。"[2]

□ 小　结

本章主要阐述逻辑学的学科性质，包括逻辑学的研究对象、逻辑的类型、逻辑学的性质和作用。其主要内容是：

一、逻辑学的研究对象

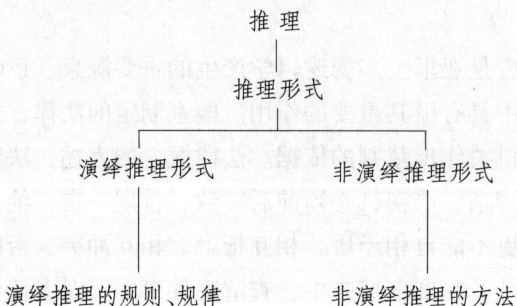

```
                    推　理
                      |
                   推理形式
                      |
        ┌─────────────┴─────────────┐
     演绎推理形式              非演绎推理形式
        |                          |
   演绎推理的规则、规律        非演绎推理的方法
```

二、逻辑的类型

（一）传统逻辑与现代逻辑

（二）演绎逻辑与归纳逻辑

（三）应用逻辑

---

〔1〕 David M. Walker, *The Oxford Companion to Law*, Published in the United States of America by Oxford University Press, New York, 1980.

〔2〕 ［英］麦考密克、魏因贝格尔：《制度法论》，周叶谦译，中国政法大学出版社1994年版，第131页。

三、逻辑学的性质和作用

（一）逻辑学的性质

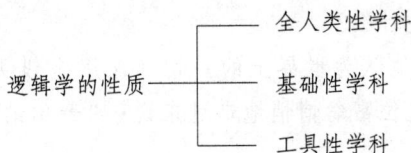

```
                    ┌── 全人类性学科
逻辑学的性质 ────────┼── 基础性学科
                    └── 工具性学科
```

（二）逻辑学的作用

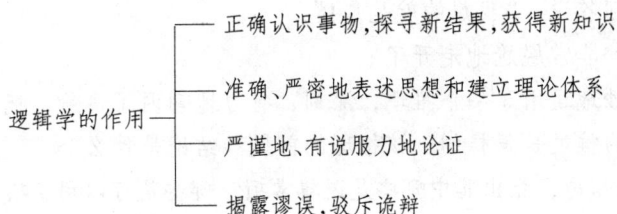

```
                  ┌── 正确认识事物，探寻新结果，获得新知识
                  │
                  ├── 准确、严密地表述思想和建立理论体系
逻辑学的作用 ──────┤
                  ├── 严谨地、有说服力地论证
                  │
                  └── 揭露谬误，驳斥诡辩
```

□练习与思考

一、名词解释

1. 逻辑常项
2. 命题形式
3. 推理形式
4. 正确的推理形式

二、简答题

（一）指出下列语句中"逻辑"一词的含义

1. 跨过战争的艰难路程之后，胜利的坦途就到来了，这是战争的自然逻辑。

2. 虽说马克思没有遗留"逻辑"，但他遗留下《资本论》的"逻辑"。

3. 黑格尔在形式逻辑学说方面没有专门的著作，只是在其主要哲学著作《大逻辑》《小逻辑》中的主观逻辑涉及主观性的这一部分，对形式逻辑略有论述。

4. 侵略者与被侵略者、掠夺者与被掠夺者之间，明明是你死我活，但帝国主义强盗们却硬要说成是"共享幸福"。这是屠夫与牛羊"共享幸福"的荒谬的逻辑。

5. 诡辩就是有意地为错误思想和言论进行辩护，它或者违背事实，或者违反逻辑。

（二）分析下面实例中所包含的推理

1. 1794年深秋，一位法军统帅接到报告：有人看见蜘蛛大量吐丝结网。统帅据此推断说："干冷天气快要到来。"于是发布一项新的军事行动命令。请分析统帅的推理过程是怎样的？该推理的前提和结论是什么？

2. 一位富翁相信金钱万能，他认为世界上的一切都能用金钱买到。在一次晚会上，萧伯纳正在专心地想他的心事。这位富翁悄悄地走过来说："萧伯纳先生，我愿出一美元打听你在想什么。"

萧伯纳回答说："我想的东西不值一美元。"

富翁又好奇地问："那么，您究竟在想什么呢？"

萧伯纳幽默地回答说："我想的就是您！"

富翁听到回答，非常尴尬地走开了。

萧伯纳在此巧妙地运用了一个推理，深刻、有力地嘲讽了富翁，把富翁贬得不值一美元。请分析萧伯纳的推理是怎样的？该推理的前提和结论是什么？

（三）分析下列语句，指出其中哪些是逻辑常项？哪些是可以用变项符号表示的部分？

1. 凡含有黄曲霉素的食品都是致癌物。

2. 有些足球迷不是青年人。

3. 如果有法不依，那么有法亦同无法。

4. 我国是一个大陆国家并且是一个海洋国家。

5. 只有通过更多的争辩，才能发现更多的真理。

6. 错误的判决或者是认定事实错误或者是适用法律错误。

三、思考题

1. 逻辑学的研究对象是什么？

2. 逻辑学是一门什么性质的学科？

3. 学习逻辑学有什么意义？

第二章

命题逻辑

■学习目的和要求

通过本章学习，要求学生

●重点掌握：复合命题及其形式；复合命题推理的基本有效式；复合命题推理的其他有效式。

●掌握：复合命题的重言等值式；复合命题的综合推理。

●一般了解：命题概述。

第一节　命题概述

一、命题的特征

命题就是对事物情况的陈述。

例如：（1）"法律是有强制性的。"

（2）"原始社会的氏族习惯不具有阶级性。"

（3）"辩护律师反驳了公诉人的观点。"

（4）"如果行为不是出于行为人的故意或过失，就不认为是犯罪。"

命题有以下几个特征：

命题的几个特征

1. 任何命题都有所陈述。客观事物有各种各样的情况，命题是对事物情况的陈述。任何命题或者陈述事物情况如此这般，或者陈述事物情况不如此这般。总之，任何一个命题对事物情况都有所陈述。例如，上面那些陈述都是命题。如果对事物情况无所陈述，就不能成为命题。例如，当我们说："什么是不可抗力？"它既未陈述不可抗力是什么，也没有陈述不可抗力不是什么，它只是提出了一个问题，因而它不是命题。又如，"这个被告人有罪吗？"它没有陈述这个被告人有罪，也没有陈述这个被告人没有罪，它只是提出了一个问题，因而它也不是命题。

2. 任何命题都有真假。既然命题是对客观事物情况的陈述，就存在主观陈述与客观情况是否相符合的问题。如果命题所陈述的情况符合客观实际情况，这个命题就是真的；如果命题所陈述的情况不符合客观实际情况，这个命题就是假的。因此，任何命题都有真假，或者是真的，或者是假的。例如，"人民法院是审判机关"这个命题符合客观实际情况，因而它是一个真命题；"凡被告人都是有罪的"这个命题与客观实际情况不相符合，因而它是一个假命题。在逻辑学中，把命题的真和假称为命题的真值（或简称为命题的值）。逻辑学不研究某个特定命题在事实上的真假情况，即不研究某个特定命题的陈述是否符合客观实际情况。逻辑学只研究命题之间的真假关系及其规律。

注意逻辑学的这个特点

3. 任何命题都有内容和形式两个方面。任何命题都是由两种不同的成分组成的：一种是词项或命题，这是命题中的具体内容；另一种是联结词，它是联结具体内容的。

理解命题中的两种不同的成分

例如：（1）"凡违法行为是有社会危害性的。"

（2）"有些证人是不诚实的。"

（3）"如果溶液呈酸性，那么溶液能使石蕊试纸变红。"

在例（1）中，"违法行为"和"有社会危害性的"是词项，是具体内容；而"凡……是……"是联结具体内容的联结词。在例（2）中，"证人"和"不诚实的"是词项；而"有些……是……"是联结词。在例（3）中，"溶液呈酸性"和"溶液能使石蕊试纸变红"是命题；而"如果……那么……"是联结词。联结词起联结作用，并且表示被联结部分之间的逻辑关系。因而，联结词亦可称为逻辑联结词或逻辑常项。联结命题的联结词称为命题联结词。

理解逻辑联结词的两个作用

命题形式就是由词项变项或命题变项与逻辑联结词组成的表达式。如果把命题中的词项成分或命题成分（支命题）分别换为词项变项和命题变项，并用符号表示，就可以得到这个命题的形式。命题形式反映

理解命题形式的含义

命题的形式结构，反映命题的逻辑结构或内在的逻辑关系。命题形式是对一类命题的形式结构进行抽象或概括的结果，它为一类命题所共有。具有相同逻辑结构或形式结构的命题，就具有相同的命题形式。逻辑学不研究特定命题所涉及的具体内容，这些具体内容属于各门具体科学所研究的对象。逻辑学只分析命题形式，只从命题的形式结构方面研究它们的特征，研究各种形式的命题之间的真假关系及其规律。

掌握命题形式的分析方法
理解命题形式的作用
注意逻辑学的这个特点

二、命题与判断

命题是对事物情况的陈述。判断是对事物情况的断定，它是对陈述事物情况的命题的断定。一个命题可以是已被断定的，也可以是未被断定的。已被断定的命题就成为判断，未被断定的命题就不是判断。因此，所有判断都是命题，但并非所有命题都是判断。此外，一个命题因人、时间、地点、条件等不同，它可以是判断，也可以不是判断。

注意命题和判断的区分

例如，某甲到法院控告："某乙以诽谤方式侵害我的名誉权。"这是一个命题。这个命题对某甲来说是被断定为真的，因而是一个判断；但对审理这起案件的审判员来说，在他尚未查证之前，还不能断定这个命题的真假，因而是一个未被断定的命题，不是判断。

又如，某侦查员分析案情时说："假若某甲是案犯，某甲就有作案时间。"此时，该侦查员并未断定"某甲是案犯"为真或为假，也没有断定"某甲有作案时间"为真或为假，因而这两个命题都是未被断定的命题，不是判断。

再如，在科学研究中，经常对某些事物或现象作出假设或假说，这些假设和假说是推测性的陈述，是一些猜想，在它们未被检验之前，都是未被断定的命题，而不是判断。

在逻辑学中，既要研究已被断定的命题之间的真假关系，又要研究未被断定的命题之间的真假关系。因此，在逻辑学中采用"命题"的提法，比采用"判断"的提法更为恰当。

三、命题与语句

命题与语句具有密切的联系。任何命题都要运用语句来表达。命题是语句的思想内容，语句是表达命题的语言形式。但是，并非任何语句都表达命题，或者说，并非任何语句都陈述事物情况。一般说来，陈述句是表达命题的，疑问句中的反问句和某些感叹句则间接地表达命题，而大多数疑问句和感叹句不表达命题。

注意命题与语句的联系和区别

例如，"法律是立法机关制定和颁布的规范性文件"是陈述句，它表达命题。"难道他不应受到惩罚吗?"这个反问句表达了"他应当受到惩罚"这个命题。"这个凶手多么残忍呀!"这个感叹句表达了"这个凶手是残忍的"这个命题。"什么是正当防卫?"这个疑问句并未对事物情况有所陈述,因而它不表达命题。

命题与语句不是一一对应的,同一命题可以用不同的语句来表达。例如,"他是有罪的"和"难道他不是有罪的吗?"这两个语句就表达同一个命题。在不同的语境中,同一语句可能陈述不同的事物情况,表达不同的命题。例如,"他走后门"这个语句,既可以指他走的是后面的门,也可以指他办事没有通过正当的途径,这个语句表达了两个不同的命题。此时,要明确这个语句是在什么意义下使用的,要明确它陈述哪种情况、表达哪个命题。不能把一个语句表达的不同命题混为一谈。明确命题与语句的关系,有助于明确一个语句所表达的命题,有助于用恰当的语句准确地表达命题,这一点对于法律工作者而言尤为重要。

四、命题的种类

陈述事物情况的命题是多种多样的。

根据命题中是否包含命题联结词和其他命题成分,命题可以分为两大类:简单命题和复合命题。不包含命题联结词和其他命题成分的命题,称为简单命题。包含命题联结词和其他命题成分的命题,称为复合命题。

根据命题是陈述事物的性质,还是陈述事物间的关系,可以将简单命题分为直言命题和关系命题。

根据命题联结词的不同,可以将复合命题分为负命题、联言命题、选言命题、假言命题和等值命题。

根据命题中是否包含模态词,可以将命题分为模态命题和非模态命题。包含模态词的命题,称为模态命题;不包含模态词的命题,称为非模态命题。

根据命题中是否包含规范词,可以将命题分为规范命题和非规范命题。包含规范词的命题,称为规范命题;不包含规范词的命题,称为非规范命题。

第二节 复合命题及其形式

一、概述

复合命题就是包含命题联结词和其他命题成分的命题。把命题成分联结起来的联结词称为命题联结词，被联结词联结的命题成分称为支命题。支命题是构成复合命题的命题。

注意复合命题的定义和特点

例如，"某甲犯了放火罪并且犯了杀人罪"这个命题，就是由"某甲犯了放火罪"和"某甲犯了杀人罪"这两个支命题以及"……并且……"这个命题联结词组成的复合命题。

复合命题是陈述支命题之间逻辑关系的命题。命题联结词的作用之一是将支命题联结起来构成复合命题。命题联结词的另一个更为重要的作用是反映支命题之间的逻辑关系即真值关系。一般来说，命题联结词不同，复合命题所反映的支命题之间的逻辑关系即真值关系也就不同。在日常思维中，命题联结词还反映支命题之间在内容或意义上的联系。但是，逻辑学不研究命题联结词所反映的命题之间的内容或意义方面的联系，只研究命题联结词所表达的命题之间的逻辑关系即真值关系。逻辑学撇开命题联结词所联结的支命题之间在内容或意义上的联系，只从支命题之间、复合命题与其支命题之间的逻辑关系即真值关系方面研究命题联结词和复合命题的特征，换句话说，它只研究命题联结词和复合命题的逻辑性质。因此，逻辑学中的命题联结词只反映命题之间的逻辑关系即真值关系，而不反映命题之间在内容上或意义上的联系，这种命题联结词称为真值联结词。真值联结词是对自然语言中的命题联结词的逻辑抽象。

掌握命题联结词的两个作用

注意逻辑学的这个特点

逻辑学的研究成果表明，命题之间只存在五种基本的逻辑关系即真值关系。在自然语言中，表达这五种基本逻辑关系的基本的命题联结词是："并非……""……并且……""……或者……""如果……则……""……当且仅当……"等。在现代逻辑中，引进了五个基本的真值联结词来表达这五种基本的逻辑关系。这五个基本的真值联结词是：否定词"¬"、合取词"∧"、析取词"∨"、蕴涵词"→"、等值词"↔"。这五个符号¬、∧、∨、→、↔分别读作：否定、合取、析取、蕴涵、等值。这些真值联结词只反映命题之间的真值关系，它们的含义可以用真值表来刻画。现代逻辑证明：这五个基本的真值联结词对于表达复合命

掌握五种基本的命题联结词

掌握五个基本的真值联结词

题、表示命题之间的逻辑关系即真值关系来说是足够的。应当指出，就表达命题之间的逻辑关系即真值关系而言，上述五个基本的命题联结词和五个基本的真值联结词的作用是相同的。因此，本书在许多场合交替使用这两类词，把上述五个基本的命题联结词与五个基本的真值联结词等同起来使用。它们是：否定词（并非……）、合取词（……并且……）、析取词（……或者……）、蕴涵词（如果……则……）、等值词（……当且仅当……）。

> 注意这种等同使用

复合命题的支命题可以是简单命题，也可以是复合命题。以简单命题为支命题，即仅包含一个命题联结词的复合命题，称为基本的复合命题；以复合命题为支命题，即包含两个或两个以上命题联结词的复合命题，称为多重复合命题。

例如，"并非所有被告人都是有罪的"，就是由一个命题联结词"并非……"和一个简单命题"所有被告人都是有罪的"作支命题组成的基本的复合命题。"如果行为无社会危害性，或者情节显著轻微危害不大的，则不认为是犯罪"就是一个多重复合命题。它包含两个命题联结词"……或者……"和"如果……则……"。它的一个支命题"行为无社会危害性，或者情节显著轻微危害不大的"是一个复合命题。

命题有真假。命题的真假取决于它是否如实陈述了客观事物情况，复合命题的真假亦是如此。复合命题陈述支命题之间的逻辑关系即真值关系，因此，复合命题的真假与其支命题的真假情况有关，与其命题联结词也有关。

> 注意复合命题的这个特点

例如，就"某甲犯了放火罪并且犯了杀人罪"这个复合命题而言，如果事实上两个支命题都是真的，则这个复合命题是真的；如果事实上两个支命题不都是真的，则这个复合命题是假的。但就"某甲犯了放火罪或者犯了杀人罪"这个复合命题而言，如果事实上两个支命题有一个为真，则这个复合命题是真的；如果事实上两个支命题都是假的，则这个复合命题是假的。如果事实上"某甲犯了放火罪"这个支命题为真，而"某甲犯了杀人罪"这个支命题为假，则"某甲犯了放火罪并且犯了杀人罪"这个复合命题是假的，但是，"某甲犯了放火罪或者犯了杀人罪"这个复合命题是真的。

复合命题的形式就是由命题变项和真值联结词组成的表达式。复合命题形式，亦称为命题公式或真值形式。只要把复合命题中的命题成分即支命题分别替换为命题变项，用符号加以表示，就可以得到这个复合命题的形式。通常用英文字母 p、q、r……或 A、B、C……等表示命题变项。一个复合命题是具体的，一个复合命题形式则是抽象的表达式。

> 掌握复合命题形式的定义和分析方法

一个复合命题形式反映这个复合命题的形式结构，反映这个复合命题的逻辑结构或内在的逻辑关系。

在现代逻辑中，通常先研究复合命题及其推理，然后在此基础上研究简单命题及其推理，而后再研究其他命题及其推理。研究复合命题及其推理的逻辑理论称为命题逻辑，这是现代逻辑中最基础的部分。在命题逻辑中，对一个复合命题只分析到其中所包含的简单命题成分为止，把简单命题看作一个整体或基本单位，不再对简单命题的内部结构进行分析，把复合命题分析为简单命题的结合。因此，命题逻辑又被称为命题联结词的逻辑。在研究简单命题及其推理时，才对简单命题的内部结构进行分析。

> 注意命题逻辑的这个特点

命题之间只存在五种基本的逻辑关系，因而，复合命题以及复合命题形式即真值形式可以归结为五种，它们分别是：负命题、联言命题、选言命题、假言命题、等值命题。

> 掌握五种基本的复合命题及其形式

二、负命题

负命题就是陈述某个命题不成立的复合命题。它是对某个命题的否定，是对某个陈述的否定。

> 负命题的定义

例如：（1）"并非所有证据都是确凿的。"

（2）"凡有作案时间的人都是作案人，这种说法是不能成立的。"

（3）"并非某甲既犯贪污罪又犯盗窃罪。"

负命题由支命题和命题联结词"并非……"等构成。负命题是在欲否定的命题之前加上"并非……""不是……"等命题联结词，或在欲否定的命题后面加上"……并非如此""……是不成立的""……是假的"等命题联结词而构成的。被否定的命题称为支命题，它可以是简单命题，也可以是复合命题。

> 负命题的构成

负命题的命题联结词是"并非……"，用符号"¬"表示。符号"¬"称为否定词，读作"否定"或"并非"。在自然语言中，负命题的命题联结词的语言形式是多种多样的，除"并非……"外，还有"并不是……""……是不成立的""……是假的"等。

> 负命题的联结词

负命题的形式是：并非 p。

> 负命题的形式

负命题的形式可以表示为：¬p。¬p 称为否定式。

负命题否定某个命题，陈述某个命题为假。负命题与其支命题之间的真值关系是：负命题为真，当且仅当被否定的命题即支命题为假。如果事实上被否定的命题是假的，则负命题是真的；如果事实上被否定的

> 掌握负命题与其支命题之间的真值关系

命题是真的，则负命题是假的。反之亦然。即负命题与其支命题不可同真并且不可同假。

例如，如果事实上"某甲是有罪的"是假的，则"并非某甲是有罪的"为真；如果事实上"某甲是有罪的"是真的，则"并非某甲是有罪的"为假。反之亦然。

负命题与其支命题之间的真值关系，即原命题与它的负命题之间的真值关系是矛盾关系，这种关系可以用真值表表示如下：

p	¬p
+	−
−	+

真值表的作用就是表示复合命题与其支命题之间的真值关系，刻画相应真值联结词的逻辑性质。因此，掌握真值表，对于理解复合命题与其支命题之间的真值关系来说，是至关重要的

由于负命题只有一个支命题，它有真假两种可能情况，因而负命题的真值表只有两行，第一行表示 p 真时¬p 为假，第二行表示 p 假时¬p 为真。

负命题的真值表反映了负命题与其支命题之间的真值关系，刻画了负命题的逻辑性质，刻画了否定词的逻辑性质。基于真值表，可以根据支命题的真假情况，确定负命题在何种情况下为真，在何种情况下为假，反之亦然。

三、联言命题

联言命题就是陈述几个命题都成立的复合命题。它是陈述几种事物情况都存在的命题。

例如：（1）"某甲有作案动机并且有作案时间。"
（2）"鉴定结论和勘验笔录都是证据。"
（3）"丹诺是著名的律师而丹宁是著名的法官。"

联言命题由支命题和命题联结词"……并且……"等构成。用"……并且……"联结两个支命题就构成一个联言命题。联言命题的支命题称为联言支，一个联言命题的联言支至少有两个，联言支可以是简单命题，也可以是复合命题。如果联言支仍是联言命题，则称该联言命题有两个以上的联言支。具有两个以上联言支的联言命题与具有两个联言支的联言命题，其逻辑性质是相同的。

联言命题的命题联结词是"……并且……"，用符号"∧"表示。符号"∧"称为合取词，读作"合取"或"并且"。在日常语言中，

联言命题的定义
联言命题的构成
联言命题的联结词

联言命题的命题联结词的语言形式是多种多样的，除"……并且……"外，还有"……而且……""既……又……""……也……""……但是……"等，在日常语言中，这些词作为"并且"的近义词或同义词来使用。

联言命题的形式是：p 并且 q。　　　　　　　　　　　　*联言命题的形式*

联言命题的形式可以表示为：$p \wedge q$。$p \wedge q$ 称为合取式。

联言命题陈述几个支命题都是真的。联言命题与其支命题之间的真值关系是：联言命题为真，当且仅当联言支都是真的。如果事实上联言支都是真的，则这个联言命题是真的；如果事实上联言支不都是真的，即有一个或一个以上的支命题是假的，则这个联言命题是假的。反之亦然。　　　　　*联言命题与其支命题之间的真值关系*

例如，如果事实上某甲既有作案动机，又有作案时间，则"某甲有作案动机并且有作案时间"这个联言命题是真的；如果事实上某甲有作案动机但无作案时间，或者有作案时间但无作案动机，或者既无作案动机又无作案时间，则"某甲有作案动机并且有作案时间"这个联言命题是假的。反之亦然。

联言命题与其支命题之间的真值关系可以用真值表表示如下：　　*联言命题的真值表*

p	q	$p \wedge q$
+	+	+
+	−	−
−	+	−
−	−	−

由于联言命题形式 $p \wedge q$ 中有两个命题变项，共有四种真值情况，因而它的真值表共有四行。第一行表示：p 真 q 真时，$p \wedge q$ 为真；第二行表示：p 真 q 假时，$p \wedge q$ 为假；第三行表示：p 假 q 真时，$p \wedge q$ 为假；第四行表示：p 假 q 假时，$p \wedge q$ 为假。

联言命题的真值表反映了联言命题与其支命题之间的真值关系，刻画了联言命题的逻辑性质，刻画了合取词的逻辑性质。

四、选言命题

选言命题就是陈述几个命题中至少有一个命题成立的复合命题。它是陈述几种事物情况至少有一种情况存在的命题。　　　　*选言命题的定义*

例如：（1）"这个判决认定事实错误或者适用法律错误。"

（2）"某甲和某乙至少有一个是凶手。"

（3）"你说错了或者我听错了。"

选言命题由支命题和命题联结词"……或者……"等构成。用命 选言命题的构成
题联结词"……或者……"联结两个支命题就构成一个选言命题。选
言命题的支命题称为选言支，一个选言命题的选言支至少有两个。选言
支可以是简单命题，也可以是复合命题。如果选言支仍是选言命题，则
称该选言命题有两个以上的选言支。具有两个以上选言支的选言命题与
具有两个选言支的选言命题，其逻辑性质是相同的。

选言命题的命题联结词是"……或者……"，用符号"∨"表示。 选言命题的联结词
符号"∨"称为析取词，读作"析取"或"或者"。在日常语言中，
选言命题的命题联结词的语言形式是多种多样的，除"……或者……"
外，还有"……至少有一个成立""……不可都假"等，在日常语言
中，这些词作为同义词或近义词来使用。

选言命题的形式是：p 或者 q。 选言命题的形式

选言命题的形式可以表示为：p∨q。p∨q 称为析取式。

选言命题陈述几个支命题至少有一个是真的，即陈述几个支命题不
可同假，但可同真。选言命题与其支命题之间的真值关系是：选言命题 选言命题与其支命
为真，当且仅当选言支至少有一个是真的。如果事实上选言支至少有一 题之间的真值关系
个是真的，即选言支不都是假的，则这个选言命题是真的；如果事实上
选言支都是假的，则这个选言命题是假的。反之亦然。

例如，如果"他爱好音乐"和"他爱好游泳"有一个为真或者两
个都真，则"他爱好音乐或游泳"这个选言命题为真；如果事实上这
两个命题都是假的，则"他爱好音乐或游泳"这个选言命题是假的。
反之亦然。

选言命题与其支命题之间的真值关系可以用真值表表示如下： 选言命题的真值表

p	q	p∨q
+	+	+
+	−	+
−	+	+
−	−	−

由于选言命题形式 p∨q 中有两个命题变项，共有四种真值情况，
因而，它的真值表共有四行，第一行表示：p 真 q 真时，p∨q 为真；
第二行表示：p 真 q 假时，p∨q 为真；第三行表示：p 假 q 真时，p∨q
为真；第四行表示：p 假 q 假时，p∨q 为假。

选言命题的真值表反映了选言命题与其支命题之间的真值关系，刻

画了选言命题的逻辑性质，刻画了析取词的逻辑性质。

五、假言命题

假言命题就是陈述某一命题蕴涵另一命题的复合命题。 假言命题的定义

例如：（1）"如果他是凶手，则他有作案时间。"

（2）"未经人民法院依法判决，对任何人都不得确定有罪。"

（3）"只要驳倒对方的论证，就能胜诉。"

设 A、B 是命题，如果并非 A 真而 B 假，即只要 A 真 B 就真，则称 A 蕴涵 B。假言命题亦称为蕴涵命题或充分条件假言命题。

假言命题由支命题和命题联结词"如果……则……"等构成。用 假言命题的构成
命题联结词"如果……则……"联结两个支命题就构成一个假言命题。"如果"后面的那个支命题称为假言命题的前件，简称前件；"则"后面的那个支命题称为假言命题的后件，简称后件。前件和后件可以是简单命题，也可以是复合命题。

假言命题的命题联结词是"如果……则……"，用符号"→"表示。符号"→"称为蕴涵词，读作"蕴涵"或"如果，则"。在日常语言中，假言命题的命题联结词的语言形式是多种多样的，除"如果……则……"外，还有"假如……那么……""倘若……那么……""只要……就……""一旦……就……""……则……"等，这些词作为同义词或近义词来使用。

假言命题的形式是：如果 p 则 q。 假言命题的形式

假言命题的形式可以表示为：p→q。p→q 称为蕴涵式。

假言命题陈述前件蕴涵后件，陈述并非前件为真而后件为假，陈述前件为真时后件为真。假言命题与其支命题之间的真值关系是：假言命 假言命题与其支命
题为真，当且仅当并非前件为真而后件为假。如果事实上不是前件真而 题之间的真值关系
后件假，即如果事实上前件真并且后件真，或者前件假而后件真，或者前件假并且后件假，则这个假言命题是真的；如果事实上前件为真而后件为假，则这个假言命题是假的。反之亦然。

例如，如果事实上付清了货款却不能立即提取货物，则"如果付清了货款则能立即提取货物"这个假言命题是假的；如果事实上付清了货款就能立即提取货物，或者没有付清货款也能立即提取货物，或者未付清货款也未能立即提取货物，则"如果付清了货款则能立即提取货物"这个假言命题是真的。因为，只要不是前件真而后件假的情况，这个假言命题就是真的。反之亦然。

假言命题与其支命题之间的真值关系可以用真值表表示如下： 假言命题的真值表

p	q	p→q
+	+	+
+	−	−
−	+	+
−	−	+

由于假言命题形式 p→q 中有两个命题变项，共有四种真值情况，因而它的真值表共有四行，第一行表示：p 真 q 真时，p→q 为真；第二行表示：p 真 q 假时，p→q 为假；第三行表示：p 假 q 真时，p→q 为真；第四行表示：p 假 q 假时，p→q 为真。

假言命题的真值表反映了假言命题与其支命题之间的真值关系，刻画了假言命题的逻辑性质，刻画了蕴涵词的逻辑性质。

应当指出，充分条件关系的前、后件之间不仅有真值关系即逻辑关系，而且有内容或意义方面的联系。假言命题的上述定义即蕴涵词的上述定义，只是对充分条件关系的逻辑抽象，只是对充分条件关系的前、后件之间的真值关系的刻画，只反映前、后件之间的真值关系，而不涉及前、后件之间在内容上或意义上的联系。这样定义的蕴涵称为实质蕴涵。 注意这个说明

六、等值命题

等值命题就是陈述两个命题同时成立或者同时不成立的复合命题。它是陈述两种事物情况同时存在或者同时不存在的命题。 等值命题的定义

例如：（1）"某人犯了罪当且仅当某人依照法律应受刑罚处罚。"

（2）"某甲是凶手当且仅当某乙是凶手。"

（3）"人不犯我，我不犯人；人若犯我，我必犯人。"

等值命题由支命题和命题联结词"……当且仅当……"等构成。用命题联结词"……当且仅当……"联结两个支命题就构成一个等值命题。在"当且仅当"前的支命题称为前件，在其后的支命题称为后件，前件和后件可以是简单命题，也可以是复合命题。 等值命题的构成

等值命题的命题联结词是"……当且仅当……"，用符号"↔"表示。符号"↔"称为等值词，读作"等值""相互蕴涵""当且仅当"。在自然语言中，等值命题的命题联结词的语言形式是多种多样的，除"……当且仅当……"外，还有"当且仅当……才……"等。 等值命题的联结词

等值命题的形式是：p 当且仅当 q。 等值命题的形式

等值命题的形式可以表示为：p↔q。p↔q 称为等值式。

　　等值命题陈述前件和后件同真或同假，即陈述前件和后件的真假情况是相同的。等值命题与其支命题之间的真值关系是：等值命题为真，当且仅当它的前件和后件的真假情况是相同的。如果事实上前件和后件同真或者同假，则这个等值命题是真的；如果事实上前件和后件不同真也不同假，则这个等值命题是假的。反之亦然。 等值命题与其支命题之间的真值关系

　　例如，如果事实上"提取货物"和"付清货款"同真或者同假，则"提取货物当且仅当付清货款"这个等值命题是真的；如果事实上这两个命题不同真也不同假，则"提取货物当且仅当付清货款"这个等值命题是假的。反之亦然。

　　等值命题与其支命题之间的真值关系可以用真值表表示如下： 等值命题的真值表

p	q	p↔q
+	+	+
+	−	−
−	+	−
−	−	+

　　由于等值命题形式 p↔q 中有两个命题变项，共有四种真值情况，因而它的真值表共有四行，第一行表示：p 真 q 真时，p↔q 为真；第二行表示：p 真 q 假时，p↔q 为假；第三行表示：p 假 q 真时，p↔q 为假；第四行表示：p 假 q 假时，p↔q 为真。

　　等值命题的真值表反映了等值命题与其支命题之间的真值关系，刻画了等值命题的逻辑性质，刻画了等值词的逻辑性质。 注意这个说明

　　等值词的上述定义是对充分必要条件关系的逻辑抽象，它不涉及前、后件之间在内容上或意义上的联系，只反映前、后件之间的真值关系。因此，等值命题亦可以称为充要条件假言命题。

七、多重复合命题

　　以简单命题为支命题可以构成复合命题，以复合命题为支命题也可以构成复合命题。以复合命题为支命题的复合命题称为多重复合命题。多重复合命题是由简单命题和命题联结词经过有限次的联结而逐层构成的，是复合命题的有限次的组合。在多重复合命题中，支命题是复合命题，支命题的支命题还可以是复合命题。因此，简单命题和命题联结词的多次联结，复合命题的多次组合，可以构成非常复杂的多重复合命题。多重复合命题陈述命题之间复杂的逻辑关系。 多重复合命题的定义和特点

多重复合命题的作用

例如，"明知自己的行为会发生危害社会的结果，并且希望或者放任这种结果发生，因而构成犯罪的，是故意犯罪。"这就是一个多重复合命题，它表达命题之间复杂的逻辑关系。

多重复合命题包含两个或两个以上的命题联结词。在多重复合命题中，最外层的命题联结词称为主联结词。多重复合命题以其主联结词命名和分类。如上例中的主联结词是"如果……则……"，上述多重复合命题称为假言命题。由于主联结词是命题联结词，命题联结词可以归结为五类。因此，多重复合命题亦可以分为五类。 主联结词的定义

多重复合命题的形式称为多重复合命题公式，简称为命题公式。多重复合命题形式反映多重复合命题的形式结构，反映多重复合命题的逻辑结构或内在的逻辑关系。多重复合命题形式也以其主联结词命名和分类，多重复合命题形式依其主联结词可以分为五类。例如，上述多重复合命题的形式是：$p \wedge (q \vee r) \wedge s \to t$。这个命题公式称为蕴涵式。 多重复合命题形式
的作用

用符号表示多重复合命题的形式，即多重复合命题的形式化可以分为以下两个步骤： 多重复合命题形式
的分析

第一个步骤：逐层找出支命题，一般地，支命题可以是简单命题，也可以是复合命题。用命题变项符号 p、q、r……或 A、B、C……等表示支命题，相同的命题代以相同的符号，不同的命题代入不同的符号。

第二个步骤：根据多重复合命题所陈述的支命题之间的逻辑关系，确定或补上命题联结词，并用基本的命题联结词或真值联结词符号表示。将命题变项用相应的命题联结词或真值联结词联结起来，就可以得到多重复合命题形式。

在使用符号表示命题公式时，还要使用括号来表示命题公式中的结构关系，括号内的命题公式是一个独立的部分。为了减少公式中的括号，以求得命题公式表述的简洁，可以对真值联结词的联结力的强弱作以下规定：$\neg$ 最强，$\wedge$ 和 $\vee$ 较强，$\to$ 较弱，$\leftrightarrow$ 最弱；有括号先计算括号。这样一来可以省去一些括号，此外，公式最外层的括号也可以省去。 注意这种联结顺序

例如："非法买卖、运输、携带、持有未经灭活的罂粟等毒品原植物种子或者幼苗，数量较大的，处 3 年以下有期徒刑、拘役或者管制，并处或者单处罚金。"

第一步，将其中的支命题找出来，并代以相应的命题变项符号：

非法买卖未经灭活的罂粟等毒品原植物种子或者幼苗（p），

非法运输未经灭活的罂粟等毒品原植物种子或者幼苗（q），

非法携带未经灭活的罂粟等毒品原植物种子或者幼苗（r），

非法持有未经灭活的罂粟等毒品原植物种子或者幼苗（s），

数量较大的（t），

处 3 年以下有期徒刑（u），

处以拘役（v），

处以管制（w），

处以罚金（x）。

第二步，根据命题之间的逻辑关系，将命题变项分别用真值联结词联结起来，就可以得到这个多重复合命题的形式：

$(p \lor q \lor r \lor s) \land t \rightarrow [(u \lor v \lor w) \land x] \lor x \lor (u \lor v \lor w)$

应当指出，在分析多重复合命题形式时，支命题可以分析到简单命题为止，也可以分析到复合命题为止。例如，在上述多重复合命题形式中，有些命题变项代表简单命题，有些命题变项则表示复合命题。在这里，可以把某些复合命题视为一个整体，而不再加以分析。 注意这个说明

就表达命题之间的逻辑关系而言，五个基本的命题联结词即五个基本的真值联结词是足够的。因此，任何复合命题都可以用这五个基本的复合命题的相互组合来表达，任何复合命题的形式都可以用这五个基本的真值形式的相互组合来表达。这就是说，任何复合命题都可以用简单命题和这五个基本的命题联结词的有限次联结来表达，任何复合命题公式都可以用命题变项和这五个基本的真值联结词的有限次联结来表示。 理解并掌握这个结论

排斥选言命题是陈述几个命题中有一个并且只有一个成立的命题。它是陈述几种事物情况有且只有一种情况存在的命题。特别地，有两个选言支的排斥选言命题陈述两个选言支不可同真并且不可同假，即陈述两个选言支至少有一个为真而且不可同真。排斥选言命题由支命题和命题联结词"要么……要么……"构成。其命题形式是：要么 p，要么 q。 排斥选言命题及其形式

显然，排斥选言命题所陈述的命题之间的真值关系，可以用基本的复合命题的相互组合加以表达，可以用基本的真值联结词来表达。排斥选言命题的形式，可以用基本的真值形式即复合命题的基本形式的相互组合加以表达。排斥选言命题的形式可以表示为：

$(p \lor q) \land \lnot (p \land q)$

或 $(p \lor q) \land (\lnot p \lor \lnot q)$

或 $\lnot (p \leftrightarrow q)$

因此，不把排斥选言命题作为基本的复合命题。

必要条件假言命题是由命题联结词"只有……才……"或"仅当……才……"等联结支命题而构成的复合命题。"只有"后面的支命题称为前件，"才"后面的支命题称为后件。必要条件假言命题的形式 必要条件假言命题及其形式

是：只有 p 才 q。必要条件假言命题陈述并非前件假而后件真，即陈述前件为假则后件为假。这就是说，后件真则前件真，后件蕴涵前件。

显然，必要条件假言命题所陈述的命题之间的真值关系，可以用基本的复合命题或其相互组合加以表达，可以用基本的真值联结词来表达。必要条件假言命题的形式，可以用基本的真值形式即复合命题的基本形式或其相互组合来表示。必要条件假言命题的形式可以表示为：

¬p→¬q

或 q→p

因此，不把必要条件假言命题作为基本的复合命题。同样地，必要条件假言命题的上述定义只是对必要条件关系的逻辑抽象，只反映必要条件关系前、后件之间的逻辑关系，而不反映其内容上或意义上的联系。

尽管多重复合命题有时在逻辑结构上非常复杂，但是，我们总可以根据它所包含的命题联结词，逐层对多重复合命题的逻辑结构，对多重复合命题所陈述的命题之间的复杂的逻辑关系进行逻辑分析。法律条文通常要考虑到各种因素、各种情况、各种可能，因而它所陈述的逻辑关系往往是很复杂的。为了准确地理解法律和正确地适用法律，就有必要对法律条文所陈述的逻辑关系即法律条文的逻辑结构进行逻辑分析。对法律条文进行逻辑分析最基本的方法，就是把法律条文作为多重复合命题进行分析。分析了多重复合命题的形式结构即命题形式，就是分析了相应法律条文的逻辑结构。有时法律条文的语言表述中虽然不具有命题联结词，但是，我们总可以根据法律条文所陈述的逻辑关系，把暗含的（即省略的）联结词填补起来。

在法律条文分析中的运用

多重复合命题与其支命题之间的真值关系也可以用真值表加以表达。根据基本的真值形式的真值表，可以计算出任何多重复合命题形式的真值表。一个含有 n 个不同命题变项的多重复合命题公式，其真值表有 2^n 行，即有 2^n 种真值组合情况，可以进行 2^n 次真值赋值。相对于每一行即每一次真值赋值，命题公式都有相应的真值。

第三节 复合命题的重言等值式

一、复合命题公式的分类

复合命题公式可以分为三类：

1. 重言式。重言式亦称为永真式。一个复合命题公式称为重言式，

三类复合命题公式

当且仅当对于其中出现的命题变项的各种可能的真值赋值，它总是真的。即不论其变项取什么值，它总为真。例如，$p \lor \neg p$ 就是一个重言式，不论变项 p 为真还是为假，这个公式总是真的。

2．矛盾式。矛盾式亦称为永假式。一个复合命题形式称为矛盾式，当且仅当对于其中出现的命题变项的各种可能的真值赋值，它总是假的。即不论其变项取什么值，它总为假。例如，$p \land \neg p$ 就是一个矛盾式，不论变项 p 为真还是为假，这个公式总是假的。

3．协调式。协调式亦称为可真可假的公式。一个复合命题形式称为协调式，当且仅当对于其中出现的命题变项的某些真值赋值，它是真的；而对于另一些真值赋值，它是假的。换句话说，既不是重言式也不是矛盾式的复合命题公式，称为协调式。例如，$p \land q$ 就是一个协调式，当 p 和 q 均真时，$p \land q$ 为真；当 p 和 q 至少有一个为假时，$p \land q$ 为假。

设 A 和 B 是复合命题形式，如果 A→B 是重言式，则称 A→B 是重言蕴涵式，称 A 重言蕴涵 B；如果 A↔B 是重言式，则称 A↔B 是重言等值式，称 A 重言等值 B。 掌握这两个定义

命题逻辑特别关心的是重言式。这是因为重言式反映了复合命题之间以及复合命题与其支命题之间的真值规律，反映了复合命题推理的逻辑规律。 注意命题逻辑的这个特点

二、常用的重言等值式

重言等值式的两端是等值的。不论其中变项取什么值，两端的命题公式都是等值的。重言等值式刻画了真值联结词的逻辑性质，表达了真值联结词的等价的逻辑语义，反映了不同的命题形式之间所具有的等值关系。重言等值式是一类重要的重言式。从重言等值式中可以看出，某些命题形式，虽然在表达方式上很不相同，但是它们所表达的命题之间的真值关系是完全相同的。换句话说，相同的真值关系，可以用完全不同的命题形式加以表达。根据重言等值式，可以掌握真值联结词的等价的逻辑语义，可以掌握复合命题之间的等值关系，可以将相互等值的命题形式予以替换。 掌握重言等值式的含义及其运用

复合命题的重言等值式非常多，下面只介绍一些常用的重言等值式。

1．$p \to q \leftrightarrow \neg q \to \neg p$

即："如果 p 则 q"等值于"如果非 q 则非 p"。例如，"如果他是凶手则他有作案时间"等值于"如果他没有作案时间则他不是凶手"。

2．$p \lor q \leftrightarrow \neg p \to q$

即："p 或者 q"等值于"如果非 p 则 q"。例如，"该案的作案人或者是甲或者是乙"等值于"如果该案的作案人不是甲则该案的作案人是乙"。

3. $p \land q \leftrightarrow \neg (p \to \neg q)$

即："p 并且 q"等值于"并非如果 p 则非 q"。例如，"某甲是凶手并且某乙是凶手"等值于"并非如果某甲是凶手则某乙不是凶手"。

4. $(p \leftrightarrow q) \leftrightarrow (p \to q) \land (q \to p)$

即："p 当且仅当 q"等值于"（如果 p 则 q）并且（如果 q 则 p）"。例如，"一个数是偶数当且仅当它能被 2 整除"等值于"如果一个数是偶数则它能被 2 整除，并且，如果一个数能被 2 整除则它是偶数"。

5. $(p \leftrightarrow q) \leftrightarrow (p \land q) \lor (\neg p \land \neg q)$

即："p 当且仅当 q"等值于"（p 并且 q）或者（非 p 并且非 q）"。例如，"他去当且仅当她去"等值于"他去并且她去，或者，他不去并且她不去"。

6. $\neg (p \to q) \leftrightarrow p \land \neg q$

即："并非如果 p 则 q"等值于"p 并且非 q"。例如，"并非如果他在现场他就是凶手"等值于"他在现场但他并不是凶手"。

7. $\neg (p \lor q) \leftrightarrow \neg p \land \neg q$

即："并非（p 或者 q）"等值于"非 p 并且非 q"。例如，"并非或者某甲是案犯或者某乙是案犯"等值于"某甲不是案犯并且某乙不是案犯"。

8. $\neg (p \land q) \leftrightarrow \neg p \lor \neg q$

即："并非（p 并且 q）"等值于"非 p 或者非 q"。例如，"并非他既有作案动机又有作案时间"等值于"他没有作案动机或者他没有作案时间"。

9. $\neg (p \leftrightarrow q) \leftrightarrow (p \to \neg q) \land (\neg p \to q)$

即："并非（p 当且仅当 q）"等值于"如果 p 则非 q，并且，如果非 p 则 q"。例如，"并非某甲是凶手当且仅当某乙是凶手"等值于"如果某甲是凶手则某乙不是凶手，并且，如果某甲不是凶手则某乙是凶手"。

10. $\neg (p \leftrightarrow q) \leftrightarrow (p \land \neg q) \lor (\neg p \land q)$

即："并非（p 当且仅当 q）"等值于"p 并且非 q，或者，非 p 并且 q"。例如，"并非某甲有罪当且仅当某乙有罪"等值于"或者某甲有罪但某乙无罪，或者某甲无罪但某乙有罪"。

可以证明，上述等值式都是重言式。

三、真值表法

在命题逻辑中，判定一个等值式或一个蕴涵式是否为重言式是一个极其重要的问题。如何判定一个命题公式是否为重言式？有些简单的命题公式是可以从直观上判定的，但是，对于某些复杂的命题公式是很难从直观上判定的，这就需要采用一定的方法。要判定一个命题形式是否为重言式，有多种方法。本书只介绍一种简写的真值表法，这种方法不必另画真值表，在被判定的公式下面直接写出它的真假值即可。

任何命题公式不外乎是五个基本的命题形式的相互组合。基于五个基本的命题形式的真值表，可以计算出任何命题公式的真值表。如果对于真值表的每一行即每一种真值组合情况，命题公式都是真的，它就是重言式；否则，它就不是重言式。因此，逐步计算出各种真值组合情况下命题公式的真值，即计算出命题公式的真值表，就可以判定它是否为重言式。

如何运用简写的真值表法判定命题形式是否为重言式呢？

首先，找出命题公式中的命题变项，根据命题变项所有可能的真值组合情况，对命题变项进行赋值，并写在每个命题变项的下面，在同一行里，相同的命题变项应赋以相同的真假值。

然后，在每一行里，根据各个命题变项的真假值和各个真值联结词的逻辑性质，逐层计算出每个组成部分的真值，并分别列在各个组成部分的联结词下面。

最后计算出这个命题形式的真值，并列在主联结词下面。如果对于真值表的每一行，这个命题形式都是真的，它就是重言式；否则，它就不是重言式。

（旁注：掌握真值表法的作用及其具体操作）

现以上述等值式前面的第 10 例为例，用简写的真值表法进行判定：

```
¬ （p  ↔  q）  ↔  （p  ∧  ¬  q） ∨ （¬  p  ∧  q）
−   +  +  +    +    +  −  −  +    −    −  +  −  +
+   +  −  −    +    +  +  +  −    +    −  +  −  −
+   −  −  +    +    −  −  −  +    +    +  −  +  +
−   −  +  −    +    −  −  +  −    +    +  −  −  −
```

从这个真值表可以得知，上述命题公式是重言等值式。

第四节 复合命题推理的基本有效式

一、复合命题推理的有效性

推理是根据前提得出结论的思维过程。推理由前提和结论两部分组成。前提是推理的根据或理由，是推理所依据的命题；结论是推理所得出的命题。 什么是推理

真和假是命题的特征，有效和无效是推理的特征。逻辑学不研究推理的前提和结论在事实上是否成立，它只研究推理是否有效。换句话说，它只关心前提与结论之间是否有逻辑上的必然联系，如此前提是否必然有如此结论，前提为真是否必然推出结论为真，前提是否蕴涵结论。 注意逻辑学的这个
特点

推理是有效的，不是指它的前提或结论是真的，而是指前提蕴涵结论。逻辑学的研究成果表明，推理是否有效即推理是否正确，并不取决于它的前提或结论是否为真，而取决于它的推理形式是否为有效式。如果对推理形式中的任何变项作任何相应的代入，都有前提为真则结论为真，即不出现前提为真而结论为假的情形，则称该推理形式是有效的或正确的推理形式，否则，称该推理形式是无效的或错误的推理形式。有效的推理形式亦称为逻辑有效式或普遍有效式，简称为有效式；无效的推理形式简称为无效式。如果推理形式是有效式，那么，前提为真则结论为真，不出现前提为真而结论为假的情形。因此，如果推理形式是有效式，那么，前提蕴涵结论，推理是有效的。一个推理是否有效，是就其推理形式而言的，与推理内容无关。要判定一个推理是否有效，就要判定其推理形式是否为有效式。 什么是正确的推理
形式 如何判定一个推理
是否有效

推理可以分为演绎推理和非演绎推理。演绎推理就是前提与结论之间存在蕴涵关系的推理，就是前提与结论之间有逻辑必然联系的推理。演绎推理中的前提蕴涵结论，如果前提真，则结论必真。非演绎推理就是前提与结论之间不存在蕴涵关系的推理，就是前提与结论之间没有逻辑必然联系的推理。非演绎推理中的前提并不蕴涵结论，尽管前提为真，结论却不必然为真，结论是可假的。因此，在演绎推理中存在推理是否有效的问题，在非演绎推理中则不存在推理是否有效的问题。 什么是演绎推理 什么是非演绎推理

复合命题推理就是基于复合命题的逻辑性质进行的推理，它是根据命题联结词的逻辑性质进行的推理。

复合命题推理形式由组成推理的各个命题的形式所构成。将推理中的简单命题分别换成相应的命题变项，命题联结词保持不变，就可得到该复合命题推理的形式。在现代逻辑中，复合命题推理形式可以表达成一个蕴涵式。蕴涵式的前件是各个前提的命题形式的合取式，蕴涵式的后件是结论的命题形式。

如何分析复合命题推理的形式

现代逻辑证明，一个复合命题推理是有效的，当且仅当，其推理蕴涵式是重言式。如果这个蕴涵式是重言式，则对于其中出现的命题变项不论作怎样的代入，都不会出现前件为真而后件为假（即不出现前提为真而结论为假）的情形，前件为真则后件为真，即前提为真则结论为真。因此，如果这个蕴涵式是重言式，则前提蕴涵结论，该复合命题推理是有效的。反之亦然。这个结论表明，全部的命题逻辑理论可以概括为：如果前提重言蕴涵结论，则复合命题推理是有效的。因此，在命题逻辑中，要判定推理是否有效，只须判定前提是否重言蕴涵结论，只须判定推理蕴涵式是否为重言式。

如何判定复合命题推理是否有效

复合命题推理的有效式是非常多的。基于五个基本的命题联结词的逻辑性质，基于五种基本的复合命题的逻辑性质，可以得到复合命题推理的基本有效式。复合命题推理的基本有效式有五类：双重否定推理、联言推理、选言推理、假言推理、等值推理。这些基本有效式既是检验复合命题推理是否有效的规则，又是进行有效推理的规则。

掌握基本有效式的运用

二、双重否定推理

双重否定推理就是根据否定词或负命题的逻辑性质进行的复合命题推理。它有以下两种有效的推理形式：

双重否定推理的定义及其两种有效式

1. 双否销去式。双否销去式为：

非非 p，

所以，p。

或者表示为：

$$\frac{\neg\neg A}{A}$$

其中，p 为任一命题变项，A 表示任一命题公式。

与上述推理形式相应的蕴涵式为：

$\neg\neg p \rightarrow p$

可以证明，这个蕴涵式是重言式，因此，这种推理形式是有效的推理形式。

上式表明：如果一个命题前面有双重否定词，则可以将双重否定词销去。即否定的否定等于肯定。

上述有效式表述为推理规则是：可以从¬¬A 推出 A。

例如："并不是并非所有犯罪行为都是违法行为，所以，所有犯罪行为都是违法行为。"

2. 双否引入式。双否引入式为：

p，

所以，非非 p。

或者表示为：

$$\frac{A}{\neg\neg A}$$

其中，p 为任一命题变项，A 表示任一命题公式。

与上述推理形式相应的蕴涵式为：

p→¬¬p

可以证明，这个蕴涵式是重言式，因而这种推理形式是有效的推理形式。

上式表明：在任何一个命题的前面都可以引入双重否定词。

上述有效式表述为推理规则是：可以从 A 推出¬¬A。

例如："有人出庭作证，所以并非没有人出庭作证。"

双重否定推理是在日常思维中经常使用的一种非常简单的推理，其推理的有效性极为明显，因而在传统逻辑中是不讲这种推理的，但它是复合命题推理中的一种基本的推理形式。

三、联言推理

联言推理就是根据合取词或联言命题的逻辑性质进行的复合命题推理。它主要有以下两种有效的推理形式： 联言推理的定义及其两种有效式

（一）分解式

联言推理的分解式为：

p 并且 q，

所以，p（或 q）。

或者表示为：

$$\frac{A \wedge B}{A}, \frac{A \wedge B}{B}$$

其中，p、q 为命题变项，A、B 为任何命题公式。

与上述推理形式相应的蕴涵式为：

p∧q→p

p∧q→q

可以证明，上述蕴涵式是重言式，因而这种推理形式是有效的推理形式。

从联言命题的真值表中也可以看出联言推理分解式的有效性。当 p∧q 为真时（第一行），p 一定是真的，q 一定是真的。因此，可以从 p∧q 推出 p（或 q）。　　从真值表中理解其有效性

上式表明：以联言命题为前提可以得出该联言命题的一个联言支为结论。

上述有效式表述为推理规则是：可以从 A∧B 推出 A（或 B）。

例如："加强民主和法制建设，既是政治稳定的需要，又是经济发展的需要，所以，加强民主和法制建设是经济发展的需要。"

（二）合成式

联言推理的合成式为：

p，

q，

所以，p 并且 q。

或者表示为：

$$\frac{A,\ B}{A \land B}$$

其中，p、q 为命题变项，A、B 为任何命题公式。

与上述推理形式相应的蕴涵式为：

p∧q→p∧q

上述蕴涵式是重言式，因而这种推理形式是有效的推理形式。

从联言命题的真值表中也可以看出联言推理合成式的有效性。当 p 真 q 也真时（第一行），p∧q 一定是真的。　　从真值表中理解其有效性

上式表明：以几个命题为前提可以得出以这几个命题为联言支的联言命题的结论。

上述有效式表述为推理规则是：可以从 A 和 B 推出 A∧B。

例如："严厉打击刑事犯罪活动会直接推动社会治安的根本好转，严厉打击刑事犯罪活动有利于促进社会风气和党风的根本好转；所以，严厉打击刑事犯罪活动，不仅会直接推动社会治安的根本好转，而且有利于促进社会风气和党风的根本好转。"

在法律工作中的运用

（三）联言推理在法律工作中的应用

某些法律条文是联言命题，因此，在适用这些法律条文处理具体案件时，为了获得裁判具体案件所需的法律前提即裁判大前提，就要用到联言推理。

例1：一切危害国家主权、领土完整和安全，分裂国家、颠覆人民民主专政的政权和推翻社会主义制度，破坏社会秩序和经济秩序，侵犯国有财产或者劳动群众集体所有的财产，侵犯公民私人所有的财产，侵犯公民的人身权利、民主权利和其他权利，以及其他危害社会的行为，依照法律应当受刑罚处罚的，都是犯罪，但是情节显著轻微危害不大的，不认为是犯罪（《刑法》第13条）。

所以，犯罪不仅是危害社会的行为，也是依照法律应当受刑罚处罚的行为。

例2：犯罪的时候不满18周岁的人和审判的时候怀孕的妇女，不适用死刑（《刑法》第49条第1款）。

所以，犯罪的时候不满18周岁的人不适用死刑。

在刑事侦查工作中也常用联言推理。例如，在一般凶杀案中，根据任何一个杀人凶手都具有杀人动机、作案时间、作案手段等，运用联言推理的分解式推出：凡杀人凶手都具有作案时间。这就从作案人应具有的多个必要条件中突出了其中的一个条件，以此作为侦查的突破口。

四、选言推理

选言推理的定义及其两种有效式

选言推理就是根据析取词或选言命题的逻辑性质进行的复合命题推理。

（一）选言推理的有效式

选言推理主要有以下两种有效的推理形式：

1. 否定肯定式。选言推理的否定肯定式为：

第一种有效式

  p 或者 q，

  非 p（或非 q），

  所以，q（或 p）。

或者表示为：

$$\frac{A \lor B, \ \neg A}{B}, \ \frac{A \lor B, \ \neg B}{A}$$

其中，p、q 为命题变项，A、B 为任何命题公式。

与上述推理形式相应的蕴涵式为：

$(p \lor q) \land \neg p \to q$

$(p \lor q) \land \neg q \to p$

这两个蕴涵式都是重言式，因而，这种推理形式是有效的推理形式。

从选言命题的真值表也可以看出选言推理否定肯定式的有效性。当 $p \lor q$ 为真并且 p 为假时（第三行），q 一定是真的；因此，可以从 $p \lor q$ 和 $\neg p$ 推出 q。当 $p \lor q$ 为真并且 q 为假时（第二行），p 一定是真的。因此，可以从 $p \lor q$ 和 $\neg q$ 推出 p。

从真值表中理解其有效性

上述蕴涵式表明：肯定某选言命题并且否定该选言命题的一些选言支，可以得出肯定剩下的选言支的结论。即可以从 $A \lor B$ 和 $\neg A$（或 $\neg B$）推出 B（或 A）。

例如："该案件的作案人或者是甲或者是乙，现查明该案件的作案人不是甲；所以，该案件的作案人是乙。"

2. 附加式。选言推理的附加式为：

第二种有效式

p（或 q），

所以，p 或者 q。

或者表示为：

$$\frac{A}{A \lor B}, \quad \frac{B}{A \lor B}$$

其中，p、q 为命题变项，A、B 为任何命题公式。

与上述推理形式相应的蕴涵式为：

$p \to p \lor q$

$q \to p \lor q$

上述蕴涵式是重言式，因而这种推理形式是有效的推理形式。

从选言命题的真值表中也可以看出选言推理附加式的有效性。当 p 为真时（第一行、第二行），$p \lor q$ 一定是真的。因此，可以从 p 推出 $p \lor q$。同理，可以从 q 推出 $p \lor q$。

从真值表中理解其有效性

上述蕴涵式表明：以任一命题为前提可以得出以这个命题为选言支并附加另一选言支构成的选言命题的结论。即可以从 A 推出 $A \lor B$。

例如："你听错了，所以，你听错了或者我说错了。"

这种推理在日常生活中是不证自明的。因此，在传统逻辑中不讲述这种推理。但是，在现代逻辑中，它是一种不可缺少的基本的有效式。

注意这种逻辑错误

（二）选言推理常见的逻辑错误

选言推理常见的逻辑错误是"由肯定到否定"。其错误的推理形式即无效式是：

> p 或者 q，
>
> p（或 q），
>
> 所以，非 q（或非 p）。

例如，"你说错了或者我听错了，你说错了；所以，我没有听错。"这个推理犯了"由肯定到否定"的逻辑错误。事实上，"你说错了"和"我听错了"有可能都是真的。

上述逻辑错误也可以从选言命题的真值表中看出。当 p∨q 为真并且 p 为真（第一行、第二行），q 可真可假。因此，从 p∨q 和 p 不能必然得出¬q。当 p∨q 为真并且 q 为真时（第一行、第三行），p 可真可假。因此，从 p∨q 和 q 也不能必然推出¬p。这表明：由肯定一些选言支不能进而否定另一些选言支。

（三）选言推理的规则

掌握这些规则

1. 否定某个选言支就可以肯定剩下的一个选言支。
2. 肯定一些选言支却不能就否定另一些选言支。

（四）选言推理在法律工作中的应用

在法院判决和法庭论辩等诉讼证明中，有时要应用选言推理。由于一个为真的选言命题至少有一个选言支为真，因而在排除一些选言支以后，剩下的选言支就是推出的结论。例如："某被告人或者是犯故意杀人罪或者是犯过失致人死亡罪，经查明该被告人不是犯故意杀人罪，所以，某被告人是犯过失致人死亡罪。"

在法律工作中的运用

在刑事侦查工作中经常用到选言推理。侦查员可以根据事实排除一部分选言支从而得出肯定的结论。具体的案件情况往往是错综复杂的，罪犯几乎都是在极其隐蔽的情况下作案的，甚至制造种种假象进行反侦查。因而，人们不可能一开始就对整个案情或在某些环节上作出肯定或否定的判断，人们只能根据已掌握的情况，估计案情的各种可能性。一般说来，在侦查工作初期，用足够的证据来肯定某一选言支为真是比较困难的，但根据现场勘查和侦查获得的材料排除一部分选言支可能比较容易。如果能够排除一些选言支，那就排除了一些可能性，缩小了侦查范围，突出了重点嫌疑对象和侦破方向。例如，某一案件涉及人命，就应查明死因及凶犯。侦查员根据掌握的情况，可以提出一切可能的情况，再根据已掌握的情况，排除一部分可能性，最后把没有排除的可能性，作为侦查工作的主攻方向。

五、假言推理

假言推理就是根据蕴涵词或假言命题的逻辑性质进行的复合命题推理。

假言推理的定义及其两种有效式

（一）假言推理的有效式

假言推理主要有以下两种有效的推理形式：

第一种有效式

1. 肯定前件式。假言推理的肯定前件式为：

　　如果 p 则 q，

　　p，

　　所以，q。

或者表示为：

$$\frac{A \rightarrow B, \ A}{B}$$

其中，p、q 为命题变项，A、B 为任何命题公式。

与上述推理形式相应的蕴涵式是：

　　$(p \rightarrow q) \wedge p \rightarrow q$

这个蕴涵式是重言式，因而，这种推理形式是有效的推理形式。

从假言命题的真值表也可以看出假言推理肯定前件式的有效性。当 $p \rightarrow q$ 为真并且 p 为真时（第一行），q 一定是真的。因此，可以从 $p \rightarrow q$ 和 p 推出 q。

从真值表中理解其有效性

上述蕴涵式表明：以假言命题为大前提，以该假言命题的前件为小前提，可以得出肯定该假言命题后件的结论。这就是说，肯定一个假言命题和该假言命题的前件，可以得出肯定其后件的结论。即可以从 A→B 和 A 推出 B。

例如："如果某甲的行为构成侵权行为，则某甲应当承担赔偿责任；某甲的行为构成侵权行为；所以，某甲应当承担赔偿责任。"

2. 否定后件式。假言推理的否定后件式为：

第二种有效式

　　如果 p 则 q，

　　非 q，

　　所以，非 p。

或者表示为：

$$\frac{A{\rightarrow}B,\ \neg B}{\neg A}$$

其中，p、q 为命题变项，A、B 为任何命题公式。

与上述推理形式相应的蕴涵式为：

$$(p{\rightarrow}q) \wedge \neg q {\rightarrow} \neg p$$

这个蕴涵式是重言式，因而，这种推理形式是有效的推理形式。

从假言命题的真值表中也可以看出假言推理否定后件式的有效性。 从真值表中理解其
有效性当 p→q 为真并且 q 为假时（第四行），p 一定是假的。因此，可以从 p→q 和¬q 推出¬p。

上述蕴涵式表明：以假言命题为大前提，以否定该假言命题的后件为小前提，可以得出否定该假言命题的前件的结论。这就是说，肯定一个假言命题而否定该假言命题的后件，可以得出否定该假言命题的前件的结论。即可以从 A→B 和¬B 推出¬A。

例如："如果某甲的行为构成犯罪，则某甲的行为具有社会危害性；某甲的行为没有社会危害性；所以，某甲的行为不构成犯罪。"

（二）假言推理常见的逻辑错误

注意这些逻辑错误

假言推理常见的逻辑错误是"否定前件的错误"和"肯定后件的错误"。

1. 否定前件的错误。"否定前件的错误"是指肯定一个假言命题并否定该假言命题的前件，得出否定该假言命题后件的结论。其无效式是：

　　　如果 p 则 q，

　　　非 p，

　　　所以，非 q。

上述逻辑错误可以从假言命题的真值表中看出。当 p→q 为真并且 p 为假时（第三行、第四行），q 可真可假。因此，从 p→q 和¬p 不能必然地得出¬q。这就是说，在假言推理中，否定前件不能必然地否定后件。

例如："如果某甲是盗窃犯则某甲应受法律制裁，而某甲不是盗窃犯；所以，某甲不应受法律制裁。"

上述推理犯了"否定前件的错误"。事实上，当某甲不是盗窃犯时，有两种可能性：或者某甲没有触犯任何法律而不应受法律制裁，或者某甲有其他触犯法律的行为而应受法律制裁。换句话说，当某甲不是盗窃犯时，也可能因为他有其他触犯法律的行为而应受法律制裁。

2. 肯定后件的错误。"肯定后件的错误"是指肯定一个假言命题并肯定该假言命题的后件，得出肯定该假言命题前件的结论。其无效式是：

　　　　如果 p 则 q，

　　　　q，

　　　　所以，p。

上述逻辑错误可以从假言命题的真值表中看出，当 p→q 为真并且 q 为真时（第一行、第三行），p 可真可假。因此，从 p→q 和 q 不能必然地推出 p。这就是说，在假言推理中，肯定后件不能必然地肯定前件。

例如："如果他是这起案件的作案人，则他有作案时间；事实上他有作案时间；所以，他是这起案件的作案人。"

这个推理犯了"肯定后件的错误"。事实上，当他有作案时间时，他可能是作案人，也可能不是这起案件的作案人。即他有作案时间未必就是作案人。

（三）假言推理的规则

掌握这些规则

1. 如果肯定前件就得肯定后件，但否定前件不能就否定后件。
2. 如果否定后件就得否定前件，但肯定后件不能就肯定前件。

（四）假言推理在法律工作中的应用

在法律条文中有许多假言命题，因此，在适用这些法律条文处理具体案件时，在以这些法律条文为根据进行法庭辩论或司法判决时，就要运用假言推理。在诉讼证明中，经常使用假言推理的肯定前件式以证明其诉讼主张，运用假言推理的否定后件式以反驳对方的诉讼主张。

在法律工作中的运用

例 1　建筑物或者其他设施以及建筑物上的搁置物、悬挂物发生倒塌、脱落、坠落造成他人损害的，它的所有人或者管理人应当承担民事责任，但是能够证明自己没有过错的除外。（《民法通则》第 126 条）

受害人受到的损害是建筑物或者其他设施以及建筑物上的搁置物、悬挂物发生倒塌、脱落、坠落造成的，并且它们的所有人或者管理人不能证明自己没有过错；

所以，它们的所有人或者管理人应当承担民事责任。

例 2　根据《刑法》第 382 条的规定，贪污罪是指国家工作人员利用职务上的便利，侵吞、窃取、骗取或者以其他手段非法占有公共财物的；以贪污论处是指受国家机关、国有公司、企业、事业单位、人民团体委托管理、经营国有财产的人员，利用职务上的便利侵吞、窃取、骗取或者以其他手段非法占有国有财物的；以共犯论处是指与前两款所列人员勾结，伙同贪污的。

被告人不是国家工作人员，也不是受国家机关、国有公司、企业、事业单位、人民团体委托管理、经营国有财产的人员，并且不是与上述人员勾结、伙同贪污的人员；

所以，指控被告人犯贪污罪是不成立的。

在刑事侦查工作中也常用假言推理。侦查人员在进行案情分析时，往往要把规律性知识或假设的前提和所侦查到的事实相结合运用假言推理的"肯定前件式"得出一些结论，大体上勾画出罪犯的"脸谱"，推出罪犯的必备条件，对案件的有关情况作出判断。通过这些判断，确定侦查范围，突出侦查的突破口。在刑事侦查工作中，侦查人员还往往要运用假言推理的"否定后件式"排除错误的假设，以缩小侦查范围，明确侦查方向。

例3 如果蹬、踹动作抬脚的高度达到90厘米，鞋印长达29厘米，那么，案犯身高应在1.75米以上；

该案踹门抬脚高度达90厘米，鞋印长达29厘米；

所以，该案罪犯身高应在1.75米以上。

例4 如果某甲是盗窃犯，他就占有赃物或转移赃物；

假定某甲是盗窃犯；

所以，他应占有赃物或转移赃物。

例5 如果某甲是盗窃犯，则案件发生时他应在现场；

经查案件发生时他不在现场；

所以，假设某甲是盗窃犯是不成立的。

六、等值推理

等值推理就是根据等值词或等值命题的逻辑性质进行的复合命题推理。

等值推理的定义及其两种有效式

（一）等值推理的有效式

等值推理主要有以下两种有效的推理形式：

1. 肯定式。等值推理的肯定式为：

  p 当且仅当 q，

  p（或 q），

  所以，q（或 p）。

第一种有效式

或者表示为：

$$\frac{A \leftrightarrow B, \ A}{B}, \ \frac{A \leftrightarrow B, \ B}{A}$$

其中，p、q 为命题变项，A、B 为任何命题公式。

与上述推理形式相应的蕴涵式为：

（p↔q）∧p→q

（p↔q）∧q→p

上述蕴涵式是重言式，因而这种推理形式是有效式。

从等值命题的真值表也可以看出等值推理肯定式的有效性。当 p↔q 为真并且 p 为真时（第一行），q 一定是真的。因此，可以从 p↔q 和 p 推出 q。当 p↔q 为真并且 q 为真时（第一行），p 一定是真的。因此，可以从 p↔q 和 q 推出 p。

从真值表中理解其有效性

上述蕴涵式表明：以等值命题为大前提，以该等值命题的前件（或后件）为小前提，可以得出肯定该等值命题的后件（或前件）的结论。这就是说，肯定一个等值命题和其前件（或后件），可以得出肯定其后件（或前件）的结论。即可以从 A↔B 和 A（或 B）推出 B（或 A）。

例如："一个数是偶数当且仅当它能被 2 整除，一个数是偶数；所以，这个数能被 2 整除。"

2. 否定式。等值推理的否定式为：

第二种有效式

p 当且仅当 q，

非 p（或非 q），

所以，非 q（或非 p）。

或者表示为：

$$\frac{A \leftrightarrow B, \ \neg A}{\neg B}, \ \frac{A \leftrightarrow B, \ \neg B}{\neg A}$$

其中，p、q 为命题变项，A、B 为任何命题公式。

与上述推理形式相应的蕴涵式为：

（p↔q）∧¬p→¬q

（p↔q）∧¬q→¬p

上述蕴涵式是重言式，因而这种推理形式是有效的推理形式。

从等值命题的真值表也可以看出等值推理否定式的有效性。当 p↔q 为真并且 p 为假时（第四行），q 一定是假的；当 p↔q 为真并且 q 为假时（第四行），p 一定是假的。因此，可以从 p↔q 和¬p 推出¬q；可以从 p↔q 和¬q 推出¬p。

从真值表中理解其有效性

上述蕴涵式表明：以等值命题为大前提，以否定该等值命题的前件

（或后件）为小前提，可以得出否定该等值命题后件（或前件）的结论。这就是说，肯定一个等值命题而否定其前件（或后件），可以得出否定其后件（或前件）的结论。即可以从 A↔B 和¬A（或¬B）推出¬B（或¬A）。

例如："某甲犯了罪当且仅当他应受刑罚处罚，某甲没有犯罪；所以，他不应受刑罚处罚。"

又如："某甲不是案犯当且仅当某乙是案犯，某甲是案犯；所以，某乙不是案犯。"

（二）等值推理的规则

1. 如果肯定前件就得肯定后件，如果肯定后件就得肯定前件。
2. 如果否定前件就得否定后件，如果否定后件就得否定前件。

掌握这些规则

（三）等值推理在法律工作中的应用

在法律工作中的运用

等值推理在法律工作中也是经常需要使用的。许多法律条文表达的是法律概念的定义，根据这些定义就可以构成一些等值命题，在适用这些法律条文时，就要用到等值推理。刑法中有许多罪名定义，根据罪名定义就可以构成某些等值命题，根据罪名定义和事实材料，应用等值推理，就可以认定被告人是否犯了某种罪。

例1 应当预见自己的行为可能发生危害社会的结果，因为疏忽大意而没有预见，或者已经预见而轻信能够避免，以致发生这种结果的，是过失犯罪。（《刑法》第15条第1款）

被告人应当预见自己的行为可能发生危害社会的结果，因为疏忽大意而没有预见以致发生这种结果；

所以，被告人是过失犯罪。

例2 国家工作人员利用职务上的便利，索取他人财物的，或者非法收受他人财物，为他人谋取利益的，是受贿罪。国家工作人员在经济往来中，违反国家规定，收受各种名义的回扣、手续费，归个人所有的，以受贿论处。（《刑法》第385条）

被告人没有利用职务上的便利，索取他人财物；没有非法收受他人财物，为他人谋取利益；也没有违反国家规定，收受各种名义的回扣、手续费，归个人所有；

所以，被告人不是受贿罪。

第五节 复合命题推理的其他有效式

运用复合命题推理的基本有效式，可以导出复合命题推理的其他有效式，下面只介绍几种常用的其他有效式。

一、必要条件假言推理

必要条件假言推理就是根据必要条件假言命题的逻辑性质进行的复合命题推理。它是假言推理的特殊形式，它有两个有效的推理形式：

1. 否定前件式。必要条件假言推理的否定前件式为：

只有 p 才 q，

非 p，

所以，非 q。

因为"只有 p 才 q"与"如果非 p 则非 q"和"如果 q 则 p"重言等值，它们可以相互替换，所以，上述推理形式可以表示为：

如果非 p 则非 q，

非 p，

所以，非 q。

或者表示为：

如果 q 则 p，

非 p，

所以，非 q。

也可以表示为：

$$\frac{\neg A \to \neg B, \ \neg A}{\neg B}$$

或者表示为：

$$\frac{B \to A, \ \neg A}{\neg B}$$

其中 p、q 为命题变项，A、B 为任何命题公式。

与上述推理形式相应的蕴涵式为：

$(\neg p \to \neg q) \wedge \neg p \to \neg q$

$(q \to p) \wedge \neg p \to \neg q$

必要条件假言推理的否定前件式可以用假言推理的有效式表示出来，它是假言推理有效式的特殊形式。

上述有效式表明：以必要条件假言命题为大前提，以否定其前件为小前提，可以得出否定其后件的结论。

例如："只有某甲触犯刑律，某甲才构成犯罪，某甲没有触犯刑律；所以，某甲不构成犯罪。"

2. 肯定后件式。必要条件假言推理的肯定后件式为：

只有 p 才 q，

q，

所以，p。

因为"只有 p 才 q"与"如果非 p 则非 q"和"如果 q 则 p"重言等值，它们可以相互替换，所以，上述推理形式可以表示为：

如果非 p 则非 q，

q，

所以，p。

或者表示为：

如果 q 则 p，

q，

所以，p。

也可以表示为：

$$\frac{\neg A \to \neg B, \ B}{A}$$

或者表示为：

$$\frac{B \to A, \ B}{A}$$

其中，p、q 为命题变项，A、B 为任何命题公式。

与上述推理形式相应的蕴涵式为：

$(\neg p \to \neg q) \wedge q \to p$

$(q \to p) \wedge q \to p$

必要条件假言推理的肯定后件式可以用假言推理的有效式表示出来，它是假言推理有效式的特殊形式。 理解这个结论

上述有效式表明：以必要条件假言命题为大前提，以肯定其后件为小前提，可以得出肯定其前件的结论。

例如："只有得到了充足的水分，种子才能发芽，种子发了芽；所以，种子得到了充足的水分。"

应当指出，在必要条件假言推理中，肯定必要条件假言命题的前件不能必然肯定其后件；否定必要条件假言命题的后件不能必然否定其前

件。否则，犯"肯定前件的错误"或"否定后件的错误"。

二、假言联锁推理

假言联锁推理又称为纯假言推理，它是基于假言命题的逻辑性质即　　掌握这种推理
蕴涵词的逻辑性质进行的复合命题推理。其有效的推理形式如下：

如果 p 则 q，

如果 q 则 r，

所以，如果 p 则 r。

或者表示为：

$$\frac{A{\rightarrow}B,\ B{\rightarrow}C}{A{\rightarrow}C}$$

其中，p、q、r 为命题变项，A、B、C 为任何命题公式。

与上述推理形式相应的蕴涵式是：

$(p{\rightarrow}q) \wedge (q{\rightarrow}r){\rightarrow}(p{\rightarrow}r)$

上述蕴涵式是重言式，因而这种推理形式是有效的推理形式。因为假定 p 为真时 q 必真，而 q 真时则 r 必真，因而假定 p 为真时则 r 必真。

上述有效式表明：命题的蕴涵关系是传递的，即可以从 A→B 和 B→C 推出 A→C。

例如："如果要想在法庭上胜诉，就要有充分、确实的证据；而要有充分、确实的证据，就要作周密、深入的调查研究；所以，如果要想在法庭上胜诉，就要作周密、深入的调查研究。"

在上述有效式中作适当的代入有：

$({\neg}p{\rightarrow}{\neg}q) \wedge ({\neg}q{\rightarrow}{\neg}r){\rightarrow}({\neg}p{\rightarrow}{\neg}r)$

由于"如果非 p 则非 q""如果非 q 则非 r""如果非 p 则非 r"分别与"只有 p 才 q""只有 q 才 r""只有 p 才 r"重言等值，它们可以相互替换，因此，从上述有效式可以导出以下有效式：

只有 p 才 q，

只有 q 才 r，

所以，只有 p 才 r。

这个有效式称为必要条件假言联锁推理有效式。

这个有效式表明：可以从"只有 p 才 q"和"只有 q 才 r"推出"只有 p 才 r"。

例如："只有触犯刑律才是犯罪，只有犯罪才应受刑罚处罚；所以，只有触犯刑律才应受刑罚处罚。"

三、二难推理

二难推理又称为假言选言推理，它是根据假言命题和选言命题的逻辑性质进行的复合命题推理。由于论辩双方在论辩中经常使用这种推理，对每一种可能的情况，都推出对方难以接受的结论，使对方陷入"进退两难"的困境。因而，这种推理被称为二难推理。二难推理主要有以下两种有效的推理形式：

1. 构成式。二难推理的构成式为：

  如果 p 则 r，

  如果 q 则 r，

  p 或者 q，

  所以，r。

或者表示为：

$$\frac{A\rightarrow C,\ B\rightarrow C,\ A\vee B}{C}$$

其中，p、q、r 为命题变项，A、B、C 为任何命题公式。

与上述推理形式相应的蕴涵式为：

$(p\rightarrow r)\wedge(q\rightarrow r)\wedge(p\vee q)\rightarrow r$

二难推理构成式实际上是由两个假言推理肯定前件式合成的。当前提都真时，选言命题中的两个选言支至少有一个是真的，无论哪一个选言支为真，都可以根据假言推理肯定前件式，得出肯定假言命题后件的结论。由于假言推理肯定前件式是有效式，因而二难推理构成式也是有效式。

上述有效式表明：可以从 A→C、B→C 和 A∨B 推出 C。

例如，林肯在就任美国总统之前是一个著名的律师。他曾为他朋友的儿子小阿姆斯特朗出庭辩护，这次辩护至今仍传为佳话。

林肯："你肯定死者是小阿姆斯特朗杀害的吗？"

福尔逊："是的。我在 10 月 18 日晚上亲眼看到小阿姆斯特朗用枪击毙了死者。"

林肯："你发誓说认清的是小阿姆斯特朗？"

福尔逊："是的。"

林肯："你在草堆后面，小阿姆斯特朗在大树下面，你们相距 20 米~30 米，你能看得清楚吗？"

福尔逊："看得很清楚，因为当时有月光，月光很明亮。"

林肯："你肯定不是从衣着等其他方面认清的吗？"

福尔逊："不是的。我肯定看清了他的脸，因为月光正照在他的脸上。"

林肯："具体时间也能肯定吗？是晚上 11 点吗？"

福尔逊："完全可以肯定，因为我回到屋里看了时钟，那时正是 11 点 1 刻。"

林肯询问到这里，转身对人们说："我不能不告诉大家，这个证人是一个彻头彻尾的骗子！"接着他说："请注意，他一口咬定 10 月 18 日晚上 11 点在月光下看清了被告人的脸，请大家想一想，10 月 18 日那天是上弦月，晚上 11 点钟时，月亮早已下山了，哪里还有月光呢？退一步说，也许他记的时间不准，月亮还没有下山，但是，那时月光应该是从西边往东边照，草堆在东，大树在西，如果被告人脸朝草堆，月光就只能照着他的后脑勺，脸上照不到月光，证人怎么能从 20 米~30 米外的草堆处看清被告人的脸呢？如果被告人脸朝西，月光可以照到脸上，但证人在大树东边的草堆后面，那么，证人也就根本不可能看到被告人的脸了。"人们沉默了一会儿，接着，爆发出一片掌声和欢呼声。

林肯的质证包含以下二难推理：

如果被告人的脸面向草堆，脸上照不到月光，则证人看不清被告人的脸；

如果被告人的脸背向草堆，证人在大树东边的草堆后面，则证人看不清被告人的脸；

被告人或者脸面向草堆，或者脸背向草堆；

所以，证人福尔逊看不清被告人的脸。

二难推理的构成式还有更为复杂的形式：

如果 p 则 r，

如果 q 则 s，

p 或者 q，

所以，r 或者 s。

或者表示为：

$$\frac{A{\rightarrow}C,\ B{\rightarrow}D,\ A\lor B}{C\lor D}$$

其中，p、q、r、s 为命题变项，A、B、C、D 为任何命题公式。

与上述推理形式相应的蕴涵式为：

$(p{\rightarrow}r)\land(q{\rightarrow}s)\land(p\lor q){\rightarrow}r\lor s$

上述蕴涵式是重言式，因而上述推理形式是有效的推理形式。

上述有效式表明：可以从 A→C、B→D 和 A∨B 推出 C∨D。

例如："据说古时一楚人有盾和矛，楚人称：'吾盾之坚，物莫能陷也。'又誉其矛：'吾矛之利，于物无不陷也。'或人曰：'以子之矛，陷子之盾，何如?'楚人弗能应也。"

"或人"的提问暗含以下二难推理：

如果你的矛能刺破你的盾，则你的盾不坚；

如果你的矛不能刺破你的盾，则你的矛不利；

你的矛或者能刺破你的盾，或者不能刺破你的盾；

所以，你的盾不坚或者你的矛不利。

"或人"的提问使楚人陷于"弗能应"的困境。

2. 破坏式。二难推理的破坏式为：　　　　　　　　　　　　　第二种有效式

　　　如果 p 则 r，

　　　如果 p 则 s，

　　　非 r 或者非 s，

　　　所以，非 p。

或者表示为：

$$\frac{A{\rightarrow}C,\ A{\rightarrow}D,\ {\neg}C{\vee}{\neg}D}{{\neg}A}$$

其中，p、r、s 为命题变项，A、C、D 为任何命题公式。

与上述推理形式相应的蕴涵式为：

$$(p{\rightarrow}r){\wedge}(p{\rightarrow}s){\wedge}({\neg}r{\vee}{\neg}s){\rightarrow}{\neg}p$$

二难推理破坏式实际上是假言推理否定后件式的联合应用。当前提都真时，选言命题的两个选言支至少有一个成立，无论 ${\neg}r$ 和 ${\neg}s$ 哪个成立，都可以根据假言推理否定后件式，得出否定假言命题前件的结论。

上述蕴涵式是重言式，因而上述推理形式是有效的推理形式。

上述有效式表明：可以从 $A{\rightarrow}C$、$A{\rightarrow}D$ 和 ${\neg}C{\vee}{\neg}D$ 推出 ${\neg}A$。

例如，在莎士比亚著名喜剧《威尼斯商人》中，夏洛克和安东尼奥签订了一项契约：夏洛克借给安东尼奥 3000 元现金，借期 3 个月，免付利息，如果到期不还，债权人有权从债务人的胸部割下一磅肉，作为惩罚。3 个月期满，安东尼奥还不出这笔钱，夏洛克状告安东尼奥，请求执行契约割安东尼奥一磅肉。在法庭上，女扮男装的法官鲍细娅出场了，她对夏洛克说："根据威尼斯法律，你的起诉可以成立，而且在威尼斯谁也无权变更法律。"她不动声色地又问："称肉的天平准备好了吗?"夏洛克说道："我已带来了!"鲍细娅又说："夏洛克，去请一位医生来，免得他流血死去。"夏洛克叫道："不，借约上没有这一条。"正当夏洛克得意忘形地准备动刀时，鲍细娅说道："你准备割肉吧，但

是借约上并未允许你取他的一滴血，也不准割得超过或不足一磅的重量，不许你差一丝一毫，否则，根据威尼斯的法律，你就要抵命，你的财产全部充公。"夏洛克问："我收回本金都不成吗？"鲍细娅坚定地答道："不成！"夏洛克坠入进退两难的困境。

在鲍细娅的法庭陈词中暗含以下二难推理：

如果你夏洛克按契约规定割肉，你就要取安东尼奥的血；

如果你夏洛克按契约规定割肉，你就只能取安东尼奥的肉，不能取安东尼奥的血；

你夏洛克或者取安东尼奥的血，或者不取安东尼奥的血；

所以，你夏洛克无法按契约规定割肉。

二难推理的破坏式还有更为复杂的形式：

如果 p 则 r，

如果 q 则 s，

非 r 或者非 s，

所以，非 p 或者非 q。

或者表示为：

$$\frac{A{\rightarrow}C, B{\rightarrow}D, \neg C \vee \neg D}{\neg A \vee \neg B}$$

其中，p、q、r、s 为命题变项，A、B、C、D 为任何命题公式。

与上述推理形式相应的蕴涵式为：

$(p{\rightarrow}r) \wedge (q{\rightarrow}s) \wedge (\neg r \vee \neg s){\rightarrow}\neg p \vee \neg q$

上述蕴涵式是重言式，因而上述推理形式是有效的推理形式。

上述有效式表明：可以从 A→C、B→D 和 ¬C∨¬D 推出 ¬A∨¬B。

例如："如果他对当事人负责，则他应提出对当事人有利的代理意见；如果他精通法律业务，则他能充分证明其诉讼主张。他或者没有提出对当事人有利的代理意见，或者没能充分证明其诉讼主张。因此，他或者是不对当事人负责，或者是不精通法律业务。"

四、反三段论

反三段论推理是根据假言命题或蕴涵词和联言命题或合取词的逻辑性质进行的复合命题推理。其有效的推理形式如下：

如果（p 并且 q）则 r，

所以，如果（¬r 并且 p）则¬q。

或者表示为：

$$\frac{A \wedge B{\rightarrow}C}{\neg C \wedge A{\rightarrow}\neg B}$$

其中，p、q、r 为命题变项，A、B、C 为命题公式。

与上述推理形式相应的蕴涵式为：

$$(p \land q \to r) \to (\neg r \land p \to \neg q)$$

上述蕴涵式是重言式，因而上述推理形式是有效的推理形式。

上述有效式表明：可以从 $A \land B \to C$ 推出 $\neg C \land A \to \neg B$。同理，可以从 $A \land B \to C$ 推出 $\neg C \land B \to \neg A$。这就是说，如果从 A 并且 B 可以推出 C，则从非 C 和 A（或 B）可以推出 $\neg B$（或 $\neg A$）。

例如："如果某甲客观上造成了他人损害并且主观上有过错，则某甲应承担民事责任；所以，如果某甲不应承担民事责任而客观上又造成了他人损害，则某甲是主观上没有过错。"

五、基于重言等值式的推理

由于复合命题重言等值式的两端在任何情况下都是等值的，因而两端可以互推。设 $A \leftrightarrow B$ 为重言等值式，则可以从 A 推出 B，也可以从 B 推出 A。

由于复合命题重言等值式是非常多的，因此，基于重言等值式的推理形式也是非常多的。下面只介绍几种常用的有效式。

1. 假言易位推理。假言易位推理的有效式是：

$$\frac{A \to B}{\neg B \to \neg A} , \quad \frac{\neg B \to \neg A}{A \to B}$$

其中，A、B 为任何命题公式。

与上述推理形式相应的重言等值式是：

$$p \to q \leftrightarrow \neg q \to \neg p$$

例如："如果某甲是凶手则某甲有作案时间，所以，如果某甲没有作案时间，则某甲不是凶手。"

2. 蕴涵析取互易推理。蕴涵析取互易推理的有效式是：

$$\frac{A \to B}{\neg A \lor B} , \quad \frac{\neg A \lor B}{A \to B}$$

其中，A、B 为任何命题公式。

与上述推理形式相应的重言等值式是：

$$p \to q \leftrightarrow \neg p \lor q$$

例如："如果某甲是凶手，则某乙是凶手，所以，或者某甲不是凶手，或者某乙是凶手。"

3. 否定合取推理。否定合取推理的有效式是：

$$\frac{\neg (A \land B)}{\neg A \lor \neg B} , \quad \frac{\neg A \lor \neg B}{\neg (A \land B)}$$

其中，A、B 为任何命题公式。

与上述推理形式相应的重言等值式是：

$$\neg(p \wedge q) \leftrightarrow \neg p \vee \neg q$$

例如："并非某甲和某乙都是案犯，所以，或者某甲不是案犯，或者某乙不是案犯。"

4. 否定析取推理。否定析取推理的有效式是：

$$\frac{\neg(A \vee B)}{\neg A \wedge \neg B}, \quad \frac{\neg A \wedge \neg B}{\neg(A \vee B)}$$

其中，A、B 为任何命题公式。

与上述推理形式相应的重言等值式是：

$$\neg(p \vee q) \leftrightarrow \neg p \wedge \neg q$$

例如："并非某甲或是抢劫犯或是抢夺犯，所以，某甲既不是抢劫犯又不是抢夺犯。"

5. 否定蕴涵推理。否定蕴涵推理的有效式是：

$$\frac{\neg(A \rightarrow B)}{A \wedge \neg B}, \quad \frac{A \wedge \neg B}{\neg(A \rightarrow B)}$$

其中，A、B 为任何命题公式。

与上述推理形式相应的重言等值式是：

$$\neg(p \rightarrow q) \leftrightarrow p \wedge \neg q$$

例如："并非如果某甲是凶手则某乙是凶手，所以，某甲是凶手但某乙不是凶手。"

6. 否定等值推理。否定等值推理的有效式是：

$$\frac{\neg(A \leftrightarrow B)}{(A \rightarrow \neg B) \wedge (\neg A \rightarrow B)}, \quad \frac{(A \rightarrow \neg B) \wedge (\neg A \rightarrow B)}{\neg(A \leftrightarrow B)}$$

其中，A、B 为任何命题公式。

与上述推理形式相应的重言等值式为：

$$\neg(p \leftrightarrow q) \leftrightarrow (p \rightarrow \neg q) \wedge (\neg p \rightarrow q)$$

例如："某甲是凶手并非当且仅当某乙是凶手，所以，如果某甲是凶手则某乙不是凶手，并且，如果某甲不是凶手则某乙是凶手。"

7. 条件移出移入推理。条件移出移入推理的有效式是：

$$\frac{A \wedge B \rightarrow C}{A \rightarrow (B \rightarrow C)}, \quad \frac{A \rightarrow (B \rightarrow C)}{A \wedge B \rightarrow C}$$

其中，A、B、C 为任何命题公式。

与上述推理形式相应的重言等值式为：

$$p \wedge q \rightarrow r \leftrightarrow p \rightarrow (q \rightarrow r)$$

例如："如果是犯罪后自首并且有重大立功表现，则应当减轻或者免除处罚，所以，如果是犯罪后自首的，那么，如果有重大立功表现，则应当减轻或者免除处罚。"

8. 条件互易推理。条件互易推理的有效式是：

$$\frac{A\rightarrow(B\rightarrow C)}{B\rightarrow(A\rightarrow C)}$$

其中，A、B、C 为任何命题公式。

与上述推理形式相应的重言等值式为：

$$p\rightarrow(q\rightarrow r)\leftrightarrow q\rightarrow(p\rightarrow r)$$

例如："如果是因不可抗力不能履行合同或者造成他人损害的，那么，如果法律没有另外的规定，则不承担民事责任；所以，如果法律没有另外的规定，那么，如果是因不可抗力不能履行合同或者造成他人损害的，则不承担民事责任。"

第六节　复合命题的综合推理

一、判定问题

演绎推理的核心问题是：

（1）判定问题：如何判定推理有效？

（2）推导问题：如何有效地推理？

全部的命题逻辑理论可以概括为：如果 A 重言蕴涵 B，那么，从 A 推出 B 是有效的。要判定一个复合命题推理是否有效，只需判定前提是否重言蕴涵结论。

真值表法给出了判定复合命题推理是否有效的一种方法。如果与复合命题推理形式相应的蕴涵式是重言式，该复合命题推理就是有效的；否则就不是有效的。但是，倘若复合命题推理所包含的命题变项较多，运用真值表法就极为不便。因而现代逻辑发展了归谬赋值法、表列法等方法来解决复合命题推理的有效性判定问题。这些方法对于解决复合命题推理的有效性判定问题是可靠的，并且是完全的。

应当指出，运用上述方法解决有效性判定问题与人们实际思维方式相距甚远，并且上述方法无法解决复合命题推理的有效性推导问题。运用上述方法只能判定推理是否有效而不能进行有效的推理。

复合命题推理的基本有效式和其他有效式是判定复合命题推理是否有效的工具，并且是进行有效推理的工具。运用复合命题推理的基本有

演绎推理的两个问题

掌握这种判定方法

效式和其他有效式判定复合命题推理是否有效，只需考虑从给定的前提出发，运用复合命题推理的基本有效式和其他有效式能否推出该结论。如果复合命题推理的每一步骤都是有效的，并且能在有限步骤内从给定的前提推出其结论，则该复合命题推理是有效的。换句话说，如果复合命题推理的每一步骤都只运用复合命题推理的基本有效式和其他有效式，并且从给定的前提推出了给定的结论，则该复合命题推理是有效的。

例如："如果某人有配偶而重婚或者明知他人有配偶而与之结婚，则应处以2年以下有期徒刑或者拘役；现已查明某人有配偶而重婚并且不应处以拘役。所以，某人应处以2年以下有期徒刑。"

问：这个推理是否有效？

设p为："某人有配偶而重婚"。

 q为："明知他人有配偶而与之结婚"。

 r为："应处以2年以下有期徒刑"。

 s为："应处以拘役"。

已知前提的命题形式如下：

（1）如果p或者q，则r或者s，

（2）p并且非s。

根据上述前提进行推理：

（1）从"p并且非s"推出"p"（联言推理分解式）。

（2）从"p"推出"p或者q"（选言推理附加式）。

（3）从"如果p或者q，则r或者s"和"p或者q"推出"r或者s"（假言推理肯定前件式）。

（4）从"p并且非s"推出"非s"（联言推理分解式）。

（5）从"r或者s"和"非s"推出"r"（选言推理否定肯定式）。

上述推理每一步骤都遵守了推理规则，并且从给定的前提推出了结论，因此，上述复合命题推理是有效的。

二、推导问题

复合命题推理的基本有效式和其他有效式是有效推理的规则。从给定的前提出发，可以一步一步地运用复合命题推理的基本有效式和其他有效式，即一步一步地遵循有效推理的规则进行有效的推理。 掌握这种推理方法

例如：某地发生一起间谍案，经过反复调查，某侦查机关掌握了以下情况：

（1）间谍只能是甲或乙，不可能是别人。

（2）如果甲是间谍，则会议记录没有被泄露。

（3）会议召开时没有人中途离席，而甲此时在会场没有出去打电话。

（4）若机要员证词真实，则会议记录被泄露。

（5）只有会议召开时有人中途离席，机要员的证词才不真实。

问：谁是间谍？

设 p 为："甲是间谍"。

　q 为："乙是间谍"。

　r 为："会议记录被泄露"。

　s 为："会议召开时有人中途离席"。

　t 为："甲此时在会场没有出去打电话"。

　u 为："机要员证词真实"。

已知前提的命题形式如下：

（1）p 或者 q，

（2）如果 p 则非 r，

（3）非 s 并且 t，

（4）如果 u 则 r，

（5）只有 s 才非 u。

根据上述前提进行推理：

（1）从"非 s 并且 t"推出"非 s"（联言推理分解式）。

（2）从"只有 s 才非 u"和"非 s"推出"u"（必要条件假言推理否定前件式）。

（3）从"如果 u 则 r"和"u"推出"r"（假言推理肯定前件式）。

（4）从"如果 p 则非 r"和"r"推出"非 p"（假言推理否定后件式）。

（5）从"p 或者 q"和"非 p"推出"q"（选言推理否定肯定式）。

基于上述推理可以得知乙是间谍。

上述推理过程还可以表示如下：

前提：（1）p∨q

　　　（2）p→¬r

　　　（3）¬s∧t

　　　（4）u→r

　　　（5）¬u→s

推理如下：

　　　（6）¬s　　（3）联言推理

  （7）u   （6）和（5）假言推理

  （8）r   （7）和（4）假言推理

  （9）¬p （8）和（2）假言推理

  （10）q （9）和（1）选言推理

  一般地，如果复合命题推理以多个复合命题或多重复合命题为前提，则可以逐步根据前提中各个复合命题的逻辑性质进行有效的推理。从给定的前提出发，可以逐步地运用复合命题推理的基本有效式和其他有效式，即运用复合命题推理的规则进行有效的推理。这种复杂的推理由于综合运用了复合命题推理的基本有效式和其他有效式，因而称为复合命题综合推理或自然推理。

□小 结

  本章主要阐述命题逻辑的基本内容。主要包括命题概述，复合命题及其形式，复合命题的重言等值式，复合命题推理的基本有效式，复合命题推理的其他有效式，复合命题的综合推理。其主要内容是：

一、命题概述

（一）命题的特征

1. 任何命题都有所陈述。

2. 任何命题都有真假。

3. 任何命题都有内容和形式。

（二）命题的种类

1. 简单命题和复合命题。

2. 模态命题和非模态命题。

3. 规范命题和非规范命题。

二、复合命题及其形式

复合命题	含 义	命题形式	真值表
负命题	陈述某个命题不成立	否定式：非 p（¬p）	¬p −+ +−

续表

复合命题	含　义	命题形式	真值表
联言命题	陈述几个命题都成立	合取式： p 并且 q（p∧q）	p ∧ q + + + + - - - - + - - -
选言命题	陈述几个命题中至少有一个命题成立	析取式： p 或者 q(p∨q)	p ∨ q + + + + + - - + + - - -
假言命题	陈述某一命题蕴涵另一个命题	蕴涵式： 如果 p 则 q(p→q)	p → q + + + + - - - + + - + -
等值命题	陈述两个命题同时成立或同时不成立	等值式： p 当且仅当 q(p↔q)	p ↔ q + + + + - - - - + - + -

三、复合命题的重言等值式

1. $p \to q \leftrightarrow \neg q \to \neg p$

2. $p \lor q \leftrightarrow \neg p \to q$

3. $p \land q \leftrightarrow \neg(p \to \neg q)$

4. $(p \leftrightarrow q) \leftrightarrow (p \to q) \land (q \to p)$

5. $(p \leftrightarrow q) \leftrightarrow (p \land q) \lor (\neg p \land \neg q)$

6. $\neg(p \to q) \leftrightarrow p \land \neg q$

7. $\neg(p \lor q) \leftrightarrow \neg p \land \neg q$

8. $\neg(p \land q) \leftrightarrow \neg p \lor \neg q$

9. $\neg(p \leftrightarrow q) \leftrightarrow (p \to \neg q) \land (\neg p \to q)$

10. $\neg(p \leftrightarrow q) \leftrightarrow (p \wedge \neg q) \vee (\neg p \wedge q)$

四、复合命题推理的基本有效式

复合命题推理	基本有效式	
双重否定推理	1. 双否销去式：$\dfrac{\neg \neg A}{A}$	
	2. 双否引入式：$\dfrac{A}{\neg \neg A}$	
联言推理	1. 分解式：$\dfrac{A \wedge B}{A}$，$\dfrac{A \wedge B}{B}$	
	2. 合成式：$\dfrac{A,\ B}{A \wedge B}$	
选言推理	1. 否定肯定式：$\dfrac{A \vee B,\ \neg A}{B}$，$\dfrac{A \vee B,\ \neg B}{A}$	
	2. 附加式：$\dfrac{A}{A \vee B}$，$\dfrac{B}{A \vee B}$	
假言推理	1. 肯定前件式：$\dfrac{A \rightarrow B,\ A}{B}$	
	2. 否定后件式：$\dfrac{A \rightarrow B,\ \neg B}{\neg A}$	
等值推理	1. 肯定式：$\dfrac{A \leftrightarrow B,\ A}{B}$，$\dfrac{A \leftrightarrow B,\ B}{A}$	
	2. 否定式：$\dfrac{A \leftrightarrow B,\ \neg A}{\neg B}$，$\dfrac{A \leftrightarrow B,\ \neg B}{\neg A}$	

五、复合命题推理的其他有效式

（一）假言联锁推理

$$\frac{A \rightarrow B,\ B \rightarrow C}{A \rightarrow C}$$

（二）二难推理

1. 构成式：

$$\frac{A \rightarrow C,\ B \rightarrow C,\ A \vee B}{C},\quad \frac{A \rightarrow C,\ B \rightarrow D,\ A \vee B}{C \vee D}$$

2. 破坏式：

$$\frac{A \rightarrow C,\ A \rightarrow D,\ \neg C \vee \neg D}{\neg A},\quad \frac{A \rightarrow C,\ B \rightarrow D,\ \neg C \vee \neg D}{\neg A \vee \neg B}$$

□练习与思考

一、名词解释

1. 命题
2. 复合命题
3. 复合命题形式
4. 重言式
5. 重言蕴涵式
6. 重言等值式
7. 演绎推理
8. 有效式
9. 无效式
10. 复合命题综合推理

二、练习题

（一）指出下列命题属于何种复合命题，并写出它们的命题形式

1. 刑法和民法都是法律。
2. 到过现场的人并不都是作案人。
3. 某甲和某乙至少有一个人是律师。
4. 死刑案件由最高人民法院判决或者核准。
5. 法律没有明文规定为犯罪行为的，不得定罪处刑。
6. 未经人民法院依法判决，对任何人都不得确定有罪。
7. 只有触犯刑律，才构成犯罪。
8. 除非是经本人同意，才能以营利为目的使用公民的肖像。
9. 某甲和某乙或者都是案犯，或者都不是案犯。
10. 当且仅当二人以上共同故意犯罪，才是共同犯罪。
11. 他不但口才好，而且文章也写得好。
12. 强权并非就是公理。
13. 要么东风压倒西风，要么西风压倒东风。
14. 你或者看电影，或者看球赛，但二者不可兼得。
15. 犯罪的时候不满18周岁的人和审判时怀孕的妇女不适用死刑。
16. 勘验、检查笔录和鉴定结论都是证据。

17. 一个青年人失足，或有社会原因，或有家庭原因，或有自身原因。

18. 科学技术不是上层建筑，而是生产力。

19. 组织、领导犯罪集团进行犯罪活动的或者在共同犯罪中起主要作用的是主犯。

20. 讯问犯罪嫌疑人必须由人民检察院或者公安机关的侦查人员负责进行。

（二）分析下列多重复合命题的形式

1. 如果一个人的行为没有社会危害性，或者情节显著轻微危害不大的，则不认为是犯罪。

2. 行为在客观上虽然造成了损害结果，但不是出于故意或者过失，而是由于不能抗拒或者不能预见的原因所引起的，不是犯罪。

3. 在犯罪过程中，自动放弃犯罪或者自动有效地防止犯罪结果发生的，是犯罪中止。

4. 因不可抗力不能履行合同或者造成他人损害的，不承担民事责任，法律另有规定的除外。

5. 明知自己的行为会发生危害社会的结果，并且希望或者放任这种结果发生，因而构成犯罪的，是故意犯罪，应当负刑事责任。

6. 对犯罪分子决定刑罚的时候，应当根据犯罪的事实、犯罪的性质、情节和对社会的危害程度，依照本法《刑法》的有关规定判处。

7. 精神病人在不能辨认或者不能控制自己行为的时候造成危害结果，经法定程序鉴定的，不负刑事责任，但是应当责令他的家属或者监护人严加看管和医疗。

8. 明知是犯罪所得的赃物而予以窝藏、转移、收购或者代为销售的，处 3 年以下有期徒刑、拘役或者管制，并处或者单处罚金。

（三）给出下列命题的等值命题

1. 某甲和某乙都不是案犯。

2. 如果他有正当的职业，他就不会走这条路。

3. 他不愿意来或没有时间来。

4. 某甲是凶手当且仅当某乙不是凶手。

（四）给出下列命题的负命题的一个等值命题

1. 这孩子又打人又骂人。

2. 这个城市或者人口过多或者水资源不足。

3. 如果某甲在现场，则某乙不在现场。

4. 他不想干这件事当且仅当他干不了这件事。

（五）写出下列推理的种类或形式，并判定它们是否有效

1. 法律是有阶级性的；因此，否定法律是有阶级性的说法是不能成立的。

2. 人人都要知法并且守法；所以，人人都要知法。

3. 写文章要讲语法，写文章要讲逻辑，写文章要讲修辞；所以，写文章要讲语法、逻辑和修辞。

4. 某案件死者的死亡原因，或是他杀，或是自杀，或是不幸事故，经查他不是因自杀或不幸事故而死亡；所以，他是由于他杀而死亡的。

5. 只要死者是煤气中毒致死的，那么，尸斑应呈鲜红色，这个死者的尸斑呈鲜红色；可见，这个死者是煤气中毒致死的。

6. 只有某人的行为具有社会危害性，某人的行为才是犯罪，某人的行为具有社会危害性；所以，某人的行为是犯罪。

7. 犯罪时不满18周岁的人和审判时怀孕的妇女不适用死刑；所以，犯罪时不满18周岁的人不适用死刑。

8. 如果某甲患急性阑尾炎，则他会腹部剧痛；某甲腹部不痛；所以，某甲未患急性阑尾炎。

9. 该凶杀案，或因私仇杀人，或因奸情杀人，或因谋财杀人，经初步调查，该案是因私仇杀人；所以，该案不是由于奸情杀人或谋财杀人。

10. 只有某甲与被害人有仇才是仇杀案的凶手，某甲与被害人有仇；所以，某甲是仇杀案的凶手。

11. 某甲和某乙或者都是案犯，或者都不是案犯；经查某甲是案犯；所以，某乙是案犯。

12. 某被告人的行为，要么是抢劫罪，要么是抢夺罪；经查实，该被告人的行为构成抢夺罪；所以，该被告人的行为不是抢劫罪。

13. 只有在深秋时枫叶才会变红，现在枫叶红了；因此，现在是深秋了。

14. 某甲是凶手当且仅当某乙不是凶手，某乙是凶手；所以，某甲不是凶手。

15. 如果客观条件已经成熟，而且主观方面做了充分准备，那么，工作一定能做好；现在客观条件已经成熟，而工作没能做好；可见，主观方面没有做充分准备。

16. 如果他是凶手，那么，他不会不在现场；如果他在现场，那么，他不可能同时又出现在剧院；所以，如果他是凶手，那么，他不可能出现在剧院。

17. 欲盛则费广，费广则赋重，赋重则民愁，民愁则国危，国危则君丧；因此，欲盛则君丧。

18. 如果某甲是盗窃犯，则某甲应有赃款或赃物；某甲既无赃款又无赃物；所以，某甲不是盗窃犯。

19. 如果某甲的证词是真实的，则案件发生时该被告在作案现场；如果某甲的证词是真实的，则案件发生时该被告不在作案现场；所以，某甲的证词是不真实的。

20. 如果上帝能创造一块他自己举不起来的石头，那么，上帝就不是全能的；如果上帝不能创造一块他自己举不起来的石头，那么，上帝也不是全能的；或者上帝能创造一块他自己举不起来的石头；或者上帝不能创造一块他自己举不起来的石头；总之，上帝不是全能的。

21. 如果某甲是凶手，则某乙不是凶手；所以，如果某乙是凶手，则某甲不是凶手。

22. 如果他是凶手则他有作案时间；如果他是凶手则他有作案动机；或者他没有作案时间，或者他没有作案动机；所以，他不是凶手。

23. 某甲是凶手，所以，或者某甲是凶手或者某乙是凶手。

24. 并非某甲和某乙都是凶手；所以，某甲不是凶手并且某乙不是凶手。

25. 并非某甲或者是杀人犯或者是放火犯；所以，某甲不是杀人犯或者不是放火犯。

26. 并非如果他去法院就是罪犯；因此，他去了法院但不是罪犯。

27. 某甲是凶手并非当且仅当他有作案时间；因此，某甲有作案时间则某甲是凶手。

28. 我国《刑法》第65条规定："被判处有期徒刑以上刑罚的犯罪分子，刑罚执行完毕或者赦免以后，在5年以内再犯应当判处有期徒刑以上刑罚之罪的，是累犯，应当从重处罚，但是过失犯罪和不满18周岁的人犯罪的除外。"某甲犯盗窃罪被判处有期徒刑2年，刑罚执行完毕以后3年，又犯了应当判处有期徒刑的盗窃罪，而盗窃罪不是过失犯罪，所以，某甲应当从重处罚。

（六）判定下面实例中包含的推理是否有效

1. 意大利的都灵大教堂，珍藏了相传是包裹耶稣尸体的布，该布是用细亚麻织成的。一次，神学院的4名学生对此物发表了以下看法：

学生A：这圣物是真的。因为如果它是假的，那么，它不能一直被我们的教友所敬奉。事实上，我们都是虔诚地敬奉它，可见它是真的。

学生B：我也认为是真的。这道理很简单，如果它是真的，那它上面必有大量血迹，因为它是用来包裹尸体的，我们亲眼所见它上面的斑斑血迹，可见它是真的。

学生C：我同意B的分析，我补充一点，只有有血迹，它才是圣物；我们亲眼看到它上面血迹很多，无疑它是圣物了。

学生D：它根本不是什么圣物。纺织史研究表明，在欧洲亚麻细布直到公元2世纪才出现。这说明，如果它是真的，那么，耶稣应当是公元2世纪以后受难的，可是圣经上都说他在公元1世纪受难。可见这不是圣物。

2. 在某剧场，有一次看演出，由于女观众都不脱帽子，影响了男观众。因此，男观众对剧场经理说："如果女观众不脱帽，我们就要退票；因此，要想让我们不退票，除非让女观众脱帽。"剧场经理只得对女观众说："只有你们脱帽，他们才看得见，他们看不见；因此，请你们脱帽。"可是毫无效果。剧场经理无可奈何地说道："年老的可以不脱。"话音刚落，女观众都脱下了帽子。

3. 侦查人员掌握了以下情况：

（1）甲或乙杀害了丙，不会是别人干的。

（2）如果甲杀害丙，那么，作案地点不会在办公室。

（3）如果秘书证词真实，则办公室里有枪声。

（4）仅当作案地点在办公室，秘书的证词才不真实。

（5）甲会使用手枪但办公室里没有枪声。

侦查人员根据上述情况推断凶手是乙而不是甲。问侦查人员的推断是否有效。

4. 某地发生一起案件。侦查人员掌握了以下情况：

(1) 如果 E 在现场，那么，A 和 C 不可能都不在现场。

(2) 如果 B 不在现场，那么，A 也不可能在现场。

(3) 或者 C 不在现场，或者 B 在现场。

(4) 除非 E 在现场，D 才在现场。

(5) D 在现场。

侦查人员根据上述情况断定 B 在现场。问：这个推理是否有效？

(七) 推理题

1. 一个游客来到一个丁字路口，不知道到黄村去是向左拐还是向右拐。这时来了甲、乙两位青年。游客知道他们是黄村人，也知道他们会回答他的提问，还知道他们俩一个总是讲真话，一个总是讲假话。但是，游客不知道他们俩谁讲真话，谁讲假话。游客想了想问甲："如果我问乙'去黄村往哪边拐'，他将会如何回答我？"甲说："乙会说'往左拐'。"游客听完后应该往哪边拐呢？

2. 某地发生一起凶杀案。经分析凶手是两个人。侦查员掌握了以下情况：

(1) 该凶杀案是 A、B、C、D、E 中的两个人所为。

(2) 如果 B 不是凶手，则 A 也不是凶手。

(3) B 只有和 C 在一起，才会参与作案。

(4) 如果 D 是凶手，则 E 一定是帮凶。

(5) A 和 D 中至少有一个人是凶手。

(6) C 没有参与这起凶杀案。

问：谁是凶手？并请写出推理过程。

3. 一天夜里，有一家商店被盗。经调查，侦查员了解到以下情况：

(1) 窃贼可能是甲，也可能是乙，不会是其他人。

(2) 只有作案时间在零点之前，甲的陈述才可靠。

(3) 或者甲的陈述可靠，或者零点时商店灯光未灭。

(4) 如果乙是窃贼，则作案时间必在零点之后。

(5) 零点时商店灯光灭了，乙此时尚未回家。

问：谁是窃贼？请写出推理过程。

4. 设有下列前提：

(1) 如果亚里士多德的自由落体理论是正确的，那么，物体越重下落速度越快。

(2) 只有物体自由降落的速度不受重量影响，伽利略的自由落体理论才是正确的。

(3) 亚里士多德的自由落体理论和伽利略的自由落体理论不可能同时是不成立的。

(4) 只有证实物体越重下落速度越快不成立，物体自由降落的速度才不受重量影响。

(5) 物体自由降落的速度不受重量影响。

问：亚氏理论和伽氏理论哪个是正确的？请写出推理过程。

5. 根据下列条件，从 R、S、T、U、X、Y、Z 七个侦察员中必须挑选而且只能挑选 4 个深入敌后侦察。

如果 R 被选，则 T 也被选。

如果 S 被选，则 U 也被选。

如果 X 和 Y 同时被选，则 T 不能被选。

（1）如果 X 和 Y 同时被选，那么，以下侦察员哪一个必须被选？

①R　②S　③T　④U　⑤Z

（2）如果 S 和 Z 同时被选，那么，以下侦察员哪一个不能被选？

①R　②T　③U　④X　⑤Y

6. 史密斯、乔治、沃克、鲁宾逊四人是某国军情局的情报人员，他们奉命周末去某酒店的某个客房里与新来的上司会面。有关他们的情况如下：史密斯和乔治事先只知道上司入住客房的号码是 5517、5521、6616、6620、7718、7719、8815、8817、9915、9916、9918 中的一个，鲁宾逊知道沃克事先只知道上司入住客房的号码的前两位，沃克知道鲁宾逊事先只知道上司入住客房的号码的后两位。他们周末在酒店大堂汇合后，一见面史密斯和乔治就通报他们知道的房号情况并问沃克和鲁宾逊是否知道上司入住客房的号码。沃克说道："我不知道上司入住的客房的号码，但我知道鲁宾逊也不会知道。"鲁宾逊对大家说道："一开始我不知道上司入住的客房的号码，但现在我知道了。"沃克紧接着说道："那我也知道上司入住的客房的号码了。"

问：通过分析上述情况以及他们的对话，你能否推出他们上司入住的客房的号码？请写出你的结论与推理过程。

（八）分析题

1. 甲、乙、丙、丁四个队争夺冠军。已知下列 A、B、C 三种说法，有且只有一种说法正确。问：谁是冠军？

A：冠军是甲或乙。

B：如果冠军不是丙，则冠军也不是丁。

C：冠军不是甲。

2. A、B、C 三人从法学院毕业后，一人当上了律师，一人当上了法官，一人当上了检察官。甲、乙、丙三人作了以下猜测：

甲：A 当上了律师，B 当上了法官。

乙：A 当上了法官，C 当上了律师。

丙：A 当上了检察官，B 当上了律师。

已知甲、乙、丙三人的猜测都只是对了一半。问：A、B、C 各担任什么工作？并请写出过程。

3. 四位侦查员在分析案情时根据有关情况对有作案嫌疑的杨某和冯某进行了如下推

测：老张说："如果杨某是案犯，那么冯某也是案犯。"老李说："依我看他们俩都不是案犯。"小王说："不管冯某是不是案犯，杨某都不是案犯。"小赵说："我看冯某不是案犯，但杨某是案犯。"已知四位侦查员中有且只有一人的推测是成立的。

请根据这些情况进行分析回答下列问题：

（1）如果冯某是案犯，则能够证明哪位侦查员的推测是成立的？哪些侦查员的推测是不成立的？

（2）如果上述情况是确实的，则能够确定谁是案犯？哪位侦查员的推测是成立的？

三、思考题

1. 什么是命题？命题与判断有何联系和区别？命题有哪些种类？

2. 什么是复合命题？复合命题由哪些部分组成？它有哪些基本的形式？

3. 什么是命题联结词？命题联结词的作用是什么？有哪些基本的命题联结词？

4. 什么是真值表？真值表有何作用？

5. 什么是多重复合命题？如何分析多重复合命题的形式？

6. 什么是重言式？什么是重言等值式？重言等值式有何作用？有哪些重要的重言等值式？

7. 什么是复合命题推理？什么是有效的复合命题推理？

8. 复合命题推理有哪些基本的有效式？由基本的有效式可以导出哪些有效式？

9. 如何判定复合命题推理的有效性？如何进行有效的复合命题推理？

10. 什么是复合命题综合推理？

第三章

词项逻辑

第一节 词 项

一、概述

命题逻辑研究的是复合命题及其推理，词项逻辑研究的是简单命题及其推理。

简单命题推理就是以简单命题作为前提和结论的演绎推理。

例如："凡犯罪行为都是有社会危害性的，某甲的行为是犯罪行为，所以，某甲的行为是有社会危害性的。"

这个推理的两个前提和结论都是简单命题，其中都不含有命题联结词。本书第二章研究复合命题推理，是以简单命题作为基本单位、依据命题联结词的逻辑性质来确立推理的有效性的，这种方法显然不适用于分析简单命题推理。如果采用复合命题逻辑的方法对上面的推理加以分析，其推理形式为：

$$p \wedge q \rightarrow r$$

该命题形式不是重言式，因此，不能断定上述推理是有效的。但是，通过进一步分析每一个简单命题的内部逻辑结构、分析组成这些简单命题的各词项之间的逻辑联系，就可以断定上述推理是一个逻辑有效的推理。这是本章分析简单命题推理所要运用的方法。因此，需要了解词项的一般知识以及简单命题的逻辑性质，在此基础上揭示简单命题推理的规律性。

复合命题推理是基于命题联结词的逻辑性质进行推理的；简单命题推理是基于词项之间的逻辑联系进行推理的

二、词项及其特征

（一）什么是词项

词项就是作为简单命题构成成分的名称或概念。

例如：（1）"珠穆朗玛峰是世界上最高的山峰。"

（2）"商品是用来交换的劳动产品。"

（3）"法院是审判机关。"

（4）"共同犯罪是指二人以上共同故意犯罪。"

上面划有横线的就是各命题中的词项。这些词项作为名称或概念出现在简单命题中，是构成简单命题的成分。

所谓名称，是对于对象的称呼。从广义上说，名称包括专名和通名。客观世界的事物是多种多样的，为了区分各种不同的事物，人们给对象命名，以不同的名称将它们区别开来。每个名称都对应特定的对象。例如，"珠穆朗玛峰"就是特定的单个对象的名称，是一个专名。"世界上最高的山峰"是以描摹的方式确指对象，其作用类似于名称，称为摹状短语。"法院"是特定的一类对象的名称，是一个通名。通名也可以称为概念。

所谓概念，一般认为是指人的思维对事物特有属性的反映。事物有许许多多的属性，事物的特征、性质、关系、功能、状态等都是事物的属性。在事物的属性中，有一些属性是为一类事物所特有的，有些属性则非为一类事物所特有。例如，商品有许多属性：劳动的产物；用于交换；具有一定的价值和使用价值；等等。其中，"用来交换的劳动产品"

很多逻辑书里采用"概念"而不是"词项"的说法。"概念"是一个哲学术语，不同的哲学流派对概念的理解不是商品所特有的属性。"二人以上共同故意犯罪"是"共同犯罪"的特有属性。事物的特有属性就是该类事物都具有而别的事物不具有的那些属性。人们把握了一类事物的特有属性，就形成了该类事物的概念。

（二）词项与语词

词项与语词具有密切的关系：语词是词项的语言表达形式。并非所有的语词都表达词项，只有名词性的词或词组表达词项。词项与名词性的语词之间也不是一一对应的：同一个语词在不同的语境里可以表达不同的词项，同一个词项也可以借助于不同的语词来表达。要正确把握词项与语词的关系，需要注意下列两点：

1. 语词的意义丰富，既有逻辑意义，也有语气、情感等其他意义。逻辑学并不研究诸如语气、情感这一类的意义。所以，词项只具有指称哪些对象以及所指称的对象具有哪些特有属性这样的逻辑意义。

2. 语词大多是多义的。例如，"逻辑"一词既可以表示"思维规律"，也可以表示"客观规律"，还可以表示"逻辑科学"，同一个语词有几种不同的意义。而一个词项只能有一种确定的意义，否则就必须区别为不同的词项。

自然语言中常出现一词多义或多词同义的情况，很容易造成词项的混淆。明确区分语词和词项，有助于避免这类混淆。

（三）词项的内涵和外延

词项的逻辑意义在于两个方面：①每个词项都指称、对应一个或一些确定的事物对象；②每个词项都表示所指称对象的特有属性。一个词项所包含的这两个方面的意义，在逻辑学里分别称为词项的外延和内涵。

词项的外延是指一个词项所指称的对象。例如，"商品"的外延，就是市场上用来交换的所有产品。"法律"的外延，就是一切成文法和不成文法。"诉讼代理人"的外延，就是所有的法定代理人、指定代理人、委托代理人。

一个词项的外延，可以是现实世界中存在的对象，如法院、商品、珠穆朗玛峰等，也可以是只存在于人们的想象中而在现实的物质世界根本不存在的对象，如孙悟空、三头六臂的人等。指称后一类对象的词项称为空词项。由于本章所讲的推理中有一些不适用于空词项，以下所称词项一般指不空的词项。

词项的内涵就是一个词项所指称的对象的特有属性。例如，"法律"

旁注：

尽相同，为了回避"概念"复杂的哲学背景，本书采用"词项"的说法。但为了符合日常的语言习惯也会使用"概念"。例如，"使用概念要明确""不得混淆概念"等

词项只保留了语词的逻辑意义

词项的意义确定、唯一

也可以把词项的外延理解为一个词项所指称对象组成的集合

的内涵，就是法律所具有的特有属性，即经国家制定或认可的、体现统治阶级意志的、由国家强制力保证其实施的行为规范。又如，"法人"的内涵，就是法人所具有的特有属性，即具有民事权利能力和民事行为能力，依法独立享有民事权利、承担民事义务的组织。

内涵和外延，是词项所具有的两个基本特征。明确一个概念的内涵和外延是掌握、理解这个概念的根本方法。例如，要理解民法上的"不可抗力"这个概念，一方面要清楚什么样的情况属于不可抗力，即要清楚它的内涵：人所不能预见的、不能避免并不能克服的客观情况；另一方面要明确哪些情况是不可抗力，也就是要明确其外延：因自然原因的地震、洪水等自然灾害及社会原因的战争、封锁、禁运、动乱、罢工等。

从外延和内涵两个方面来明确一个词项的做法，类似于数学中定义集合的两种方法：列举元素，或者描述元素的属性

法律概念必须明确，不容含混，否则就不能准确地适用法律。通过定义和划分分别从内涵和外延两个方面来明确概念的方法，在立法、司法解释及法学研究中被广泛运用。例如，《中华人民共和国反不正当竞争法》第2条第2、3款规定："本法所称的不正当竞争行为，是指经营者在生产经营活动中，违反本法规定，扰乱市场竞争秩序，损害其他经营者或消费者的合法权益的行为。""本法所称的经营者，是指从事商品生产、经营或者提供服务（以下所称商品包括服务）的自然人、法人和非法人组织。"明确法律概念的内涵和外延对于正确实施法律至关重要。例如，如果不明确"正当防卫"这个概念的内涵和外延，就无从判断一行为是否为正当防卫，就会使无罪者蒙冤、让犯罪分子逍遥法外。又如，1995年《全国人民代表大会常务委员会关于惩治违反公司法的犯罪的决定》中关于侵占罪的规定是"公司董事、监事或者职工利用职务或工作上的便利，侵占公司财物……"，由于"工作上的便利"这样的规定过于宽泛，导致司法人员对某公司的公共卫生清洁工窃取该公司财务部门的计算机的行为定性的时候发生疑惑：该清洁工能进入公司是利用了"工作上的便利"，他所犯的是盗窃罪还是侵占罪？1997年修改《中华人民共和国刑法》时，将关于侵占罪规定的"或工作"删去，仅保留"利用职务上的便利"。经过这样的修改，明确了职务"侵占罪"的概念。司法人员给上述行为定性时便可以明确地将它排除在侵占罪的外延之外。

这里讲了两个方面：一是法律文本中法律概念必须明确；一是实施法律过程中对法律概念的理解必须明确

三、词项的种类

依据不同的标准，可以将词项进行不同的分类。为了正确理解直言命题及其推理，下面介绍三种关于词项的分类。

（一）单独词项和普遍词项

依据词项指称对象的数量，将词项分为单独词项和普遍词项。

单独词项，是指其外延为某一特定对象的词项。例如，"中华人民共和国民法通则""中华人民共和国最高人民法院"等。

普遍词项，是指其外延为两个以上对象的词项。例如，"民法""法院"等。

（二）肯定词项和否定词项

依据词项是否带有否定词，将词项分为肯定词项和否定词项。

肯定词项是不带否定词的词项。它肯定词项所指称的对象具有某种属性。例如，"正常死亡""成年人""有效合同"等都是肯定词项。

否定词项是指带有否定词的词项。它否定词项所指称的对象具有某种属性。例如，"非正常死亡""未成年人""无效合同"等都是否定词项。

我们谈论一个问题、使用一个词项，总是相对于一个特定的对象范围。这个特定的对象范围称为论域。例如，刑法里所谈论的"盗窃罪""贪污罪"等词项是相对于"行为"这个论域。否定词项也有其论域，一个否定词项的外延是其论域中不具有否定词所否定的属性的那些对象。例如，"未成年人"指没有成年的人，其论域为"人"；"无效合同"指不具法律效力的合同，其论域为"合同"。明确词项的论域有助于正确理解词项的外延。

（三）集合意义上的词项和非集合意义上的词项

在自然语言中，词项既可以在集合意义上使用，也可以在非集合意义上使用。

例如：（1）人定胜天。

（2）人是有思想的。

例（1）中的词项"人"是在集合意义上使用的，因为它所作的谓述"定胜天"，是就人类来说的，而不是就组成人类整体的任一个体的人来说的。例（2）中的词项"人"是在非集合意义上使用的，因为它所作的谓述"是有思想的"，是就人类中的任一个体的人来说的，而不是就人类整体来说的。

区分自然语言中某词项是在集合意义上使用的还是在非集合意义上使用的，其标准在于它指称的对象是一个集合体还是各个个体。根据一

注意对词项分类所依据的标准

判断一个词项是集合意义的还是非集合意义的，必须从这个词项所处的语境出发。例如，不能认为"森林""军队""羊群"就一定是集合词项

个词项所处的语境,如果命题所作的谓述指向该词项所指称对象的集合体,那么,该词项就是在集合意义上使用的;如果命题所作的谓述指向该词项所指称对象的任一个体,那么,该词项就是在非集合意义上使用的。区分词项在这两种不同意义上的使用,其意义在于避免出现混淆概念的错误。尤其是在自然语言中,往往会出现同一语词在某些命题中表达集合意义的词项、在另一些命题中表达非集合意义的词项的情况,更易于混淆。

例如:(1)"鲁迅的小说最长不过3万字。"

(2)"鲁迅的小说不是一天可以读完的。"

"鲁迅的小说"在例(1)中指称任一篇鲁迅的小说,是在非集合意义上使用的;在例(2)中指称鲁迅的小说组成的集合体,是在集合意义上使用的,这两个词项具有不同的内涵和外延。

四、词项外延间的关系

任何两个词项,如果不考虑空词项,那么,其外延之间的关系为下列五种关系之一。在下面的描述中,我们将以 a、b 分别表示任意两个不空的词项。

(一) 全同关系

如果词项 a 与 b 的外延完全相同,即凡 a 是 b 并且凡 b 是 a,那么,a 与 b 之间就是全同关系。例如,"法院"与"审判机关"、"成年人"与"年满 18 周岁的人"就是全同关系。

词项外延间的关系可以用图解的方法来表示,即用一个圆圈表示一个词项的外延。因为这种方法是瑞士数学家欧拉(Leonhard Euler,1707 年~1783 年)创立的,故称之为欧拉图解。

a、b 之间的全同关系,可用以下图形表示:

凡 a 是 b

凡 b 是 a

如果 a 与 b 之间有全同关系,则 a 和 b 或者都是普遍词项,或者都是单独词项

(二) 种属关系

如果词项 a 的全部外延包含于 b 的外延之中,并且 b 的外延大于 a 的外延,即凡 a 是 b 并且有 b 不是 a,那么,a 与 b 之间是种属关系。

如果 a 与 b 具有种属关系,则称 a 是例如，"投毒罪"与"危害公共安全罪"、"法院"与"司法机关"就是种属关系。

a 与 b 之间的种属关系可以用以下图形表示：

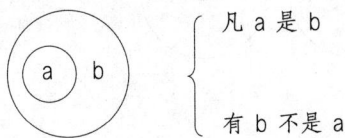

　　凡 a 是 b

　　有 b 不是 a

b 的种词项，b 是 a 的属词项

（三）属种关系

如果 a 的外延包含了 b 的全部外延，并且 a 的外延大于 b 的外延，即凡 b 是 a 并且有 a 不是 b，那么，a 与 b 之间就是属种关系。例如，"诉讼参加人"与"当事人"、"违法行为"与"侵权行为"就是属种关系。

a、b 之间的属种关系可以用以下图形来表示：

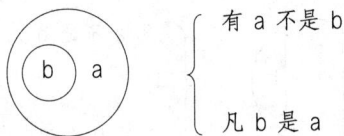

　　有 a 不是 b

　　凡 b 是 a

（四）交叉关系

如果 a、b 的外延有一部分相同，又各有一部分不相同，即有 a 是 b，有 a 不是 b，并且有 b 不是 a，那么，a 与 b 之间就是交叉关系。例如，"青年人"与"法官"、"故意犯罪"与"伤害罪"就是交叉关系。

a、b 之间的交叉关系可以用以下图形表示：

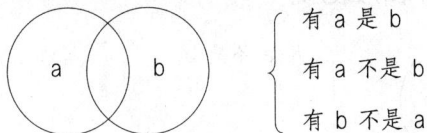

　　有 a 是 b
　　有 a 不是 b
　　有 b 不是 a

在属种、种属关系中，作属词项的词项一定不是单独词项；具有交叉关系的两个词项也一定不是单独词项

（五）全异关系

如果 a、b 的外延完全不相同，即没有 a 是 b，那么，a 与 b 之间就是全异关系。例如，"自然人"与"法人"、"成年人"与"未成年人"

就是全异关系。

a、b 之间的全异关系可以用以下图形表示：

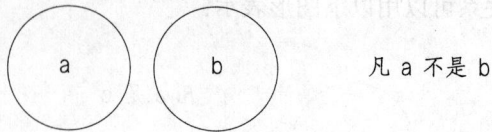

凡 a 不是 b

如果有明确的论域，可以进一步把全异关系分为反对关系和矛盾关系。

1. 反对关系。如果 a、b 两个词项是全异关系，并且 a、b 两个词项外延之和小于它们的属概念 I（论域），那么，a 与 b 之间就是反对关系。例如，"合法行为"与"犯罪行为"之间是全异关系，而且二者外延之和小于它们的论域"行为"，所以，"合法行为"与"犯罪行为"之间就是反对关系。

a、b 之间的反对关系可以用以下图形表示：

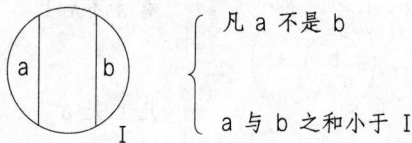

凡 a 不是 b

a 与 b 之和小于 I

2. 矛盾关系。如果 a、b 之间是全异关系，并且 a、b 两个外延之和等于它们的属概念 I（论域），那么，a 与 b 之间就是矛盾关系。例如，"有效合同"与"无效合同"之间是全异关系，而且二者外延之和等于它们的论域"合同"，所以，"有效合同"与"无效合同"之间就是矛盾关系。

a、b 之间的矛盾关系可以用以下图形表示：

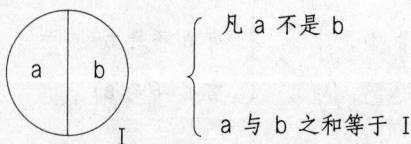

凡 a 不是 b

a 与 b 之和等于 I

区分全异关系之下的词项间的矛盾关系和反对关系对于我们明确词项有一定的指导意义。就反对关系的词项而言，至少存在着一个对象，属于它们的论域，但不属于它们之中任何一个的外延。例如，当某甲不

这里讲的论域，是指两个具有全异关系的词项共同的、相邻的属词项

是出于故意而致人重伤时，不能因此得出某甲主观上无过错的结论。因为"故意"和"无过错"具有反对关系，还存在既不属于"故意"，也不属于"无过错"的"过失"行为。但就矛盾关系的词项而言，不存在任何对象，属于它们的论域而又不属于它们之中任何一个的外延。例如，"无罪行为"和"有罪行为"这两个词项之间具有矛盾关系，因而对于任何行为而言，只要法律不规定它是有罪的，它就只能是无罪的。不存在任何行为，它既不是有罪的，又不是无罪的。

另外，准确地判定某词项的矛盾词项也是我们将来学习直言命题的换质推理的必备知识。区分词项间的矛盾关系和反对关系是重要的，但我们在区分任意两个词项间可能存在的五种关系时，无论是矛盾关系还是反对关系，我们都只将它视为全异关系。

词项外延间的上述五种关系，是任意两个词项间可能具有的全部关系。这五种关系既穷尽了词项外延间关系的各种可能，又是互相排斥的。因此，具体到某两个词项，它们之间的关系必然是这五种关系之中的一种，也只能是这五种关系之中的一种。

对于词项外延间的关系的另一种分类方法是，依据两个词项外延间是否有共同对象分为相容的和不相容的两种。如果两个词项外延间至少有一个对象是共同的，则它们是相容的；如果两个词项外延间不存在任何共同对象，则它们是不相容的。词项外延间的不相容关系又称互相排斥的。在上述词项外延间的五种关系中，全同关系、种属关系、属种关系以及交叉关系的词项间是相容的，而全异关系的词项间是不相容的，即互相排斥的。

> 在相对的论域中，如果 a 与 b 具有矛盾关系，则非 a 即 b，非 b 即 a；如果 a 与 b 具有反对关系，则可以是非 a 且非 b

> 把词项外延间的关系分为相容的和不相容的，有助于理解直言命题的直接推理

第二节　直言命题

一、直言命题的特征

直言命题就是直接陈述事物具有或不具有某种性质的简单命题。

例如：（1）"凡违反法律的民事行为都是无效的。"

（2）"有些合同不是双务合同。"

（3）"某甲是无罪的。"

直言命题也称性质命题，是我们思维中常用的一种命题，以主谓式语句来表达。

直言命题是由四种成分构成的，分别是直言命题的主项、谓项、量

词和联词。

主项是表示被陈述的对象的词项。如上述例（1）中的"违反法律的民事行为"；例（2）中的"合同"；例（3）中的"某甲"，它们分别是三个命题中的主项。

谓项是表示被陈述对象所具有或不具有的性质的词项。如上述例（1）中的"无效的"；例（2）中的"双务合同"；例（3）中的"无罪的"，它们分别是三个命题的谓项。

量词是表示主项外延数量情况的语词。直言命题的量词有两种：全称量词和特称量词。

全称量词表示在命题中陈述了主项所指称的对象的全部，或者说该命题陈述了主项的全部外延。表示全称量词的语词有"凡""所有""任何""一切""每一个"等。在自然语言中，当量词是全称量词时，往往在主项后面加上"都"字。全称量词有时被省略。上述例（1）中的量词就是全称量词。

特称量词表示在命题中至少陈述了主项所指称的对象中的一个，或者说该命题至少陈述了主项外延之中的一个对象。表示特称量词的语词有"有些""有""存在"等。上述例（2）中的量词就是特称量词。

应当注意，在自然语言中，对"有的""有些"有狭义和广义两种理解。狭义的理解认为"有的""有些"表示"仅仅有一部分""至多有一些并且不是全部"。例如，"有些人是律师"，意思是只有一些人是律师，不是所有的人是律师，言外之意是"有些人不是律师"。广义的理解认为，"有的""有些"表示"至少有一个并且至多可能是全部"。例如，有一个户籍官要登记一个村庄全体户主的姓名。当他询问了三个户主发现他们都姓李时，他说："这个村子有些人是姓李的。"这里"有些人姓李"并不意味着"有些人不姓李"。逻辑学中对"有的""有些"采取广义的解释。因而在逻辑学里从"有些 S 是 P"推不出"有些 S 不是 P"。

特称量词又称存在量词。这是因为：既然特称量词表示"至少有一个"，就表明该命题陈述主项所指称的对象是存在的。所以，特称命题又称存在命题。特称量词不能被省略。

除全称命题有时会省略量词外，有些直言命题是没有量词的，如上述例（3）。当一个直言命题的主项是一个单独词项时，例如，"某甲""这个学生"等，因其指称的对象是单一、特定的，并不需要使用量词来刻画主项的数量。这类直言命题称为单称命题。单称命题是由主项、联词和谓项构成的。例如，"贝卡里亚是《论犯罪与刑罚》的作者"。

习惯上把主项理解为对象，把谓项理解为性质。

要注意逻辑学上对"有的""有些"的用法，对理解直言对当关系十分重要

一个普遍词项被"这个""那个""该"这样的语词所修饰时，就得到了一个单独词项

联词是表示主项和谓项之间联系的词项。直言命题的联词有两种：肯定联词和否定联词。"是"称为肯定联词，表示主项与谓项之间有肯定的联系。以"是"作联词的直言命题称作肯定命题。如例（2）。"不是"称为否定联词，表示主项与谓项之间有否定联系，即主项的全部或部分对象与谓项所表达的性质是互相排斥的，以"不是"作联词的直言命题称作否定命题。在语言表达中，肯定联词有时被省略。如"人都有理性"。否定联词有时用"不"等形式来表示。

在直言命题的各构成成分中，主项和谓项是直言命题的内容成分，对应着命题形式中的变项，量词和联词构成直言命题的逻辑常项。其中，量词的全称、特称，是命题的量；联词的肯定、否定，是命题的质。

二、直言命题的种类

按照不同的标准，对直言命题可以进行不同的分类。根据量的情况，直言命题可以分为：全称命题、特称命题和单称命题。根据质的情况，每一种命题又可以分为肯定命题和否定命题。故直言命题分为以下六种：

（一）全称肯定命题

全称肯定命题就是陈述主项所指称的全部对象都具有某种性质的命题，也就是陈述主项的外延都包含于谓项的外延的命题。

例如："所有法人都是有民事行为能力的。"

逻辑学中通常用 S、P 分别表示直言命题的主谓项。全称肯定命题的形式是：

凡 S 是 P。用符号表示为：SAP。简记为：A。

全称肯定命题"凡 S 是 P"，陈述了 S 的全部外延都属于 P 的外延，但没有陈述 S 的全部外延是否等于 P 的全部外延。当 S 与 P 具有全同关系或种属关系时，S 的全部外延都属于 P 的外延。如下图所示：

> A 有两方面的含义：在量的方面是全称的；在质的方面是肯定的

因此，全称肯定命题实际上陈述 S 与 P 或者是全同关系，或者是种属关系，但它并未陈述 S 与 P 究竟是其中哪种关系，当 S 与 P 处于以上两种关系中的任何一种时，SAP 就是真的。

(二) 全称否定命题

全称否定命题陈述主项所指称的全部对象都不具有某种性质，也就是陈述主项的外延和谓项的外延是相互排斥的。

例如："正当防卫不是违法行为。"

全称否定命题的形式是：

凡 S 不是 P。用符号表示为：SEP。简记为：E。

"凡 S 不是 P"陈述了 S 的全部外延与 P 的全部外延是互相排斥的，也就是陈述 S 与 P 之间具有全异关系。如下图所示：

E 有两个方面的含义：在量的方面是全称的；在质的方面是否定的

S   P

因此，当 S 与 P 具有全异关系时，SEP 就是真的。

(三) 特称肯定命题

特称肯定命题陈述主项所指称的对象中至少有一个具有某种性质，也就是陈述主项的外延中至少有一个对象包含在谓项的外延之中。

例如："有的犯罪是过失犯罪。"

特称肯定命题的形式是：

有 S 是 P。用符号表示为：SIP。简记为：I。

"有 S 是 P"陈述了至少有一部分 S 的外延属于 P 的外延，但没有陈述究竟有多少 S 的外延属于 P 的外延，也没有陈述这些 S 的外延究竟是 P 的全部外延还是 P 的部分外延。因而 SIP 陈述 S 与 P 之间具有相容的关系，也就是：或者具有全同关系，或者具有种属关系，或者具有属种关系，或者具有交叉关系。如下图所示：

I 有两个方面的含义：在量的方面是特称的；在质的方面是肯定的

SP   或者   S P   或者   P S   或者   S P

SIP 并没有就 S 与 P 究竟属于以上四种关系中的哪一种作出陈述。当 S 与 P 具有上述四种关系中的任何一种时，SIP 就是真的。

（四）特称否定命题

特称否定命题陈述其主项指称的对象中至少有一个不具有某种性质，也就是陈述主项的外延至少有一部分被排斥在谓项的外延之外。

例如："有的一审判决不是生效判决。"

特称否定命题的形式是：

有 S 不是 P。用符号表示为：SOP。简记为：O。

"有 S 不是 P"陈述了至少有一部分 S 的外延与 P 的全部外延是相互排斥的，但没有陈述多少 S 的外延被排斥在 P 的外延之外。因而 SOP 陈述 S 与 P 之间或者具有属种关系，或者具有交叉关系，或者具有全异关系。如下图所示：

O 有两个方面的含义：在量的方面是特称的；在质的方面是否定的

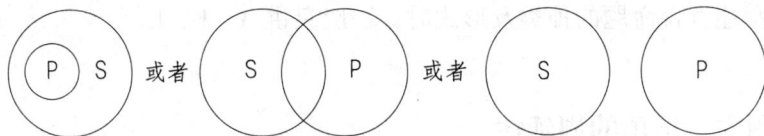

SOP 并未陈述 S 与 P 究竟具有哪一种关系。当 S 与 P 具有上述三种关系中的任何一种时，SOP 就是真的。

（五）单称肯定命题

单称肯定命题陈述主项指称的特定对象具有某种性质，也就是陈述其主项的外延属于其谓项的外延。

例如："这个证据是不属实的。"

单称肯定命题的形式是：

这个 S 是 P。

由于单称命题的主项只指称一个对象，所以单称命题也是陈述主项的全部对象（某特定对象）都具有某种性质，因而单称肯定命题陈述的主项和谓项外延间的关系，与全称肯定命题陈述的主项和谓项外延间的关系完全相同。单称命题也陈述其主项和谓项的外延之间是全同关系或种属关系。直言命题的推理，特别是三段论，是以其中词项外延之间的关系为依据的，因而在传统逻辑中，特别是在三段论中，都将单称命题作全称命题处理。其命题形式用符号表示为：SAP。简记为：A。

单称肯定命题主、谓项之间的外延关系与全称肯定命题主、谓项之间的关系相同，是全同关系或种属关系

（六）单称否定命题

单称否定命题陈述其主项所指称的某特定对象不具有某种性质，也就是陈述其主项的外延被排斥在谓项的外延之外。

例如："罗马不是一天建成的。"

单称命题的形式是：

这个 S 不是 P。

由于单称否定命题陈述的是主项所指称的全部对象（某特定对象）都不具有某种性质，因而单称否定命题所陈述的主项和谓项的外延间的关系，与全称否定命题所陈述的主项和谓项的外延间的关系相同。单称否定命题也陈述其主项和谓项的外延之间具有全异关系。在传统逻辑中，特别是在三段论中，都将单称否定命题作全称否定命题处理。其命题形式用符号表示为：SEP。简记为：E。

> 单称否定命题主、谓项之间的外延关系与全称否定命题之间的外延关系相同，是全异关系

由于在传统逻辑中，特别是在三段论中，单称命题是作为全称命题处理的，所以，在阐述直言命题的种类及形式时，一般只讲 A、E、I、O 四种。

三、直言命题主、谓项的周延性

直言命题主、谓项的周延性，是指某种形式的直言命题对其主项或谓项的全部外延是否都有所陈述的问题。如果一个命题对其主项或谓项的全部外延都有所陈述，那么，该主项或谓项就是周延的；如果一个命题没有对其主项或谓项的全部外延都有所陈述，那么，该主项或谓项就是不周延的。

直言命题中词项的周延性概念是词项逻辑分析推理的基础，后面将要介绍的直接推理及三段论的一些推理规则，就是根据词项周延性的理论而提出的。所以，必须准确地理解周延性概念。准确地理解直言命题中词项的周延或不周延，需要明确以下三个方面：

第一，周延性问题是就直言命题中的主项或谓项而言的。离开命题，孤立的一个词项则无所谓周延性问题。只有当词项出现在直言命题中，该直言命题对其词项的外延有所陈述，才会因此出现某词项在某命题中是否周延的问题。

> 要注意关于周延性问题的三点说明

第二，直言命题中的主项和谓项是否周延，这是就命题是否对其全部外延有所陈述而言的，而与这两个词项客观存在的外延间的关系无关。例如："凡等边三角形都是等角三角形。"其中，"等边三角形"与"等角三角形"具有全同关系。但是根据这个命题所作的陈述，只能断定

"所有的等边三角形都是等角三角形"，因而"等边三角形"在该命题中是周延的；而无法断定是否"所有的等角三角形都是等边三角形"。从而无法断定"等角三角形"是周延的。我们关于"所有等角三角形都是等边三角形"的知识来源于几何学，并不是从前一个命题得到的。所以，就这个命题来说，作为谓项的"等角三角形"是不周延的。

第三，直言命题中，主、谓项的周延性是就命题形式而言的，与命题的具体内容无关。只需根据给定的命题形式就可以判断其中的主、谓项是否周延。

根据上述说明，现分析 A、E、I、O 这四种命题中的主项和谓项的周延情况。

（一）全称肯定命题

A 命题陈述了 S 的全部外延包含在 P 的外延之中，但没有陈述 S 的全部外延是否等于 P 的全部外延。这就是说，A 命题陈述了 S 的全部外延，但没有陈述 P 的全部外延。因而，在 A 命题中，主项 S 是周延的，谓项 P 是不周延的。这里再强调指出，在"法院是国家的审判机关"这个命题中，主项"法院"是周延的，而谓项"国家的审判机关"是不周延的。尽管就实际内容而言，就"法院"和"国家的审判机关"之间关系而言，它们是全同关系，但上述命题形式并没有陈述谓项的全部外延，因而其谓项不周延。

（二）全称否定命题

E 命题陈述了 S 的全部外延排斥在 P 的全部外延之外。这就是说，E 命题既陈述了 S 的全部外延，也陈述了 P 的全部外延。因而，在 E 命题中，主项 S 和谓项 P 都是周延的。

（三）特称肯定命题

I 命题陈述了至少有 S 的外延包含在 P 的外延之中，但没有陈述这部分 S 的外延是否等于 P 的全部外延。这就是说，I 命题既没有陈述 S 的全部外延，也没有陈述 P 的全部外延。因而，在 I 命题中，主项 S 和谓项 P 都是不周延的。

（四）特称否定命题

O 命题陈述了至少有 S 的外延排斥在 P 的全部外延之外。这就是说，O 命题没有陈述 S 的全部外延，但陈述了 P 的全部外延。因而，在

O 命题中，主项 S 是不周延的，谓项 P 是周延的。

A、E、I、O 四种命题的主谓项的周延情况可列表如下：

命题的形式	S	P
SAP	周延	不周延
SEP	周延	周延
SIP	不周延	不周延
SOP	不周延	周延

直言命题的主项是否周延取决于命题的量；谓项是否周延取决于命题的质

从上表可以看出，在直言命题中，全称命题的主项是周延的，特称命题的主项是不周延的；否定命题的谓项是周延的，肯定命题的谓项是不周延的。

单称肯定命题与单称否定命题的主、谓项周延情况，与全称肯定命题与全称否定命题的主、谓项周延情况相同。

四、直言命题的对当关系

所谓同一素材的直言命题的对当关系，是指主项和谓项分别相同的 A、E、I、O 四种命题之间的真假关系。

例如：（1）"所有的被告人都是有罪的。"（A）

（2）"所有的被告人都不是有罪的。"（E）

（3）"有的被告人是有罪的。"（I）

（4）"有的被告人不是有罪的。"（O）

上面四个命题的主、谓项分别相同，就是同一素材的 A、E、I、O 四种命题。同一素材的 A、E、I、O 四个命题之间具有一定的真假关系。例如，当 A 命题为真时，同一素材的 E 命题为假、I 命题为真、O 命题为假。

直言命题间的对当关系可以用下图表示：

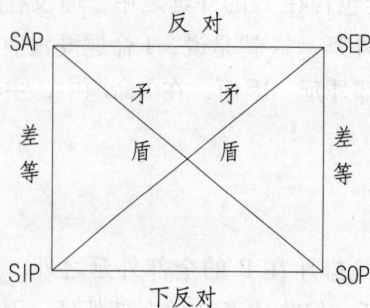

在对当方阵中，全称命题在上，特称命题在下；肯定命题在左，否定命题在右

　　这种图形在逻辑学中称为对当方阵或逻辑方阵，它的每一个角表示一种命题，每一条线表示两种命题之间的一种关系。直言命题间的对当关系有矛盾关系、差等关系、反对关系和下反对关系四种。

　　要研究直言命题间的对当关系，必须先了解直言命题的真假情况。直言命题陈述了主项与谓项之间的外延关系，其真假由它的主项与谓项之间的外延关系来确定。在词项的五种外延关系中，当 S 与 P 是全同关系或种属关系时，SAP 和 SIP 为真，而 SEP 与 SOP 为假，当 S 与 P 具有属种关系或交叉关系时，SIP 和 SOP 是真的，而 SAP 和 SEP 是假的。当 S 与 P 具有全异关系时，SEP 和 SOP 是真的，而 SAP 和 SIP 是假的。直言命题的真假及其真假关系如下表所示：

A / B / C	SP	S P	P S	S P	S　P
SAP	+	+	−	−	−
SEP	−	−	−	−	+
SIP	+	+	+	+	−
SOP	−	−	+	+	+

注：A：S 与 P 之间的关系；B：命题的真假；C：命题的种类，"+"表示真，"−"表示假。

　　从上表可以看出：

　　SAP 与 SOP 以及 SEP 与 SIP 之间具有不可同真且不可同假的关系，这种关系称为矛盾关系；SAP 与 SIP 以及 SEP 与 SOP 之间具有全称命题真则特称命题真、特称命题假则全称命题假的关系，这种关系称为差等关系；SAP 与 SEP 之间具有不可同真但可同假的关系，这种关系称为反对关系；SIP 与 SOP 之间具有不可同假但可同真的关系，这种关系称为下反对关系。

第三节　直言命题的直接推理

直接推理就是根据一个直言命题的真假推出另一个直言命题的真假的演绎推理，包括直言对当推理、换质法和换位法。

一、直言对当推理

直言对当推理是根据同一素材的 A、E、I、O 四种命题之间的对当关系而进行的直接推理。

（一）矛盾关系对当推理

1. 矛盾关系。矛盾关系指 SAP 与 SOP 之间、SEP 与 SIP 之间的关系。

从直言命题的真假关系表中可以看出：

当 SAP 为真时，SOP 为假。

当 SAP 为假时，SOP 为真。

当 SOP 为真时，SAP 为假。

当 SOP 为假时，SAP 为真。

可见，直言命题的矛盾关系是既不可同真也不可同假的关系。所谓不可同真，是指其中一个命题为真时，另一命题必定为假。所谓不可同假，是指其中一个命题为假时，另一命题必定为真。

显然，SEP 与 SIP 之间也同样存在既不可同真也不可同假的矛盾关系：

当 SEP 为真时，SIP 为假。

当 SEP 为假时，SIP 为真。

当 SIP 为真时，SEP 为假。

当 SIP 为假时，SEP 为真。

矛盾关系的命题真假正好相反：一个命题和它的矛盾命题的负命题的真假完全相同，即一个命题和它的矛盾命题的负命题是等值的。

SAP↔¬SOP

SEP↔¬SIP

SIP↔¬SEP

SOP↔¬SAP

2. 根据矛盾关系的对当推理。在具有矛盾关系的命题之间，可以

> 具有矛盾关系的两个直言命题，其质和量都不相同
>
> SAP 陈述所有 S 都是 P；SOP 陈述并非所有 S 都是 P。A 命题与 O 命题陈述了相反的两种情况

> SEP 陈述 S 与 P 外延间是全异关系；SIP 陈述 S 与 P 是相容关系。E 命题与 I 命题陈述了相反的两种情况

由其中一个命题为真，推知另一个命题为假；也可以由其中一个命题为假，推知另一个命题为真。

基于矛盾关系的对当推理的有效形式为：

SAP→¬SOP　　　　　　　SEP→¬SIP

¬SAP→SOP　　　　　　　¬SEP→SIP

SOP→¬SAP　　　　　　　SIP→¬SEP

¬SOP→SAP　　　　　　　¬SIP→SEP

　　例如：（1）"所有贪污罪的主体都是国家工作人员。所以，并非有
　　　　　　　　的贪污罪的主体不是国家工作人员。"

　　　　　其推理形式为：SAP→¬SOP。

　　　　（2）"并非所有的合同都是有效的。所以，有的合同不是有
　　　　　　　效的。"

　　　　　其推理形式为：¬SAP→SOP。

（二）差等关系对当推理

1. 差等关系。差等关系指 SAP 与 SIP 之间、SEP 与 SOP 之间的真假关系。从直言命题的真假关系表中可以看出：

当 SAP 为真时，SIP 为真。

当 SAP 为假时，SIP 可真可假。

当 SIP 为真时，SAP 可真可假。

当 SIP 为假时，SAP 为假。

可见，直言命题的差等关系是：在命题的质相同的情况下，全称命题为真时，特称命题必定为真；当特称命题为假时，全称命题必定为假。所谓一个命题为真（或假）时另一命题可真可假，是指在一个命题为真（或假）的一些情形下，另一命题为真，而在一个命题为真（或假）的另外一些情形下，另一命题为假。例如，当 SIP 为真且 S 与 P 具有全同关系或种属关系时，SAP 为真；而当 SIP 为真且 S 与 P 具有属种关系或交叉关系时，SAP 为假。

　　显然，SEP 与 SOP 之间的关系是相同的：

当 SEP 为真时，SOP 为真。

当 SEP 为假时，SOP 可真可假。

当 SOP 为真时，SEP 可真可假。

当 SOP 为假时，SEP 为假。

2. 根据差等关系的对当推理。在具有差等关系的命题之间，可以由全称命题为真推知特称命题为真；可以由特称命题为假推出全称命题

具有差等关系的两个直言命题，其质相同而量不同

SAP 陈述所有 S 是 P；SIP 陈述有 S 是 P，可以理解为：A 命题蕴涵 I 命题

SEP 陈述所有 S 不是 P；SOP 陈述有 S 不是 P。E 命题蕴涵 O 命题

为假。

基于差等关系的对当推理的有效形式为：

（1）SAP→SIP

（2）¬SIP→¬SAP

（3）SEP→SOP

（4）¬SOP→¬SEP

例如：（1）"并非有抢夺罪是抢劫罪。所以，并非凡抢夺罪是抢劫罪。"

其推理形式为：¬SIP→¬SAP。

（2）"凡作案者都有作案时间。所以，有的作案者有作案时间。"

其推理形式为：SAP→SIP。

（三）反对关系对当推理

1. 反对关系。反对关系是指 SAP 与 SEP 之间的关系。

从直言命题的真假关系表中可以看出：

当 SAP 为真时，SEP 为假。

当 SAP 为假时，SEP 可真可假。

当 SEP 为真时，SAP 为假。

当 SEP 为假时，SAP 可真可假。

可见，直言命题的反对关系是不可同真、但可同假的关系。

2. 根据反对关系的对当推理。在具有反对关系的命题之间，可以由其中一个为真，推知另一命题为假。

基于反对关系的对当推理的有效形式为：

（1）SAP→¬SEP

（2）SEP→¬SAP

例如："所有的证据都是经过查证属实的。所以，并非所有的证据都不是经过查证属实的。"

其推理形式为：SAP→¬SEP。

> SAP 陈述所有 S 都是 P；SEP 陈述所有 S 都不是 P。可以理解为：A 命题与 E 命题就 S 与 P 的关系分别陈述了两个极端情况

（四）下反对关系对当推理

1. 下反对关系。下反对关系是指 SIP 与 SOP 之间的真假关系。

从直言命题的真假关系表中可以看出：

当 SIP 为真时，SOP 为可真可假。

当 SIP 为假时，SOP 为真。

当 SOP 为真时，SIP 为可真可假。

> SIP 陈述有 S 是 P；SOP 陈述有 S 不是 P。都包含了有部分 S 是 P 且有部分 S 不是 P 的情况

当 SOP 为假时，SIP 为真。

可见，直言命题的下反对关系是不可同假、但可同真的关系。

2. 根据下反对关系的对当推理。在具有下反对关系的直言命题之间，可以由其中一个命题为假，推知另一个命题为真。

基于下反对关系的对当推理的有效形式为：

（1）¬SIP→SOP

（2）¬SOP→SIP

例如："并非有走私罪是过失犯罪，所以，有走私罪不是过失犯罪。"

其推理形式为：¬SIP→SOP。

为了准确地理解直言命题的对当关系，需要注意以下两个方面：

第一，传统逻辑讲述同一素材的四种直言命题的对当关系是以假定主项所指称的对象的存在为前提的。如果主项所指称的对象不存在，即主项是空词项，那么，对当关系中的某些关系就不成立，基于这些关系的推理就不再是有效的。

第二，如前面所述，传统逻辑把单称命题作为全称命题来处理，但在对当关系中却不能这样处理。全称肯定命题与全称否定命题之间是反对关系，而单称肯定命题与单称否定命题之间则是矛盾关系。因为单称命题的主项指称的是某一特定对象，对于一个特定的对象而言，它或者具有某种性质，或者不具有这种性质，二者必居其一。同素材的单称肯定命题与单称否定命题之间，必有一个命题为真，另一个为假。

除矛盾关系对当推理外，其他几种对当推理都只有在主项 S 非空的假设下才成立

二、换质法

换质法就是通过改变作为前提的命题的质，即把肯定联词变成否定联词，或把否定联词变成肯定联词，从而得出一个直言命题的结论的直接推理。

例如：（1）"某甲是非正常死亡，所以，某甲不是正常死亡。"

（2）"小学生不是成年人，所以，小学生是未成年人。"

换质法的规则是：

1. 保留前提的主项、量词不变，改变命题的质，把前提中的肯定联词"是"变成结论中的否定联词"不是"，或者把前提中的否定联词"不是"变成结论中的肯定联词"是"。

2. 结论中的谓项是前提中谓项的矛盾词项。

A、E、I、O 四命题的换质如下：

（1）A 命题换质的推理形式为：

$$SAP \rightarrow SE\overline{P}$$

其中，$\overline{P}$ 表示词项 P 的矛盾词项。

例如："所有的盗窃罪都是故意犯罪，所以，所有的盗窃罪都不是过失犯罪。"

（2）E 命题换质的推理形式为：

$$SEP \rightarrow SA\overline{P}$$

例如："管制不是附加刑，所以，管制是主刑。"

（3）I 命题换质的推理形式为：

$$SIP \rightarrow SO\overline{P}$$

例如："有些人是不具有完全民事行为能力的。所以，有些人不是具有完全民事行为能力的。"

（4）O 命题换质的推理形式为：

$$SOP \rightarrow SI\overline{P}$$

例如："有些合同不是有效合同，所以，有些合同是无效合同。"

换质法是很自然的一种推理。其依据是：如果 S 的全部或部分外延包含在 P 的外延中，那么，就与 $\overline{P}$ 的外延相排斥，反之，如果 S 的全部或部分外延与 P 的外延相排斥，那么，就包含在 $\overline{P}$ 的外延中。关于换质法推理需要注意以下两个方面：

第一，结论的谓项是与前提的谓项具有矛盾关系的词项，而不是具有反对关系的词项，否则推理无效。例如："被告不是无过错的，所以被告是故意的。"不是有效的换质推理，因为"无过错"和"故意"不是具有矛盾关系的词项。

第二，以上四个换质推理的结论也蕴涵前提，即从结论推出前提的推理也是有效的，因为 P 是 $\overline{P}$ 的矛盾词项，所以，逆向的推理是对结论的命题进行的换质。因此，以上换质推理的前提与结论具有等值关系：

$$SAP \leftrightarrow SE\overline{P}$$
$$SEP \leftrightarrow SA\overline{P}$$
$$SIP \leftrightarrow SO\overline{P}$$
$$SOP \leftrightarrow SI\overline{P}$$

三、换位法

换位法是将作为前提的直言命题的主、谓项的位置互换从而得出一个直言命题的结论的直接推理。

例如：（1）有些律师是青年人，所以，有些青年人是律师。

在换质推理中，S 的外延应当包含在 P 与 $\overline{P}$ 的论域之中。否则，$SEP \rightarrow SA\overline{P}$、$SOP \rightarrow SI\overline{P}$ 无效

（2）犯罪中止不是犯罪未遂，所以，犯罪未遂不是犯罪中止。

换位法的规则是：

1. 不改变前提命题的质和量，只交换其主、谓项的位置。

2. 在前提中不周延的词项，在结论中也不得周延。

根据换位法的规则，以及 A、E、I、O 四命题中主、谓项的周延性情况，E 命题和 I 命题可以换位，A 命题和 O 命题不能换位。

（1）E 命题换位的推理形式为：

$$SEP \rightarrow PES$$

例如："正当防卫不负刑事责任，所以，负刑事责任的不是正当防卫。"

（2）I 命题换位的推理形式为：

$$SIP \rightarrow PIS$$

例如："有些杀人罪是故意犯罪，所以，有些故意犯罪是杀人罪。"

（3）A 命题不能换位。如果根据规则 1 交换 SAP 中主、谓项的位置，得到的结论是 PAS。词项 P 在 SAP 中不周延而在 PAS 中周延，这样的推理就因违反换位法的规则 2 而无效。如果要通过交换 SAP 的主、谓项的位置进行推理而又不违反规则 2，结论就只能是 PIS。该推理可由①差等推理：SAP→SIP 和②SIP 换位：SIP→PIS 经假言联锁推理而得到。A 命题的这种换位的推理形式为：

$$SAP \rightarrow PIS$$

因该推理的前提是全称命题，结论是特称命题，又把这种换位称作"限量换位"。

（4）O 命题不能换位。如果根据换位法的规则 1 交换 SOP 主、谓项的位置，得到的结论是 POS。词项 S 在 SOP 中不周延而在 POS 中周延，这样的推理就因违反换位法的规则 2 而无效。由于 SOP 是特称命题，也不能对 O 命题限量换位。

SEP 陈述 S 与 P 具有全异关系，SIP 陈述 S 与 P 具有相容关系，而词项间的全异关系和相容关系都是对称性的关系，所以，E 命题和 I 命题能进行换位。SAP 陈述 S 的外延包含于 P 的外延，SOP 陈述 S 的外延不包含于 P 的外延，而包含于、不包含于都不是对称性的关系，所以 A 命题和 O 命题不能换位。

很容易看出，在 E、I 命题的换位推理中，结论也蕴涵前提。对结论的命题进行一次换位，就得到了前提的命题。这两个推理的前提与结论是等值的：

如果一个词项在前提中周延而在结论中不周延，这种情况并不违反规则

对 A 命题进行的限量换位与对 E、I 命题进行的换位不同有两处：限量换位的主项不能是空词项；限量换位的前提与结论不等值

关系的对称性问题，可参见本章第五节中"关系的性质"

$$SEP \leftrightarrow PES$$
$$SIP \leftrightarrow PIS$$

但是 A 命题的限量换位则不同，PIS 不蕴涵 SAP。

上面介绍的直言对当推理、换质法、换位法，也可以交替连续使用，得到直接推理的更为复杂的推理形式。例如："犯罪行为都是危害社会的行为。所以，并不是无罪的行为都是危害社会的行为。"

这个推理的推理形式为：$SAP \rightarrow \neg \bar{S}AP$。

可以通过下列步骤判定该推理是有效的：

$$SAP \rightarrow SE\bar{P} \rightarrow \bar{P}ES \rightarrow \bar{P}A\bar{S} \rightarrow PI\bar{S} \rightarrow \bar{S}IP \rightarrow \bar{S}OP \rightarrow \neg \bar{S}AP$$

第四节 三 段 论

一、三段论的特征

三段论是以两个直言命题作为前提，并且这两个直言命题借助一个共同的词项联结起来，从而得出另一个直言命题作为结论的演绎推理。在传统逻辑中，三段论称作直言三段论。

> 直言三段论的理论是传统逻辑中极其重要的内容

例如："法律是保护公民正当权益的，

      刑法是法律，

        所以，刑法是保护公民正当权益的。"

可以看出，一个三段论是由三个直言命题组成的，其中，两个作前提，一个作结论。

一个三段论恰好有三个不同的词项，每个词项在三个命题中各出现两次。这三个词项有不同的名称。作结论主项的词项叫做"小项"，一般 S 表示；作结论谓项的词项叫做"大项"，一般用 P 表示；在结论中不出现而在前提中出现两次的那个词项叫做"中项"，一般用 M 表示。

为了研究方便，对前提中的两个命题也加以区别：由中项和大项组成的那个前提称为"大前提"，由中项和小项组成的那个前提称为"小前提"。三段论的结论是关于小项和大项外延关系的陈述。

由此，在上述三段论中，"刑法"是小项；"保护公民正当权益的"是大项；"法律"是中项。"法律是保护公民正当权益的"是大前提；"刑法是法律"是小前提。该三段论的推理形式是：

      凡 M 是 P，

凡 S 是 M，

所以，凡 S 是 P。

此推理形式也可以用符号表示为：

$$\frac{\begin{array}{c} MAP \\ SAM \end{array}}{SAP}$$

或者采用蕴涵式表示为：

$$MAP \land SAM \rightarrow SAP$$

三段论的中项是媒介词项。小项和大项在前提中并没有直接的联系，但在大、小前提中，中项分别与大项和小项具有一定的外延关系，由此把大项和小项联系起来形成结论。所以，三段论的理论，实质上是词项外延间关系的理论。例如，我们可以用下面的词项外延关系图来揭示上述三段论怎样由前提推出结论，为什么前提蕴涵结论：

这里讲的是三段论从前提到结论的推理依据

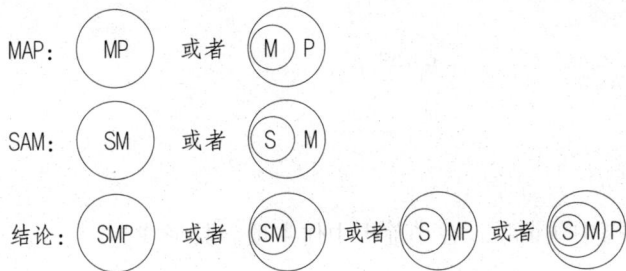

由此，S 与 P 具有全同或种属关系。因而结论"所有 S 是 P"必真

上图表明，在三段论中，中项的媒介作用十分重要。只有通过它的联系，才能确定小项与大项间的相容或排斥关系。所以，一个三段论必须恰好有三个不同的词项。如果只有两个词项，或者有了四个不同的词项，那就没有起媒介作用的中项，也就构不成一个三段论。

二、三段论的格与式

逻辑学是从推理的形式结构方面来研究三段论的。而格和式，就是三段论的形式结构方面的特征。

三段论的格，是依据其中项在前提中出现的位置的不同而划分的。在三段论的大前提和小前提中，中项既可以出现在主项的位置，也可以出现在谓项的位置。中项在前提中出现在不同的位置，就形成了结构不同的三段论形式。三段论共有四个格：

第一格：中项在大前提中作主项，在小前提中作谓项。其形式为：

实际运用的三段论以第一格最为常见

$$M \longrightarrow P$$
$$S \longrightarrow M$$
$$\overline{\quad\quad\quad}$$
$$S \longrightarrow P$$

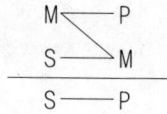

第二格：中项在大、小前提中都作谓项。其形式为：

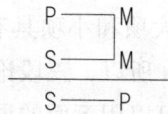

$$P \longrightarrow M$$
$$S \longrightarrow M$$
$$\overline{\quad\quad\quad}$$
$$S \longrightarrow P$$

第三格：中项在大、小前提中都作主项。其形式为：

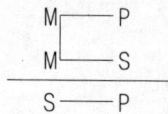

$$M \longrightarrow P$$
$$M \longrightarrow S$$
$$\overline{\quad\quad\quad}$$
$$S \longrightarrow P$$

第四格：中项在大前提中作谓项，在小前提中作主项。其形式为：

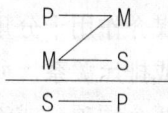

$$P \longrightarrow M$$
$$M \longrightarrow S$$
$$\overline{\quad\quad\quad}$$
$$S \longrightarrow P$$

　　三段论的式是由组成三段论的直言命题的具体种类来决定的。三段论的大前提、小前提和结论分别是 A、E、I、O 四种命题中的一种。组成三段论的三个命题类型的不同，就形成了三段论不同的式。三段论的式一般由三个字母来表示，分别代表大前提、小前提、结论的命题类型。例如，本节开始所举的例子，属于 AAA 式。此式表示该三段论的大、小前提和结论都是 A 命题。

　　三段论的式是分属于各个格的，例如，上例的 AAA 式就是属于第一格的。格和式一起决定了一个三段论的具体形式。因为格和一个三段论前提中大项、中项、小项出现的位置有关，而式和各命题的类型有关。仅仅知道格或者式，我们不能唯一地确定一个三段论的形式，而既知道格又知道式，我们便能唯一地确定某三段论的形式。例如，第一格

格与式相结合就完全确定了一个三段论的推理形式

三段论，可以是 $\dfrac{MAP}{SAM}$ 或 $\dfrac{MAP}{SIM}$ 等形式；EIO 式的三段论可以是 $\dfrac{MEP}{SIM}$ 或 $\dfrac{PEM}{SIM}$

等形式，但第一格的 EIO 式就只能是 $\dfrac{MEP}{SIM}$ 这一种形式。通常把第一格

的 EIO 式记为 EIO$_1$。即将格标识于式之最后一个命题形式的右下角。反过来说，给定一个具体的三段论形式，其格和式就是惟一的。例如，$\dfrac{MEP}{MAS}$ 的格和式为 EAO$_3$。

在给出三段论的推理形式时，通常将大前提放在前面、小前提放在后面，以保证三段论的格与式有确定的意义。

在三段论的每一格中，大前提、小前提、结论都有 A、E、I、O 四种可能的情况，组合得到的数目为：$4×4×4 = 64$。也就是说，每一格都有 64 个式，四个格共有 $64×4 = 256$ 种形式。其中，绝大部分是无效式，能够从真前提必然地得出真结论的有效式只有 24 个：

第一格：AAA，AAI，AII，EAE，EAO，EIO；

第二格：AEE，AEO，AOO，EAE，EAO，EIO；

第三格：AAI，AII，EAO，EIO，IAI，OAO；

第四格：AAI，AEE，AEO，EAO，EIO，IAI。

> 其中，前提均为全称命题而结论为特称命题的推理形式须回避空词项，否则无效

我们研究三段论，就是为了找到一种或几种方法来检验一个给定的三段论形式是否有效。前面我们曾运用欧拉图解的方法判定三段论的有效性，这种方法虽然直观，但只能相对于某一个给定的三段论本身的形式作个例分析。为了弥补欧拉图解的这种缺陷，以下介绍一种一般的判定方法。

三、三段论的基本规则

三段论的基本规则是检验三段论推理是否有效的标准。它对三段论的推理起着规范作用，遵循三段论的这些规则，就能保证推理是有效的。我们把三段论的基本规则概括为以下三条：

1. 中项至少要周延一次。这条规则要求中项至少有一次是以全部外延与另一词项（大项或小项）发生联系。这是为了确保中项在大项与小项之间起到媒介的作用。如果中项在大前提中周延，则大项与中项的全部外延存在某种联系；同时，中项又在小前提中以全部或部分外延与小项存在某种联系，因而，大项与小项之间必然发生某种联系。同

> 规则 1 适用于中项。仅根据两个前提就可以断定一个三段论是否违反规则 1

理，如果中项在小前提中周延，则大项与小项之间也必然发生某种联系。但是，如果中项在两个前提中都不周延，就有可能出现大项和小项分别与中项外延的不同部分存在联系的情况，这样，中项就不能在大项和小项之间起到媒介的作用，也就不能得出关于小项和大项关系的必然结论。

例如："犯罪行为是违法行为，

某甲的行为是违法行为，

所以，某甲的行为是犯罪。"

其推理形式是：

$$\frac{\begin{matrix} PAM \\ SAM \end{matrix}}{SAP}$$

这个三段论是无效的。因为中项"违法行为"两次出现都是不周延的。

中项在两个前提中都不周延的三段论就犯了"中项不周延"的逻辑错误。

2. 前提中不周延的词项，在结论中也不得周延。一个有效的推理，其结论是从前提必然地推出来的，前提蕴涵结论。一个词项在某命题中周延，是指该命题陈述了词项的全部外延；一个词项在某命题中不周延，是指该命题没有陈述词项的全部外延。如果一个词项在前提中不周延而在结论中周延了，就说明结论对该词项的陈述超出了前提陈述的范围，因而结论不被前提蕴涵，结论不是必然的。

规则 2 适用于大项和小项。如果一个词项在前提中周延而在结论中不周延，这种情况并不违反规则 2

这条规则是关于大项和小项的规则，因为它们既在前提中出现，也在结论中出现。违反这条规则的逻辑错误有两种：

（1）大项在前提中不周延，在结论中周延，犯的是"大项不当周延"的逻辑错误。

例如："放火罪是危害公共安全罪，

投毒罪不是放火罪，

所以，投毒罪不是危害公共安全罪。"

该推理的推理形式为：

$$\frac{\begin{matrix} MAP \\ SEM \end{matrix}}{SEP}$$

这个三段论是无效的。因为大项"危害公共安全罪"在前提中不周延而在结论中周延，犯了"大项不当周延"的逻辑错误。

（2）小项在前提中不周延，在结论中周延，犯的是"小项不当周延"的逻辑错误。

例如："凡盗窃罪都是侵犯财产罪，

　　　凡盗窃罪都是故意犯罪，

　　　所以，凡故意犯罪都是侵犯财产罪。"

该推理的推理形式为：

$$\frac{\begin{array}{l} MAP \\ MAS \end{array}}{SAP}$$

这个推理是无效的。因为小项"故意犯罪"在前提中不周延而在结论中周延，犯了"小项不当周延"的逻辑错误。

3. 前提和结论中否定命题的数目必须相同。由于三段论有两个前提、一个结论，这条规则实际上包括三层含义： 规则 3 是关于三段
论中三个命题的质
的

（1）两个前提不能都是否定命题。如果两个前提都是否定命题，则前提中所陈述的是小项及大项的外延分别和中项的外延之间部分地或全部地具有排斥关系。这样就无法通过中项说明小项和大项之间有任何联系。因而不能通过两个否定前提有效地得出结论。

例如，从"凡审判员都不是律师"和"老李不是审判员"这两个前提，既不能得出"老李是律师"的结论，也不能得出"老李不是律师"的结论。

从两个否定前提推出结论，犯的是"两否定前提"的逻辑错误。

（2）前提中有一个否定命题，则结论必为否定命题。如果前提中有一个是否定命题，则另一前提必须是肯定命题，因为两个否定前提不能有效地得出结论。这样，就有两种情况：或者中项与大项发生排斥关系，或者中项与小项发生排斥关系。既然中项与其中一个词项是排斥关系，因而通过中项的媒介作用，小项与大项之间必定是排斥关系，即结论应该是否定的。

例如：（1）凡抢劫罪都是故意犯罪，

　　　　　被告行为不是故意犯罪，

　　　　　所以，被告行为不是抢劫罪。

　　　（2）投毒罪不是破坏生产经营罪，

　　　　　被告行为是投毒罪，

　　　　　所以，被告行为不是破坏生产经营罪。

例（1）中小前提是否定的，例（2）中大前提是否定的。两个推理的结论都是否定的。如果前提中有一否定命题而得出肯定命题的结论，就犯了"结论不当肯定"的逻辑错误。

（3）两个前提都是肯定命题，则结论必为肯定命题。如果两个前

提都是肯定命题，则中项与大、小项之间没有相互排斥的关系，因而通过中项的媒介作用，大、小项之间也不会有相互排斥的关系，因此，结论应当是肯定的。

例如，从"凡无效的合同都是不具有法律约束力的"和"凡违反法律的合同都是无效的合同"这两个前提，只能推出"违反法律的合同都是不具法律约束力的"，而无法得出"违反法律的合同不是不具有法律约束力"的结论。

如果两个前提都是肯定的而结论是否定的，就犯了"结论不当否定"的逻辑错误。

从上述（2）、（3）两条可以看出：如果一个三段论中只有一个否定命题，那么，这个三段论就是无效的。

以上三条规则中，规则 1 是关于中项的，规则 2 是关于大项和小项的，规则 3 是关于命题的质的。任何一个三段论，遵守了所有以上三条规则，就是有效的；违反了其中任何一条，就是无效的。

四、三段论的导出规则

前面阐述的是三段论的基本规则。从这三条基本规则还可以导出若干规则，这些导出规则可以用基本规则加以证明。以下介绍几条重要的导出规则。

1. 两个前提不能都是特称命题。

证明如下：

如果两个前提都是特称命题，则只能是下列三种情况之一：

（1）两个前提都是特称否定命题。这就违反了规则 3。

（2）两个前提都是特称肯定命题。这样，前提中的四个词项都是不周延的词项，因而中项两次都是不周延的，违反了规则 1。

（3）一个前提是特称肯定命题，另一个前提是特称否定命题。这时，前提中只有一个词项（即特称否定命题的谓项）是周延的。根据规则 3，该推理的结论是否定命题，因此，大项在结论中周延。根据规则 2，大项在前提中也必须周延。同时，根据规则 1，中项至少周延一次。而前提中却只有一个位置上的词项是周延的。这样的三段论或者犯"中项不周延"的错误，或者犯"大项不当周延"的错误，因而无效。

所以，三段论的两个前提不能都是特称命题。

2. 如果前提中有一个特称命题，则结论必为特称命题。

证明如下：

如果前提中有一个特称命题，则只能是下列三种情况之一：

要把这三条规则理解为：每一条规则自身都是使三段论有效的一个必要条件；这三条规则合在一起，构成了使三段论有效的充分条件

导出规则 1 和导出规则 2 是从三段论中命题量的方面提出来的。这两条规则，四个格都适用

（1）两个前提都是否定命题。这样就会违反规则3。

（2）两个前提都是肯定命题。这时，前提中只有一个词项（即全称肯定命题的主项）是周延的。根据规则1，这个周延的词项必须是中项。因此，小项在前提中不周延。根据规则2，小项在结论中也不得周延。所以，结论必是特称命题。

（3）一个前提是否定命题，另一个前提是肯定命题。这时，前提中有2个词项（即全称命题的主项和否定命题的谓项）是周延的。根据规则3，结论是否定命题，因而大项在结论中周延，根据规则2，大项在前提中也必须周延。同时，根据规则1，中项至少周延一次。这样，前提中2个周延词项的位置分别是中项和大项，因而小项在前提中不周延。根据规则2，小项在结论中也不得周延。因此，结论必为特称命题。

所以，如果前提中有一特称命题，则结论必为特称命题。

除上述两条导出规则外，还可以从三段论的基本规则推导出各格的规则如下：

第一格的规则：

（1）小前提必须是肯定命题。

（2）大前提必须是全称命题。

第二格的规则：

（1）前提中必须有一个是否定命题。

（2）大前提必须是全称命题。

第三格的规则：

（1）小前提必须是肯定命题。

（2）结论必须是特称命题。

第四格的规则：

（1）若前提中有一否定命题，则大前提必须是全称命题。

（2）若大前提为肯定命题，则小前提必须是全称命题。

（3）若小前提为肯定命题，则结论必须是特称命题。

（4）大前提和小前提都不能是 O 命题。

（5）结论不能是 A 命题。

各格的规则也可以由基本规则来证明。现将第一格规则证明如下：

（1）小前提必须是肯定命题。证：设小前提为否定命题，根据规则3，大前提必为肯定命题，结论必为否定命题。这样，大项在前提中作为肯定命题的谓项是不周延的，而结论中大项作为否定命题的谓项是周延的。根据规则2，这就犯了"大项不当周延"的错误。这种错误由我们的假设所导致，因此，假设不成立，即小前提必须是肯定的。

（2）大前提必须是全称命题。正如上面已经证明的，小前提必须是肯定的，因而作为小前提谓项的中项是不周延的。根据规则1，中项在大前提中必须是周延的。大前提之中项处于主项位置，要使其周延，大前提必须是全称命题。否则，就会犯"中项不周延"的逻辑错误。

其他各格的规则，也都可以依据三段论的基本规则和直言命题词项周延性的知识来证明，此处从略。

三段论的导出规则，包括各格的规则，只是三段论有效的必要条件，而不是三段论有效的充分条件。仅仅遵守导出规则，三段论不一定是有效的。但违反了任何一条导出规则，则必然会违反三段论的基本规则，该三段论一定是无效的。

其他各导出规则的证明，请读者自己完成。注意导出规则与三条基本规则的作用不同

五、省略三段论

前面我们介绍了三段论的形式结构特征，一个三段论是由大前提、小前提和结论三个直言命题组成的。但是，为了简洁地表达思想，人们在实际运用三段论时常常不把这三个命题严格、完整地表述出来，而是省略了其中某个命题。这种在语言表达中省略了一个前提或结论的三段论，就称为三段论的省略式。

例如：（1）"该合同是以欺诈手段订立的，所以，该合同是无效的。"

（2）"以欺诈手段订立的合同是无效的，所以，该合同是无效的。"

（3）"以欺诈手段订立的合同是无效的，而该合同是以欺诈手段订立的。"

以上三例就是三个省略三段论。例（1）省略了大前提："以欺诈手段订立的合同是无效的。"例（2）省略了小前提："该合同是以欺诈手段订立的。"例（3）省略了结论："该合同是无效的。"在省略三段论中，被省略的通常是在当时语境下不言自明、显而易见的那个命题，或者是大前提，或者是小前提，或者是结论。但至多只能省略一个命题。

省略三段论的特点是：它是由两个直言命题组成，并且这两个直言命题中恰好有三个不同词项的推理。因此，当我们看到一个推理具有这样两个特征，就可以断定这是一个省略三段论。

对于省略三段论，首先应了解其本来的形式结构是什么样的；其次要判定其是否有效。

省略三段论是省略了某个命题的不完整的推理，容易掩盖某种错误，即推理无效，或者是使用假前提。因此，在判断省略三段论的首效性时，首先要把省略的成分补充进去，还原为一个完整的三段论推理，

由于省略三段论是由两个直言命题组成的，直言命题的直接推理也是由两个直言命题组成的，所以，要了解省略三段论在词项方面的特征，以便与直接推理区别开来

然后检查其中是否包含错误。

还原省略三段论可以按照以下步骤进行：

第一，确认省略式中被省略的是哪一个命题。这可以根据已给出的两个命题之间的逻辑关系来进行确认。如果已有的两个命题之间存在推导关系，那么，此时给出了一个前提和结论，而省略了另一个前提。否则就是省略了结论。也可以根据自然语言中的标志性语词来确认。"因为""由于"等语词后面的命题是前提，"因此""所以"等语词后面的是结论。如果一个省略式中没有结论提示词，且两个命题之间用"并且""而且"等词相联结，则这两个命题都是前提，省略的是结论，如上述例（3）。

如果一个省略式中结论没有被省略，就要确认省略的是哪个前提。这可以借助结论的主、谓项来确定。省略式的前提中含有结论主项的命题是小前提，因而省略了大前提，如上述例（1）。省略式的前提中含有结论谓项的前提是大前提，因而省略了小前提，如上述例（2）。

第二，根据三段论的结构补充被省略的命题。如果被省略的是大前提，则将结论中的谓项同小前提中的中项联结起来，构成大前提。如果被省略的是小前提，则将结论中的主项同大前提中的中项联结起来，构成小前提。如果被省略的是结论，则以两个前提推出结论。

构成还原命题的词项确定以后，给出具体的还原命题有 8 种可能。因为将其中一个词项作主项，另一个词项作谓项，有 A、E、I、O 四种形式；还可以将作主项和谓项的词项位置互换，又有 A、E、I、O 四种形式。

从逻辑学的角度出发，在恢复被省略的命题时，我们主要考虑推理的有效性，而不关心被恢复的命题在内容方面的真假问题。如果存在一种命题类型使得还原后的三段论有效，这个省略三段论就是有效的。例如，上述三例省略三段论都是有效的。如果任何一种还原方式都不能使得还原后的三段论有效，这个省略三段论就是无效的。例如，"凡作案者都有作案时间，而被告有作案时间"，这个省略三段论所给出的两个命题之间不存在推导关系，故省略的是结论。按照上述还原方法，该结论是由"作案者"和"被告"这两个词项组成的命题。但是，由这两个词项构成的任何一种命题都不能使得还原后的三段论有效，因而这个省略三段论是无效的。

如何刻画省略三段论的推理形式呢？

省略三段论由两个命题构成，而且这两个命题中包含三个词项。因而看起来，省略三段论的推理形式由构成它的两个命题的形式构成，要

这里讲的是还原省略三段论时可以参考的方法

实际还原一个省略三段论时，有时会面临二难选择：或是所补充的命题虚假，或是还原后的三段论无效。这时可以按最为自然的方式补齐该推理，再具体指出其中的错误

正确刻画其推理形式，关键是要准确地写出作为前提或结论的命题的主项、谓项及其形式。而要准确地做到这一点，又以上面我们讲到的省略三段论还原时的知识为基础。判明了被省略的命题，断定了构成该省略式的大项、中项及小项，省略三段论的推理形式便因之确定了。例如，在讲述省略三段论之始所举的例子中，例（1）、例（2）的推理形式分别为：

(1)   MAP（省略）

        <u>SAM</u>

        SAP

(2)   MAP

        <u>SAM（省略）</u>

        SAP

在写省略三段论的推理形式时，应当将被省略的命题的形式也写出来，如把上述例（1）的推理形式写为 MAP∧SAM→SAP。

第五节　关系推理

一、关系命题

关系命题就是陈述事物之间的关系的简单命题。

例如：（1）5 大于 3。

（2）张某和李某是合伙人。

（3）有的当事人称赞所有的审判员。

上述例（1）陈述"5"和"3"两个数之间有"大于"的关系；例（2）陈述"张某"和"李某"两个人之间存在"合伙人"的关系；例（3）陈述"当事人"对"审判员"存在"称赞"的关系。

关系命题是由关系项、关系者项和量词组成的。

关系项是表示被陈述事物之间的关系的词项，相当于直言命题中的谓项。上述例（1）中的"大于"、例（2）中的"是合伙人"、例（3）中的"称赞"分别是各命题中的关系项。关系总是存在于两个或多个事物之间。存在于两个事物之间的关系称为二元关系；存在于三个事物之间的关系称为三元关系，例如，"美国在加拿大和墨西哥之间"的关系；多于三元的关系在日常生活中是少见的，多见于数学中，例如，"x+y＝z−w"中的关系就是一个四元关系。

这里讲的是关系命题的构成

关系者项就是表示所陈述关系的承担者的词项，相当于直言命题中的主项。上述例（1）中的"5"和"3"；例（2）中的"张某"和"李某"；例（3）中的"当事人"和"审判员"，分别是各命题中的关系者项。在二元关系中，位于前面的关系者项称关系者前项；位于后面的关系者项称关系者后项。

关系者项要遵循确定的先后次序

量词是表示关系者项数量情况的语词，有全称量词和特称量词两种。如果关系者项是单独词项，则不需要加量词。如果关系者项是普遍词项，则加全称量词或特称量词，如例（3）中的特称量词是表示关系者前项数量的，全称量词是表示关系者后项的数量的。

在逻辑学中，通常用 R 表示关系项，用 x、y、z 等表示关系者变项（指论域里的任意一个对象），用 a、b、c 等表示关系者常项（指论域中的特定对象）。

上述例（1）和例（2）的命题形式是：

Rab。

例（3）的命题形式是：

有些 x 与所有 y 有 R 关系。

二、关系的性质

事物之间的关系有各种各样的性质，这里介绍两种关系的性质。

（一）关系的对称性

关系的对称性是指对论域中的任意对象 x 和 y 来说，当 x 与 y 有 R 关系时，y 与 x 是否有 R 关系。

关系的对称性有三种情况：

1. 对称关系。对论域中的任意对象 x 和 y 来说，如果 x 与 y 有 R 关系，则 y 与 x 就一定有 R 关系，那么，关系 R 就是对称关系。

例如："被告甲和被告乙是共同犯罪。"

"共同犯罪"就是对称关系。

2. 反对称关系。对论域中的任意对象 x 和 y 来说，如果 x 与 y 有 R 关系，则 y 与 x 一定不具有 R 关系，那么，关系 R 就是反对称关系。

例如："未成年人的父母是未成年人的监护人。"

"……是……的监护人"就是反对称关系。

3. 非对称关系。对论域中的任意对象 x 和 y 来说，如果 x 与 y 有 R 关系，则 y 与 x 可能具有也可能不具有 R 关系，那么，关系 R 就是非对称关系。

例如："甲方信赖乙方。"

"信赖"就是非对称关系。

根据关系的对称性，如果已知 R 是对称关系，则可以从 Rxy 推出 Ryx；如果已知 R 是反对称关系，则可以从 Rxy 推出¬Ryx。¬Ryx 表示 y 与 x 不具有 R 关系。如果已知 R 是非对称的，我们就不能从 Rxy 推出 y 与 x 之间有或没有 R 关系。

根据关系对称性方面确定的情况进行推理

（二）关系的传递性

关系的传递性是指对论域中的任意对象 x、y、z 来说，当 x 与 y 有 R 关系，并且 y 与 z 有 R 关系时，x 与 z 是否有 R 关系。

关系的传递性也有三种情况：

1. 传递关系。对论域中的任意对象 x、y、z 来说，如果 x 与 y 有 R 关系，y 与 z 有 R 关系，则 x 与 z 一定有 R 关系，那么，关系 R 是传递关系。

例如："5 大于 3。"

"大于"就是传递关系。

2. 反传递关系。对论域中的任意对象 x、y、z 来说，如果 x 与 y 有 R 关系，且 y 与 z 有 R 关系，则 x 与 z 一定不具有 R 关系，那么，关系 R 是反传递关系。

例如："原告是被告的父亲。"

"……是……的父亲"是反传递关系。

3. 非传递关系。对论域中的任意对象 x、y、z 来说，如果 x 与 y 有 R 关系，且 y 与 z 有 R 关系，则 x 与 z 可能有也可能没有 R 关系，那么，关系 R 就是非传递关系。

例如："张某委托李某。"

"委托"是非传递关系。

根据关系的传递性，如果已知 R 是传递关系，则可以从 Rxy 和 Ryz 推出 Rxz；如果已知 R 是反传递关系，则可以从 Rxy 和 Ryz 推出¬Rxz；如果 R 是非传递关系，则从 Rxy 和 Ryz 既不能推出 Rxz，也不能推出 ¬Rxz。

根据关系传递性方面确定的情况进行推理

三、关系三段论

关系三段论就是以关系命题为大前提，以直言命题为小前提，借助于媒介项的作用，得出一个关系命题的结论的演绎推理。

例如：我们反对一切不正之风，

一切贪污腐败都是不正之风,

所以,我们反对一切贪污腐败。

这个关系三段论的推理形式为:

所有 x 与所有 y 有 R 关系,

所有 z 是 y,

所有 x 与所有 z 有 R 关系。

在这个关系三段论中,大前提和结论都是二元关系命题,小前提是一个全称肯定命题。前提和结论中共有三个不同的词项。其中,"不正之风"在两个前提中各出现一次,类似于直言三段论的中项,在关系三段论中称为媒介项。

关系三段论要遵守以下五条规则:

1. 媒介项至少要周延一次。

2. 前提中不周延的项,在结论中也不得周延。

3. 前提中的直言命题必须是肯定命题。

4. 如果前提中的关系命题是肯定(或否定)的,则结论中的关系命题也必须是肯定(或否定)的。

5. 除对称关系外,在前提中作为关系者前项(或后项)的项,在结论中也必须相应地作为关系者前项(或后项)。

将关系三段论的规则与直言三段的规则进行比较

在关系命题中,单独词项和全称量词所限制的普遍词项是周延的;特称量词所限制的普遍词项是不周延的。

凡遵守上述五条规则的关系三段论都是有效的,而违反其中任何一条规则的关系三段论都是无效的。现举例说明如下:

例如:(1)有人批评有些甲班学生,

小王是甲班学生,

所以,有人批评小王。

这个关系三段论的推理形式为:

有些 x 与有些 y 有 R 关系,

这个 z 是 y,

所以,有些 x 与这个 z 有 R 关系。

这个关系三段论违反了上述规则 1,是无效的。

(2)我们反对一切侵略战争,

一切侵略战争是战争,

所以,我们反对一切战争。

这个关系三段论的推理形式为：

$$所有 x 与所有 y 有 R 关系，$$
$$\frac{所有 y 是 z，}{}$$
$$所以，所有 x 与所有 z 有 R 关系。$$

这个关系三段论违反了上述规则 2，是无效的。

（3）我们反对一切犯罪行为，

一切小偷小摸行为都不是犯罪行为，

所以，我们不反对一切小偷小摸的行为。

这个关系三段论的推理形式为：

$$所有 x 与所有 y 有 R 关系，$$
$$\frac{所有 z 不是 y，}{}$$
$$所有 x 与所有 z 没有 R 关系。$$

这个关系三段论违反了上述规则 3 和规则 4，是无效的。

□小　结

本章介绍简单命题及简单命题推理，包括词项、直言命题、直言命题的直接推理、三段论、关系命题及其推理。主要内容有：

一、词项

（一）词项及其特征

```
        ┌─ 释义
        │
词项 ───┼─ 词项与语词的关系
        │                   ┌─ 词项的内涵是一个词项所指称对象的特有属性
        └─ 词项的内涵和外延 ─┤
                            └─ 词项的外延是一个词项所指称的对象
```

（二）词项的种类

```
            ┌─ 普遍词项
            ├─ 单独词项
            │
            ├─ 肯定词项
词项的种类 ─┤
            ├─ 否定词项
            │
            ├─ 集合意义的词项
            └─ 非集合意义的词项
```

（三）词项外延间的关系

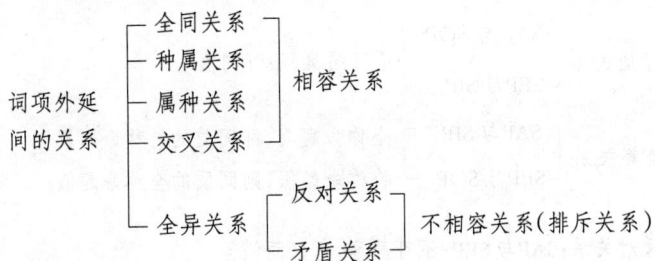

```
              ┌─ 全同关系 ┐
              ├─ 种属关系 ┤
词项外延       ├─ 属种关系 ┤ 相容关系
间的关系       ├─ 交叉关系 ┘
              │
              │           ┌─ 反对关系 ┐
              └─ 全异关系 ┤           ├ 不相容关系（排斥关系）
                          └─ 矛盾关系 ┘
```

二、直言命题

（一）直言命题的特征

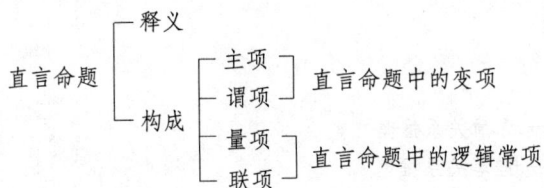

```
          ┌─ 释义
直言命题    │        ┌─ 主项 ┐
          └─ 构成    ├─ 谓项 ┘ 直言命题中的变项
                    ├─ 量项 ┐
                    └─ 联项 ┘ 直言命题中的逻辑常项
```

（二）直言命题的种类

```
                ┌─ 全称肯定命题   SAP
                ├─ 全称否定命题   SEP
                ├─ 特称肯定命题   SIP
直言命题的种类    ├─ 特称否定命题   SOP
                ├─ 单称肯定命题   作为全称肯定命题处理
                └─ 单称否定命题   作为全称否定命题处理
```

（三）直言命题主、谓项的周延性

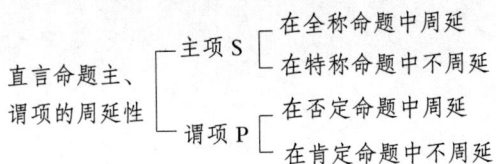

```
              ┌─ 主项 S ┌─ 在全称命题中周延
直言命题主、    │        └─ 在特称命题中不周延
谓项的周延性    └─ 谓项 P ┌─ 在否定命题中周延
                        └─ 在肯定命题中不周延
```

（四）直言命题的对当关系

直言命题
的对当关系
├─ 矛盾关系 ┬ SAP 与 SOP ┐
│   └ SEP 与 SIP ┘ 不可同真,不可同假
├─ 差等关系 ┬ SAP 与 SIP   全称命题真,则同质的特称命题真
│   └ SEP 与 SOP   特称命题假,则同质的全称命题假
├─ 反对关系:SAP 与 SEP:不可同真,可以同假
└─ 下反对关系:SIP 与 SOP:不可同假,可以同真

三、直言命题的直接推理

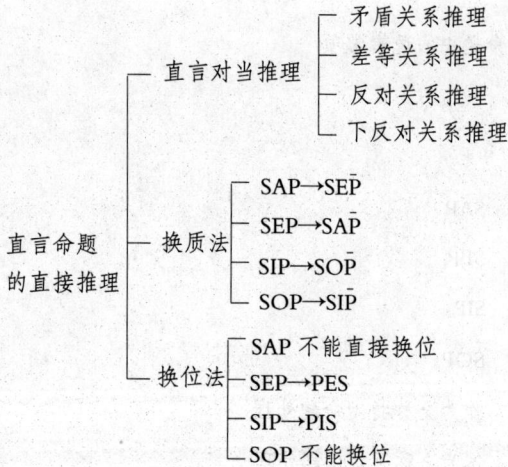

直言命题
的直接推理
├─ 直言对当推理 ┬ 矛盾关系推理
│   ├ 差等关系推理
│   ├ 反对关系推理
│   └ 下反对关系推理
├─ 换质法 ┬ SAP→SE$\bar{P}$
│   ├ SEP→SA$\bar{P}$
│   ├ SIP→SO$\bar{P}$
│   └ SOP→SI$\bar{P}$
└─ 换位法 ┬ SAP 不能直接换位
         ├ SEP→PES
         ├ SIP→PIS
         └ SOP 不能换位

四、三段论

（一）三段论的特征、形式

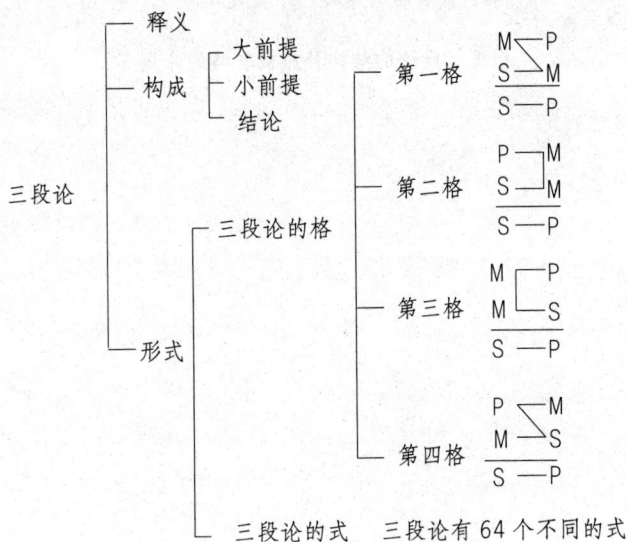

```
                                                      M——P
                           ┌ 释义          ┌ 大前提    S——M
                           ├ 构成 ─────────┤ 小前提  第一格 ──────
                           │               └ 结论      S——P
                           │
                           │                          P——M
           三段论 ─────────┤                          S——M
                           │                        第二格 ──────
                           │               ┌ 三段论的格        S——P
                           │               │
                           │               │           M——P
                           └ 形式 ─────────┤           M——S
                                           │        第三格 ──────
                                           │                  S——P
                                           │
                                           │          P——M
                                           │          M——S
                                           │        第四格 ──────
                                           │                  S——P
                                           │
                                           └ 三段论的式　三段论有 64 个不同的式
```

（二）三段论的规则

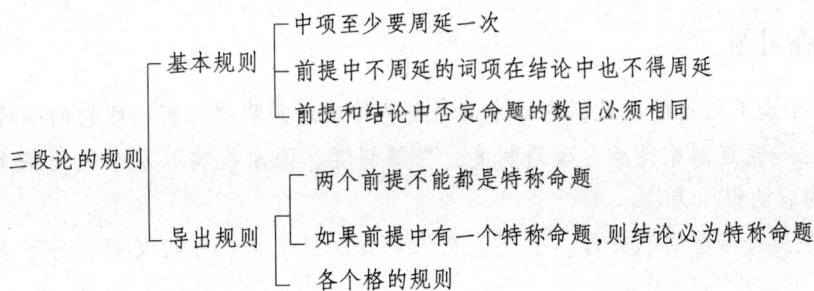

```
                       ┌ 基本规则 ─┬ 中项至少要周延一次
                       │           ├ 前提中不周延的词项在结论中也不得周延
                       │           └ 前提和结论中否定命题的数目必须相同
           三段论的规则 ┤
                       │           ┌ 两个前提不能都是特称命题
                       └ 导出规则 ─┼ 如果前提中有一个特称命题,则结论必为特称命题
                                   └ 各个格的规则
```

五、省略三段论

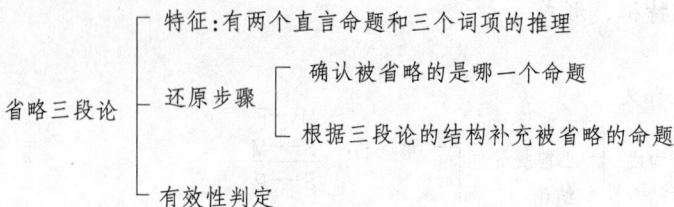

$$
\text{省略三段论}
\begin{cases}
\text{特征：有两个直言命题和三个词项的推理} \\
\text{还原步骤}
\begin{cases}
\text{确认被省略的是哪一个命题} \\
\text{根据三段论的结构补充被省略的命题}
\end{cases} \\
\text{有效性判定}
\end{cases}
$$

□练习与思考

一、名词解释

1. 词项
2. 单独词项
3. 普遍词项
4. 肯定词项
5. 否定词项
6. 直言命题对当推理
7. 换质法
8. 换位法
9. 直言三段论

二、练习题

（一）指出下列各段话是从内涵方面还是从外延方面明确标有横线的词项的

1. 宪法是规定国家性质、政治制度、经济制度、国家机构以及公民的基本权利和义务等重要内容的根本大法。

2. 近亲属包括配偶、父母、子女、兄弟姐妹、祖父母、外祖父母、孙子女、外孙子女。

3. 证明案件真实情况的一切事实，都是证据。证据有下列七种：①物证、书证；②证人证言；③被害人陈述；④犯罪嫌疑人、被告人供述和辩解；⑤鉴定结论；⑥勘验、检查笔录；⑦视听资料。

4. 毒品指鸦片、海洛因、甲基苯丙胺（冰毒）、吗啡、大麻、可卡因以及国家规定管制的其他能够使人形成瘾癖的麻醉药品和精神药品。

5. 诉讼代理人是指以当事人的名义，在一定权限内，代理当事人进行诉讼活动的人。

诉讼代理人可以是法定代理人，可以是指定代理人，也可以是委托代理人。

6. 所谓商业秘密，是指不为公众所知悉、能为权利人带来经济利益、具有实用性并经权利人采取保密措施的技术信息和经营信息。

（二）指出下列各语句中，标有横线的词项是单独词项还是普遍词项

1. 中华人民共和国是统一的、多民族的国家。

2. 中华人民共和国的公民在法律面前一律平等。

3. 中华人民共和国全国人民代表大会是最高国家权力机关。

4. 中华人民共和国全国人民代表大会会议每年召开一次。

5. 《人民日报》是中共中央的机关报。

6. 到会的每个人手中都拿着一份《人民日报》。

（三）指出下列各语句中标有横线的词项外延之间的关系

1. 宪法是国家的根本大法。

2. 高级人民法院是中级人民法院的上级人民法院。

3. 盗窃罪是侵犯财产罪。

4. 有些放火罪是过失犯罪。

5. 有的司法干部是审判员。

6. 要严格区分犯罪行为和非犯罪行为。

（四）用图形表示下列各组词项外延之间的关系

1. 合法行为、违法行为、犯罪行为、行为。

2. 渎职罪、玩忽职守罪、贪污贿赂罪、挪用公款罪。

3. 产品、工业品、农产品、出口商品。

4. 诉讼参加人、当事人、原告、诉讼代理人。

（五）指出下列各语句中标有横线的词项，是在集合意义上使用的，还是在非集合意义上使用的

1. 动物是人类的朋友。

2. 人是由猿进化而来的。

3. 非婚生子女享有与婚生子女同等的权利。

4. 人民，只有人民，才是创造历史的真正动力。

（六）指出下列直言命题属于 A、E、I、O 的哪一种，并指出它的主项、谓项及其周延情况

1. 群众是社会实践的主体。

2. 管制不是附加刑。

3. 这个证据是虚假的。

4. 有的债权是超过诉讼时效的。

5. 至少有一个被告不是犯罪行为人。

6. 合议庭中有的人是不认真听取律师意见的。

7. 没有证据是未经查证属实的。

8. 任何无罪的人都不应受刑罚处罚。

（七）写出下列直接推理的形式，并指出它们是否有效

1. 所有盗窃罪都是故意犯罪，所以，并非盗窃罪都不是故意犯罪。

2. 并非有贪污罪不是故意犯罪，所以，有贪污罪是故意犯罪。

3. 凡被告都有辩护权，所以，有些被告有辩护权。

4. 有些律师是青年人，所以，有些律师不是青年人。

5. 并非所有放火罪都是过失犯罪，所以，所有放火罪都不是过失犯罪。

6. 所有证据不都是真实的，所以，有些证据不是真实的。

7. 有些司法干部不是共产党员，所以，有些共产党员不是司法干部。

8. 凡青年律师都是青年人，所以，凡青年人都是青年律师。

9. 凡形式有效的推理都是合乎逻辑的推理，所以，不合合乎逻辑的推理都不是形式有效的推理。

10. 紧急避险是不负刑事责任的行为，所以，紧急避险不是负刑事责任的行为。

11. 不劳动者不得食，所以，得食者是劳动者。

12. 伤害罪是侵犯公民人身权利、民主权利罪，所以，有些侵犯公民人身权利、民主权利罪是伤害罪。

（八）写出下面三段论的推理形式，并指出它们的格和式

1. 客观规律是不以人们的意志为转移的，经济规律是客观规律，所以，经济规律是不以人们的意志为转移的。

2. 鱼是用鳃呼吸的，鲸不是用鳃呼吸的，所以，鲸不是鱼。

3. 瓦特是大发明家，而瓦特未受过高等教育，所以，有些大发明家未受过高等教育。

4. 走私罪是犯罪，而犯罪是危害社会的行为，所以，有些危害社会的行为是走私罪。

（九）将下列省略三段论的省略部分补上

1. 我们应当模范地遵守国家的法律，因为我们是司法干部。

2. 正当防卫不是犯罪行为，所以，他的行为不是犯罪行为。

3. 未经查证属实的证据是不能作为定案依据的，而这个证据是未经查证属实的。

4. 犯罪行为都是违法的，所以，合法行为不是犯罪行为。

（十）写出下列推理的形式，并判定其有效性

1. 侵犯财产罪是犯罪，抢劫罪是犯罪，所以，抢劫罪是侵犯财产罪。

2. 诈骗行为是不道德的行为，诈骗行为是犯罪行为，所以，不道德的行为是犯罪行为。

3. 民法不是刑法，刑法是法律，所以，有些法律不是民法。

4. 所有证人都是精神正常的人，有的证人不是说谎者，所以，有的说谎者不是精神

正常的人。

5. 追求真理的人是实事求是的人，有些实事求是的人是司法干部，所以，有些司法干部是追求真理的人。

6. 没有审判员是律师，某甲是律师，所以，某甲不是审判员。

7. 应当负刑事责任的行为不是合法行为，正当防卫不是应当负刑事责任的行为，所以，正当防卫是合法行为。

8. 中国是发展中国家，所以，有些社会主义国家是发展中国家。

9. 任何犯罪行为都不是不危害社会的行为，张某的行为不是危害社会的行为，所以，张某的行为不是犯罪行为。

10. 金融诈骗罪是故意犯罪，失火罪不是金融诈骗罪，所以，失火罪不是故意犯罪。

（十一）回答下列问题

1. 一个有效的三段论能否三个词项都周延两次？

2. 已知一个有效的三段论的大项在前提中周延而在结论中不周延，它应当是什么样的推理形式？

3. 一个第三格三段论的有效式，两个前提分别是全称否定命题和全称肯定命题，其推理形式是什么？

4. 一个有效的三段论，如果大前提是特称命题，那么，小前提应当是什么命题？

（十二）指出下列关系命题中的关系，并分析这些关系的对称性和传递性

1. 甲命题和乙命题是矛盾关系。

2. 甲命题与乙命题是反对关系。

3. 甲方案优于乙方案。

4. 某甲控告某乙。

三、思考题

1. 什么是词项的内涵和外延？

2. 如何区分集合意义和非集合意义上的词项？

3. 词项外延之间有哪几种关系？如何区分这几种关系？

4. 直言命题是由哪些部分组成的？直言命题有哪些种类？

5. 各种直言命题主、谓项的周延情况是怎样的？

6. 直言三段论的中项有何重要作用？

7. 什么是三段论的格和式？怎样确定三段论的格和式？

8. 三段论有哪些推理规则？违反这些规则会犯什么逻辑错误？三段论的导出规则有哪几条？

9. 什么是省略三段论？如何还原三段论的省略式？

10. 什么是关系命题？它是由哪些部分组成的？

11. 什么是关系的对称性？什么是关系的传递性？它们各有几种情况？研究关系的对称性和传递性有何意义？

第四章

模态、规范逻辑

第一节　模态推理

一、模态命题

模态命题就是陈述事物情况的必然性或可能性的命题。

直言命题和关系命题只是关于事物情况存在或不存在的陈述，但有些事物情况的存在或不存在是必然的，有些事物情况的存在或不存在是可能的，陈述这种必然性或可能性的命题就是模态命题。

例如：（1）"违反客观规律必然要受到客观规律的惩罚。"

（2）"深耕可能增产。"

（3）"辩护人的意见可能是对的。"

模态命题都含有"必然"或"可能"等模态词。不含有模态词的命题是非模态命题。模态命题是在非模态命题的基础上，加上模态词构成的。模态词可以加在命题的中间，也可以加在命题的前面或后面。如例（3）也可以表述为："可能辩护人的意见是对的。"在分析模态命题的形式时，将模态词放在命题变项 p、q……的前面。在模态逻辑中，用"L"表示"必然"，用"M"表示"可能"。

采用符号表示模态词，不仅书写起来简洁，更重要的是使其具有严格、确定的逻辑意义

模态命题可以分为必然命题和可能命题两种：

（一）必然命题

必然命题就是陈述事物情况的必然性的命题。在自然语言中，通常用"必然""必定""一定"等语词作为它的模态词。必然命题又分为两种：

1. 必然肯定命题。必然肯定命题就是陈述事物情况必然存在的命题。例如："客观事物必然发展变化。"

必然肯定命题的形式是：必然 p。

可以用符号表示为：Lp

2. 必然否定命题。必然否定命题就是陈述事物情况必然不存在的命题。例如："客观规律必然不以人们的意志为转移。"

必然否定命题的形式是：必然非 p。

可以用符号表示为：L¬p

（二）可能命题

可能命题就是陈述事物情况的可能性的命题。在自然语言中，通常用"可能""或许""也许""大概"等语词作为它的模态词。可能命题又分为两种：

1. 可能肯定命题。可能肯定命题就是陈述事物情况可能存在的命题。例如："某甲可能是作案人。"

可能肯定命题的形式是：可能 p。

可以用符号表示为：Mp

2. 可能否定命题。可能否定命题就是陈述事物情况可能不存在的命题。例如："明天可能不下雨。"

可能否定命题的形式是：可能非 p。

可以用符号表示为：M¬p

以下给出模态命题真值的解释。

命题是有真假的。对于非模态命题来说，如果命题所陈述的内容符

合客观实际情况，这个命题就是真的；如果命题所陈述的内容不符合客观实际情况，这个命题就是假的。可见，确定非模态命题的真假是以现实世界的情况作为参照标准的。而模态命题不仅仅陈述事物情况，还陈述事物情况的必然性或可能性，因而确定一个模态命题的真假就不能仅仅局限于现实世界这个参照系。模态命题的真假与它所包含的非模态命题的真假有关，但不能完全由它所包含的非模态命题的真假来决定。

模态命题的真假与非模态命题的真假意义不同

例如，"事物发展变化"是真的，"事物必然发展变化"也是真的；某甲买了一张奖券，获得了一等奖，这是事实，因而"某甲买奖券获得一等奖"是真的，但"某甲买奖券必然获得一等奖"却未必是真的。由此可见，当 p 为真时，必然 p 并不一定为真，而是可真可假。

又如，"事物静止不变"是假的，"事物可能静止不变"也是假的；但"某乙买奖券中奖"是假的，"某乙买奖券可能中奖"却是真的。由此可见，当 p 为假时，可能 p 并不一定为假，而是可真可假。

可见，必然 p 的真值并不是简单地依赖于 p 的真值，而取决于 p 真是否具有必然性；同样地，可能 p 的真值并不是简单地依赖于 p 的真值，而取决于 p 真是否具有可能性。

模态命题是在一个非模态命题上增加一个模态词得到的，要确定模态命题的真假，关键在于对所增加的模态词作何解释。模态词不是真值联结词，不能用真值表刻画模态命题的真值情况。那么如何确定模态命题的真假呢？这就需要引进"可能世界"这个概念。

"可能世界"这个概念是莱布尼兹首先提出来的。所谓"可能世界"，从直观上理解，是指能够为人们合乎逻辑地设想出来的各种各样的情况和场合。凡是不违反逻辑即不包含逻辑矛盾的，能够为人们主观设想、想象出来的情况，例如小说中虚构的情节和故事，都是可能世界。现实世界只是许许多多可能世界中的一个可能世界。

对可能世界作何种直观理解并不重要。可能世界仅仅是使任一命题在其中为真或为假的一个参考点

一旦有了许多的可能世界，在谈到一个模态命题如"必然 P"的真值时，就有必要明确：所谈论的究竟是"必然 P"在哪一个可能世界里的真值。因为命题"必然 P"有可能在某些可能世界里为真、在某些可能世界里为假。我们约定：以下所说的模态命题的真值都是相对于现实世界而言的。这样，我们就没有必要泛泛地考虑所有的可能世界，而仅仅需要考虑相对于现实世界来说具有存在的可能性的那些可能世界，也可以说现实世界可通达到的那些可能世界。所谓一个可能世界 W_1 可通达一个可能世界 W_2，可以直观地理解为 W_2 相对于 W_1 是可能的。例如，W_1 表示我们现实的世界，W_2 表示一个消除了贫困、饥饿的可能世界，那么，W_2 就是 W_1 的一个可通达的可能世界。一个可能世界可

以通达到自身。

我们把现实世界可通达到的所有可能世界组成的那个可能世界集记为 W，并以 W 作为定义模态命题真假的参照系。

"必然 P"为真，当且仅当 P 在 W 中的所有可能世界中都为真。

"必然非 P"为真，当且仅当 P 在 W 中的所有可能世界中都为假。

"可能 P"为真，当且仅当 P 在 W 中的至少一个可能世界中为真。

"可能非 P"为真，当且仅当 P 在 W 中的至少一个可能世界中为假。

W 是所有可能世界集的一个子集。我们相对于限制后的全体可能世界来考虑模态命题的真假

模态命题的真假情况可以列表如下：

表 4-1　模态命题的真假情况表

模态命题的种类 \ P 在可能世界中的真假	P 在 W 中的所有可能世界中为真	P 在 W 中的所有可能世界中有真有假	P 在 W 中的所有可能世界中为假
Lp	+	−	−
L¬p	−	−	+
Mp	+	+	−
M¬p	−	+	+

二、模态对当推理

模态对当推理是传统模态逻辑中的一个重要内容。

同直言命题一样，同一素材的 Lp、L¬p、Mp、M¬p 四种模态命题之间也有确定的真假关系，这种真假关系称为模态对当关系。模态对当推理就是根据模态对当关系进行的演绎推理。

模态对当关系可以用对当方阵图表示如下：

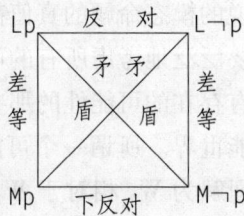

图 4-1　模态对当关系图

模态对当推理共有四种，分别说明如下：

1. 矛盾关系对当推理。模态命题间的矛盾关系是指 Lp 与 M¬p 之间、L¬p 与 Mp 之间的真假关系。

（1）Lp 与 M¬p 之间的真假关系：

当 Lp 为真时，p 在所有可能世界中为真，这时，M¬p 为假。

当 Lp 为假时，p 至少在一个可能世界中为假，这时，M¬p 为真。

当 M¬p 为真时，p 至少在一个可能世界中为假，这时，Lp 为假。

当 M¬p 为假时，p 在所有可能世界中为真，这时，Lp 为真。

根据上述情况，Lp 与 M¬p 之间的真假关系是：

$$Lp \leftrightarrow \neg M\neg p$$

$$M\neg p \leftrightarrow \neg Lp$$

（2）L¬p 与 Mp 之间的真假关系。

当 L¬p 为真时，p 在所有可能世界中为假，这时，Mp 为假。

当 L¬p 为假时，p 至少在一个可能世界中为真，这时，Mp 为真。

当 Mp 为真时，p 至少在一个可能世界中为真，这时，L¬p 为假。

当 Mp 为假时，p 在所有可能世界中为假，这时，L¬p 为真。

根据上述情况，L¬p 与 Mp 之间的真假关系是：

$$L\neg p \leftrightarrow \neg Mp$$

$$Mp \leftrightarrow \neg L\neg p$$

Lp 与 M¬p 之间、L¬p 与 Mp 之间具有矛盾关系，它们不可同真并且不可同假。因此，根据它们之间的矛盾关系，可以由某一命题为真推知另一命题为假，也可以由某一命题为假推知另一命题为真。

例如："客观事物必然发展变化，所以，客观事物不可能不发展变化。"其推理形式是：

$$Lp \rightarrow \neg M\neg p$$

又如："某甲不可能是这起案件的作案人，所以，某甲必然不是这起案件的作案人。"其推理形式是：

$$\neg Mp \rightarrow L\neg p$$

根据模态命题的矛盾关系，可以用"必然"来定义"可能"，也可以用"可能"来定义"必然"：

$$Mp = df \neg L\neg p$$

$$Lp = df \neg M\neg p$$

根据模态命题的矛盾关系，可以得到以下等值关系：

$$\neg Lp \leftrightarrow M\neg p$$

$$\neg L\neg p \leftrightarrow Mp$$

$\neg Mp \leftrightarrow L\neg p$

$\neg M\neg p \leftrightarrow Lp$

即一个模态命题的负命题等值于它的矛盾命题。

2. 差等关系对当推理。模态命题间的差等关系是指 Lp 与 Mp 之间、L¬p 与 M¬p 之间的真假关系。

（1）Lp 与 Mp 之间的真假关系：

当 Lp 为真时，p 在所有可能世界中为真，这时，Mp 为真。

当 Lp 为假时，p 至少在一个可能世界中为假，这时，Mp 可真可假。

当 Mp 为真时，p 至少在一个可能世界中为真，这时，Lp 可真可假。

当 Mp 为假时，p 在所有可能世界中为假，这时，Lp 为假。

根据上述情况，Lp 与 Mp 之间可以确定的真假关系是：

$Lp \rightarrow Mp$

$\neg Mp \rightarrow \neg Lp$

（2）L¬p 与 M¬p 之间的真假关系：

当 L¬p 为真时，p 在所有可能世界中为假，这时，M¬p 为真。

当 L¬p 为假时，p 至少在一个可能世界中为真，这时，M¬p 可真可假。

当 M¬p 为真时，p 至少在一个可能世界中为假，这时，L¬p 可真可假。

当 M¬p 为假时，p 在所有可能世界中为真，这时，L¬p 为假。

根据上述情况，L¬p 与 M¬p 之间可以确定的真假关系是：

$L\neg p \rightarrow M\neg p$

$\neg M\neg p \rightarrow \neg L\neg p$

因此，根据模态命题的差等关系，可以由必然命题为真推知可能命题为真；由可能命题为假推知必然命题为假。但是，不能由必然命题为假推知可能命题的真假，也不能由可能命题为真推知必然命题的真假。

例如："深耕必然增产，所以，深耕可能增产。"其推理形式是：

$Lp \rightarrow Mp$

又如："并非客观事物可能不发展变化，所以，并非客观事物必然不发展变化。"其推理形式是：

$\neg M\neg p \rightarrow \neg L\neg p$

3. 反对关系对当推理。模态命题间的反对关系是指 Lp 与 L¬p 之间的真假关系。

与特称量词的解释相类似，逻辑学上对"可能"这个模态词也作广义的解释当 Lp 为真时，p 在所有可能世界中为真，这时，L¬p 为假。

当 L¬p 为真时，p 在所有可能世界中为假，这时，Lp 为假。

当 Lp 为假时，p 至少在一个可能世界中为假，这时，L¬p 可真可假。

当 L¬p 为假时，p 至少在一个可能世界中为真，这时，Lp 可真可假。

根据上述情况，Lp 与 L¬p 之间可以确定的真假关系是：

　　　Lp→¬L¬p

　　　L¬p→¬Lp

Lp 与 L¬p 之间具有反对关系，它们不可同真，但可同假。因此，根据它们之间的反对关系，可以由某一命题为真推知另一命题为假。但是，不能由某一命题为假推知另一命题的真假。

例如："明天必然不开会，所以，并非明天必然开会。"其推理形式是：

　　　L¬p→¬Lp

4. 下反对关系对当推理。模态命题间的下反对关系是指 Mp 与 M¬p 之间的真假关系。

当 Mp 为假时，p 在所有可能世界中为假，这时，M¬p 为真。

当 M¬p 为假时，p 在所有可能世界中为真，这时，Mp 为真。

当 Mp 为真时，p 至少在一个可能世界中为真，这时，M¬p 可真可假。

当 M¬p 为真时，p 至少在一个可能世界中为假，这时，Mp 可真可假。

根据上述情况，Mp 与 M¬p 之间可以确定的真假关系是：

　　　¬Mp→M¬p

　　　¬M¬p→Mp

Mp 与 M¬p 之间具有下反对关系，它们不可同假，但可同真。因此，根据它们之间的下反对关系，可以由某一命题为假推知另一命题为真。但是，不能由某一命题为真推知另一命题的真假。

例如："明天不可能下雨，所以，明天可能不下雨。"其推理形式是：

　　　¬Mp→M¬p

三、复合模态命题推理

第二章"命题逻辑研究推理"是以不含命题联结词的命题为最小

单位，而不考虑命题的内部结构，例如，对于下列命题：

(1) 如果某甲是凶手，那么，某甲必然有作案时间。

(2) 如果某甲是凶手是可能的，那么，某甲或某乙是凶手是可能的。

由于命题逻辑无法跨越"必然""可能"这样的模态词去分析命题的逻辑结构，只能把"某甲必然有作案时间""某甲是凶手是可能的""某甲或某乙是凶手是可能的"作为一个命题单位来处理，因而这两个本来不相同的命题的命题形式就都成了：

命题逻辑以及其他非模态逻辑不能揭示模态推理的有效性

$$p \rightarrow q$$

如果考虑到其中的模态内容，把模态命题的结构分析出来，例(1) 和例 (2) 的命题形式分别是：

$$p \rightarrow Lq$$
$$Mp \rightarrow M(p \lor q)$$

根据前面对模态命题真值的定义，可以看出例 (2) 是有效的。

以下同时基于命题联结词和模态词的逻辑性质来考察复合模态命题的推理。

复合模态命题就是以模态命题为支命题或在复合命题前出现模态词的命题。上面例 (1) 和例 (2) 都是复合模态命题。复合模态推理是根据复合模态命题之间的等值关系或蕴涵关系而进行的演绎推理。

常见的表示复合模态命题之间的等值关系或蕴涵关系的常真等值式和常真蕴涵式如下：

要注意区别蕴涵关系和等值关系

(1) $L(p \rightarrow q) \rightarrow (Lp \rightarrow Lq)$

(2) $L(p \land q) \leftrightarrow Lp \land Lq$

(3) $M(p \lor q) \leftrightarrow Mp \lor Mq$

(4) $M(p \land q) \rightarrow Mp \land Mq$

(5) $Lp \lor Lq \rightarrow L(p \lor q)$

(6) $L(p \leftrightarrow q) \rightarrow (Lp \leftrightarrow Lq)$

(7) $L(p \rightarrow q) \leftrightarrow \neg M(p \land \neg q)$

(8) $L(p \rightarrow q) \land Lp \rightarrow Lq$

(9) $L(p \rightarrow q) \land L\neg q \rightarrow L\neg p$

(10) $L(p \lor q) \land L\neg p \rightarrow Lq$

其中，有些常真式是很直观的。例如，(1) 可以解释为：如果 $p \rightarrow q$ 在 W 中的所有可能世界中都为真，那么，若 p 也在 W 中的所有可能世界中都为真，则 q 也在 W 中的所有可能世界中都为真。

从重言式和上面的公式 (1) 出发，再加上一条推导规则：

"如果公式 A 是可证明的，那么，LA 也是可以证明的。"就可以把公式(2)~(10)证明出来，而且还能证明出更多有效的公式。有了这些公式，就可以根据它们进行复合模态推理。

例 1：如果某公司在诉讼中败诉则某公司要承担损害赔偿责任，这是必然的；所以，如果某公司在诉讼中必然败诉，则某公司必然要承担损害赔偿责任。

这个推理是根据上述公式（1）进行的，其推理形式是：

$$\frac{L(p \rightarrow q)}{Lp \rightarrow Lq}$$

例 2：甲胜诉而乙败诉，这是必然的；所以，甲必然胜诉，而乙必然败诉。

这个推理是根据上述公式（2）进行的，其推理形式是：

$$\frac{L(p \wedge q)}{Lp \wedge Lq}$$

例 3：可能明天刮风或下雨，所以，可能明天刮风，或者可能明天下雨。

这个推理是根据上述公式（3）进行的，其推理形式是：

$$\frac{M(p \vee q)}{Mp \vee Mq}$$

例 4：可能某公司侵权又违反合同，所以，既可能某公司侵权，又可能某公司违反合同。

这个推理是根据上述公式（4）进行的，其推理形式是：

$$\frac{M(p \wedge q)}{Mp \wedge Mq}$$

例 5：或者甲公司必然中标，或者乙公司必然中标；所以，甲公司或乙公司中标，这是必然的。

这个推理是根据上述公式（5）进行的，其推理形式是：

$$\frac{Lp \vee Lq}{L(p \vee q)}$$

例 6：如果犯了罪则应受刑罚处罚，这是必然的；所以，不可能犯了罪而不应受刑罚处罚。

这个推理是根据上述公式（7）进行的，其推理形式是：

$$\frac{L(p \rightarrow q)}{\neg M(p \wedge \neg q)}$$

例 7：如果某公司的船只在海上遭受特大风暴的袭击，则某公司不能履行合同，这是必然的；而某公司的船只在海上必然遭受特大风暴的袭击，所以，某公司必然不能履行合同。

这个推理是根据上述公式（8）进行的，其推理形式是：

$$\frac{L(p \rightarrow q), Lp}{Lq}$$

例8：或者甲公司承担赔偿责任，或者乙公司承担赔偿责任，这是必然的；而甲公司必然不承担赔偿责任，所以，乙公司必然承担赔偿责任。

这个推理是根据上述公式（10）进行的，其推理形式是：

$$\frac{L(p \vee q), L\neg p}{Lq}$$

上述推理所依据的常真等值式或常真蕴涵式都是经过证明的，未经证明的公式不得作为推理的规则。特别要注意：不要将蕴涵式误认为等值式。

例如，不要将公式（4）误认为等值式，因为 $Mp \wedge Mq \rightarrow M(p \wedge q)$ 是不能成立的。从 $Mp \wedge Mq$ 推不出 $M(p \wedge q)$。例如，通过一次入学考试，小王被录取是可能的，小王不被录取也是可能的，但是，小王既被录取又不被录取则是不可能的。由此可见，从 $Mp \wedge Mq$ 推不出 $M(p \wedge q)$。

又如，不要将公式（5）误认为等值式，因为 $L(p \vee q) \rightarrow Lp \vee Lq$ 是不能成立的。从 $L(p \vee q)$ 推不出 $Lp \vee Lq$。如通过入学考试，小王被录取或不被录取，这是必然的，但是，小王被录取不是必然的，小王不被录取也不是必然的。

四、模态命题及其推理在法律工作中的应用

在法律工作中，特别是在侦查工作中，要经常应用模态命题表达事物情况的必然性或可能性。虽然案情是既成事实，但要了解全部情况却不是轻而易举的事情。以现场勘查为例，由于案情复杂，现场遗留线索不多，或者对一些细节尚未发现，因而对案件的性质、作案时间、作案手段、作案人的特征等有关情况，只能作出一系列猜测性的可能命题。

例如，某财务部门被盗，但初步掌握的线索材料还不足以作出肯定或否定的判断，因而只能提出这样的一些命题："某财务部门被盗可能是内盗"或"某财务部门被盗可能不是内盗"。这些都只是一些猜测、一些假设，这些都是可能命题。第一个可能命题倾向于是内盗，第二个可能命题倾向于不是内盗。究竟是内盗还是别的情况，这本来是已确定了的事实，但是由于人们还没有明确认识到这些事实，只能作出猜测性的可能命题。

又如，由于掌握的事实材料不足，对某凶杀案只能作出"死者可能死于他杀"这样的判断；有了充分、确实的证据，才能作出"死者死于他杀"的断定。在未掌握确凿证据之前，关于犯罪嫌疑人的陈述，只能用可能命题，如"张三可能是凶手""李四可能是案犯"等。只有把全部案情弄清楚，掌握了充分、确实的证据，才能作出确切的断定。

在法律工作中必须注意模态命题的逻辑性质，决不能把可能当成现实，更不能把可能作为定案的依据，证据必须查证属实，否则就会造成冤、假、错案。在对犯罪行为定性时，也必须注意命题的模态性质。例如，对于一个未遂犯，就有必要确定是能犯的未遂，还是不能犯的未遂。所谓能犯的未遂，是指犯罪分子客观上有可能完成犯罪，但在着手实行犯罪后由于其意志以外的原因而未得逞；所谓不能犯的未遂，是指行为人因某种认识错误而使其犯罪行为根本不可能完成犯罪的未遂形态。从逻辑上看，"不可能"即"必然不"，所以，两种未遂所具有的危害社会的现实危险程度不同，在量刑时要加以区分。

在法律工作中还要掌握模态命题之间的逻辑关系，正确地进行模态推理。从必然命题可以推出可能命题，但从可能命题不能推出必然命题。对必然命题的否定只能得到可能命题，对可能命题的否定才能得到必然命题。例如，在侦查工作中，否定了"某甲必然是凶手"，根据模态对当推理只能得出"某甲可能不是凶手"的结论，不能得出"某甲必然不是凶手"的结论，还要继续对某甲进行侦查。如果否定了"某甲可能是凶手"，根据模态对当推理，就能得出"某甲必然不是凶手"的结论。

第二节 规范推理

一、规范命题

规范命题就是陈述人们的行为规范的命题，又称为道义命题或指令命题。所谓行为规范，就是指令人们在一定的情况或条件下必须或者可以如此这般或不如此这般行为的规定，简称规范。例如，法律上、道义上、技术上的规定、义务、指令、禁令等都是行为规范。把这些规范陈述出来，就是规范命题。

规范命题的定义

例如：(1)"犯罪嫌疑人、被告人可能被判处无期徒刑、死刑，没有委托辩护人的，人民法院、人民检察院和公安机关

应当通知法律援助机构指派律师为其提供辩护。"(《刑事诉讼法》第 35 条第 3 款)

(2) "禁止非法搜查公民的身体。"

(3) "国家允许私营经济在法律规定的范围内存在和发展……"(1988 年《宪法修正案》第 1 条)

任何规范都有制定者和承受者。任何规范都应当明确具有某种特征的人在某种情况或条件下必须（或可以）履行或不履行某种行为。规范命题是由两部分组成的，一部分是陈述某种行为的命题，另一部分是"必须""禁止""允许"等规范词。规范词可以放在命题中间，也可以放在命题的前面或后面。在分析规范命题的结构或形式时，将规范词放在命题变项 p、q……的前面。在规范逻辑中，用符号"O"表示"必须"，用符号"F"表示"禁止"，用符号"P"表示"允许"。 规范命题的构成

规范命题可以分为以下三种： 三种规范命题及其形式

1. 必须命题。必须命题就是陈述人们必须履行某种行为的命题。在自然语言中，通常用"必须""应当"等语词作为必须命题的规范词。 第一种规范命题及其形式

例如：(1) "公安机关逮捕人的时候，必须出示逮捕证。"(《刑事诉讼法》第 93 条第 1 款)

(2) "……成年子女有赡养扶助父母的义务。"(《宪法》第 49 条第 3 款)

(3) "当事人对自己提出的主张，有责任提供证据。"(《民事诉讼法》第 64 条第 1 款)

必须命题的形式是：必须 p。

上述形式可以表示为：Op

2. 禁止命题。禁止命题就是陈述人们必须不履行某种行为的命题。在自然语言中，通常用"禁止""不得""不准""不许""不可"等语词作为禁止命题的规范词。 第二种规范命题及其形式

例如：(1) "公民、法人享有荣誉权，禁止用侮辱、诽谤等方式损害公民、法人的名誉。"(《民法通则》第 101 条)

(2) "公民享有肖像权，未经本人同意，不得以营利为目的使用公民的肖像。"(《民法通则》第 100 条)

(3) "未满 12 周岁的儿童不准在道路上骑自行车。"

禁止命题的形式是：禁止 p。

上述形式可以表示为：Fp

3. 允许命题。允许命题就是陈述人们可以履行某种行为的命题。 第三种规范命题及

在自然语言中，通常用"允许""可以""准予"等语词作为允许命题 其形式
的规范词。

例如：（1）"允许原告放弃或者变更诉讼请求。"

（2）"双方当事人可以自行和解。"（《民事诉讼法》第50条）

（3）"对当事人双方的诉讼标的，第三人认为有独立请求的，有权提起诉讼。"（《民事诉讼法》第56条第1款）

允许命题的形式是：允许 p。

上述形式可以表示为：Pp

就行为规范本身来说，允许命题是指令人们如何行为的规定，这些规定只有合理不合理、妥当不妥当、有效与无效的问题，而没有真假问题。但是，作为陈述行为规范的命题来说，规范命题是有真假的。判定规范命题真假的标准是什么呢？要判定一个规范命题的真假，就要看这个规范命题所陈述的规范是否是有效规范。如果这个规范命题所陈述的规范是有效规范，它就是真的；如果这个规范命题所陈述的规范不是有效规范，而是无效规范，它就是假的。

所谓一个规范是有效规范，就是指这个规范对其承受者是有约束力的、有效力的，它能使规范承受者自觉或被迫地遵守它。如果违反了这个规范，就会受到某种惩罚或制裁。例如，严禁刑讯逼供和以威胁、引诱、欺骗以及其他非法的方法收集证据，就是一个有效规范，对司法工作人员都有约束力。根据我国法律规定，如果司法工作人员违反了这个规范，对犯罪嫌疑人、被告人实行刑讯逼供或者使用暴力逼取证人证言，就会受到司法机关的追诉，被处以刑罚。

一般来说，一个命题的真假，取决于它所陈述的情况是否与客观实际情况相符合。如果与客观实际情况相符合，它就是真的；否则它就是假的。由于人们在规范命题中陈述某个行为规范时，是作为有效规范陈述出来，企图约束规范承受者，要承受者遵守的。因此，如果某个规范命题所陈述的行为规范事实上是有效规范，也就是说，这个规范命题所陈述的情况与客观实际情况相符合，它就是真的；如果某个规范命题所陈述的行为规范事实上是无效规范，也就是说，这个规范命题所陈述的情况与客观实际情况不相符合，它就是假的。例如，"在我国，子女必须随父姓"这个规范命题就是一个假命题。因为事实上，我国《婚姻法》规定："子女可以随父姓，也可以随母姓。"所以，上述规范命题所陈述的规范不符合我国《婚姻法》的实际规定，它是无效规范，陈述这个无效规范的规范命题就是假的。

注意规范命题的这
个特点

二、规范对当推理

对同一行为 p 而言，必须 p、禁止 p、允许 p、允许不 p 这四种规范命题之间存在确定的真假关系。这种真假关系称为规范对当关系。规范对当推理就是根据规范对当关系进行的演绎推理。

对同一行为 p 而言，有作为和不作为两种。因此，每种规范命题都可以分为肯定命题和否定命题两种，即规范命题共有 Op、O¬p、Fp、F¬p、Pp、P¬p 六种。"必须不 p"与"禁止 p"意义相同，"禁止不 p"与"必须 p"意义相同，它们之间是等值的，可以相互替换使用。即：

$$O\neg p \leftrightarrow Fp$$

$$F\neg p \leftrightarrow Op$$

因此，规范命题可以归结为：Op、Fp、Pp、P¬p 四种。这四种规范命题之间的对当关系也可以用对当方阵图表示如下：

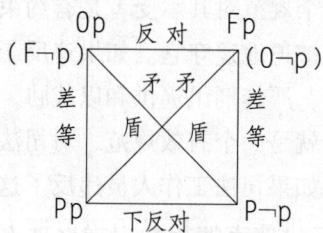

图 4-2 规范对当关系图

规范对当推理共有四种，分别说明如下：

1. 矛盾关系对当推理。规范命题之间的矛盾关系是指 Op 与 P¬p 之间、Fp 与 Pp 之间的不可同真并且不可同假的真值关系。

（1）Op 与 P¬p 之间的真假关系。

当 Op 为真时，必须 p 是有效的，就不允许不履行 p，因而 P¬p 为假。

当 Op 为假时，必须 p 是无效的，就得允许不履行 p，因而 P¬p 为真。

当 P¬p 为真时，允许不履行 p，则必须 p 就是无效的，因而 Op 为假。

当 P¬p 为假时，不允许不履行 p，则必须 p 就是有效的，因而 Op 为真。

根据上述情况，Op 与 P¬p 之间的真假关系是：

Op↔¬P¬p

P¬p↔¬Op

（2）Fp 与 Pp 之间的真假关系。

当 Fp 为真时，禁止 p 是有效的，就不允许履行 p，因而 Pp 为假。

当 Fp 为假时，禁止 p 是无效的，就得允许履行 p，因而 Pp 为真。

当 Pp 为真时，允许履行 p，则禁止 p 就是无效的，因而 Fp 为假。

当 Pp 为假时，不允许履行 p，则禁止 p 就是有效的，因而 Fp 为真。

根据上述情况，Fp 与 Pp 之间的真假关系是：

Fp↔¬Pp

Pp↔¬Fp

因此，根据规范命题之间的矛盾关系，可以由某一命题为真推知另一命题为假，由某一命题为假推知另一命题为真。

例如："并非子女必须随父姓，所以，子女可以不随父姓。"其推理形式是：

¬Op→P¬p

又如："允许当事人在法庭上提出新的证据，所以，不禁止当事人在法庭上提出新的证据。"其推理形式是：

Pp→¬Fp

根据规范命题的矛盾关系，可以得到以下等值关系：

¬Op↔P¬p

¬Fp↔Pp

¬Pp↔Fp

¬P¬p↔Op

即一个规范命题的负命题等值于它的矛盾命题。

2. 差等关系对当推理。规范命题之间的差等关系是指 Op 与 Pp 之间、Fp 与 P¬p 之间的真假关系。

（1）Op 与 Pp 之间的真假关系。

当 Op 为真时，必须 p 是有效的，就得允许履行 p，因而 Pp 为真。

当 Op 为假时，必须 p 是无效的，可以允许履行 p，也可以不允许履行 p，因而 Pp 可真可假。

当 Pp 为真时，允许履行 p，而必须 p 可以有效也可以无效，因而 Op 可真可假。

当 Pp 为假时，不允许履行 p，则必须 p 就是无效的，因而 Op 为假。

根据上述情况，Op 与 Pp 之间可以确定的真假关系是：

Op→Pp

¬Pp→¬Op

（2）Fp 与 P¬p 之间的真假关系。

当 Fp 为真时，禁止 p 是有效的，就得允许不履行 p，因而 P¬p 为真。

当 Fp 为假时，禁止 p 是无效的，可以允许不履行 p，也可以不允许不履行 p，因而 P¬p 可真可假。

当 P¬p 为真时，允许不履行 p，而必须不履行 p，即禁止 p，可以有效也可以无效，因而 Fp 可真可假。

当 P¬p 为假时，不允许不履行 p，则禁止 p 就是无效的，因而 Fp 为假。

根据上述情况，Fp 与 P¬p 之间可以确定的真假关系是：

Fp→P¬p

¬P¬p→¬Fp

因此，根据规范命题之间的差等关系，可以由必须命题或禁止命题为真推知允许命题为真，由允许命题为假推知必须命题或禁止命题为假。但是，不能由必须命题或禁止命题为假推知允许命题的真假，也不能由允许命题为真推知必须命题或禁止命题的真假。

例如："不允许有超越宪法和法律的特权，所以，不必须有超越宪法和法律的特权。"其推理形式是：

¬Pp→¬Op

又如："知道案件情况的人都有作证的义务，所以，允许知道案件情况的人作证。"其推理形式是：

Op→Pp

3. 反对关系对当推理。规范命题之间的反对关系是指 Op 与 Fp 之间的真假关系。

当 Op 为真时，必须 p 是有效的，就得允许履行 p，则禁止 p 就是无效的，因而 Fp 为假。

当 Op 为假时，必须 p 是无效的，而禁止 p 可以有效也可以无效，因而 Fp 可真可假。

当 Fp 为真时，禁止 p 是有效的，就得允许不履行 p，则必须 p 就是无效的，因而 Op 为假。

当 Fp 为假时，禁止 p 是无效的，而必须 p 可以有效也可以无效，因而 Op 可真可假。

根据上述情况，Op 与 Fp 之间可以确定的真假关系是：

Op→¬Fp

Fp→¬Op

因此，根据规范命题之间的反对关系，可以由某一命题为真推知另一命题为假。但是，不能由某一命题为假推知另一命题的真假。

例如："人民法院按照审判监督程序重新审判的案件，应当另行组成合议庭，所以，不禁止人民法院按照审判监督程序重新审判案件另行组成合议庭。"其推理形式是：

Op→¬Fp

4. 下反对关系对当推理。规范命题之间的下反对关系是指 Pp 与 P¬p 之间的真假关系。

当 Pp 为假时，不允许履行 p，就得允许不履行 p，因而 P¬p 为真。

当 P¬p 为假时，不允许不履行 p，就得允许履行 p，因而 Pp 为真。

当 Pp 为真时，允许履行 p，同时，可以允许不履行 p，也可以不允许不履行 p，因而 P¬p 可真可假。

当 P¬p 为真时，允许不履行 p，同时，可以允许履行 p，也可以不允许履行 p，因而 Pp 可真可假。

根据上述情况，Pp 与 P¬p 之间可以确定的真假关系是：

¬Pp→P¬p

¬P¬p→Pp

因此，根据规范命题之间的下反对关系，可以由某一命题为假推知另一命题为真。但是，不能由某一命题为真推知另一命题的真假。

例如："未经人民法院依法判决，对任何人都不允许确定为有罪；所以，未经人民法院依法判决，对任何人都允许不确定为有罪。"其推理形式是：

¬Pp→P¬p

三、复合规范命题推理

复合规范命题就是以规范命题为支命题或在复合命题前有规范词的命题。某些复合规范命题之间有等值关系或蕴涵关系，复合规范命题推理就是根据复合规范命题之间的等值关系或蕴涵关系进行的演绎推理。

复合规范命题推理的定义及其常见的有效式

常见的表示复合规范命题之间的等值关系或蕴涵关系的常真等值式和常真蕴涵式如下：

(1) $O(p \rightarrow q) \rightarrow (Op \rightarrow Oq)$

(2) $O(p \land q) \leftrightarrow Op \land Oq$

(3) $P(p \lor q) \leftrightarrow Pp \lor Pq$

(4) $P(p \land q) \rightarrow Pp \land Pq$

(5) $Op \lor Oq \rightarrow O(p \lor q)$

(6) $F(p \lor q) \leftrightarrow Fp \land Fq$

(7) $Fp \lor Fq \rightarrow F(p \land q)$

(8) $O(p \leftrightarrow q) \rightarrow (Op \leftrightarrow Oq)$

(9) $O(p \rightarrow q) \land Op \rightarrow Oq$

(10) $O(p \rightarrow q) \land Pp \rightarrow Pq$

(11) $O(p \rightarrow q) \land Fq \rightarrow Fp$

(12) $O(p \lor q) \land Fp \rightarrow Oq$

以上公式只是规范逻辑中的一部分常真等值式和常真蕴涵式。除去作为公理的公式外，它们都是可以得到证明的。除此之外，还有许多这样的公式。根据这些公式，就可以进行复合规范命题推理。

例1：如果利害关系人在起诉前向人民法院申请采取财产保全措施就要提供担保，这是必须的；所以，如果利害关系人在起诉前必须向人民法院申请采取财产保全措施，就必须提供担保。

这个推理是根据上述公式（1）进行的，其推理形式是：

$$\frac{O(p \rightarrow q)}{Op \rightarrow Oq}$$

例2：逮捕犯罪嫌疑人、被告人，必须经过人民检察院批准或者人民法院决定，由公安机关执行（《刑事诉讼法》第80条）。

所以，逮捕犯罪嫌疑人、被告人，必须经过人民检察院批准或者人民法院决定，并且必须由公安机关执行。

这个推理是根据上述公式（2）进行的，其推理形式是：

$$\frac{O(p \land q)}{Op \land Oq}$$

例3：自诉人在宣告判决前，可以同被告人自行和解或者撤回自诉（《刑事诉讼法》第212条第1款）。

所以，自诉人在宣告判决前，可以同被告人自行和解，或者可以撤回自诉。

这个推理是根据上述公式（3）进行的，其推理形式是：

$$\frac{P(p \lor q)}{Pp \lor Pq}$$

例 4：消费者或者其他受害人因商品缺陷造成人身、财产损害的，可以向销售者要求赔偿，也可以向生产者要求赔偿。（《消费者权益保护法》第 40 条第 2 款）

所以，消费者或者其他受害人因商品缺陷造成人身、财产损害的，可以向销售者或者生产者要求赔偿。

这个推理是根据上述公式（3）进行的，其推理形式是：

$$\frac{Pp \lor Pq}{P(p \lor q)}$$

例 5：未发生保险事故，被保险人或者受益人谎称发生了保险事故，向保险人提出赔偿或者给付保险金的请求的，保险人有权解除保险合同，并不退还保险费。（《保险法》第 27 条第 1 款）

所以，被保险人或者受益人谎称发生了保险事故，向保险人提出赔偿或者给付保险金的请求，保险人有权解除保险合同，并且可以不退还保险费。

这个推理是根据上述公式（4）进行的，其推理形式是：

$$\frac{P(p \land q)}{Pp \land Pq}$$

例 6：犯罪分子违法所得的一切财物，应当予以追缴或者责令退赔。（《刑法》第 64 条）

所以，犯罪分子违法所得的一切财物，应当予以追缴或者责令退赔。

这个推理是根据上述公式（5）进行的，其推理形式是：

$$\frac{Op \lor Oq}{O(p \lor q)}$$

例 7：经营者不得以格式合同、通知、声明、店堂告示等方式作出对消费者不公平、不合理的规定，或者减轻、免除其损害消费者合法权益应当承担的民事责任。

所以，经营者不得以格式合同、通知、声明、店堂告示等方式作出对消费者不公平、不合理的规定，并且不得以格式合同、通知、声明、店堂告示等方式作出减轻、免除其损害消费者合法权益应当承担的民事责任的规定。

这个推理是根据上述公式（6）进行的，其推理形式是：

$$\frac{F(p \lor q)}{Fp \land Fq}$$

例 8：如果公司合并或者分立，则由公司的股东会作出决议，这是必须的。而公司必须合并或者分立，所以，必须由公司的股东会作出决议。

这个推理是根据上述公式（9）进行的，其推理形式是：

$$\frac{O(p \to q), Op}{Oq}$$

例 9：人民法院审理民事案件，必须由审判员组成合议庭，或者由审判员、陪审员共同组成合议庭，这起民事案件的审理不得由审判员、陪审员共同组成合议庭；所以，这起民事案件的审理必须由审判员组成合议庭。

这个推理是根据上述公式（12）进行的，其推理形式是：

$$\frac{O(p \vee q), Fq}{Op}$$

上述推理所依据的常真等值式或常真蕴涵式都是经过证明的，未经证明的公式不得作为推理的规则。特别要注意的是：不要将蕴涵式误认为等值式。

例如，不要将公式（4）误认为等值式，因为 $Pp \wedge Pq \to P(p \wedge q)$ 是不能成立的。从 $Pp \wedge Pq$ 推不出 $P(p \wedge q)$。如允许信仰宗教，也允许不信仰宗教，但不能允许既信仰宗教又不信仰宗教。由此可见，从 $Pp \wedge Pq$ 推不出 $P(p \wedge q)$。

又如，不要将公式（5）误认为等值式，因为 $O(p \vee q) \to Op \vee Oq$ 是不能成立的。从 $O(p \vee q)$ 推不出 $Op \vee Oq$。如信仰宗教或不信仰宗教，这是必须的，但信仰宗教不是必须的，不信仰宗教也不是必须的。由此可见，从 $O(p \vee q)$ 推不出 $Op \vee Oq$。

四、规范条件推理

规范条件推理就是根据规范命题所涉及的行为之间的条件关系进行的演绎推理。它有以下几种：

规范条件推理的定义及其种类

1. 必须条件推理。必须条件推理就是根据必须命题所涉及的行为之间的条件关系进行的演绎推理。它有以下两种：

（1）由必须到必须。如果 A 是必须的，而 B 是 A 的必要条件，则 B 也是必须的。也就是由 OA 和 A→B 可以推出 OB。即：

$$OA, \ A \to B \vdash OB^{[1]}$$

[1] "⊢" 表示推出关系。

例如：证据应当在法庭上出示，并由当事人互相质证（《民事诉讼法》第 68 条第 1 款）。

而只有当事人出庭才能互相质证。

所以，当事人必须出庭。

（2）由必须到禁止。如果 A 是必须的，而 B 是非 A 的充分条件，则 B 是禁止的。也就是由 OA 和 B→¬A 可以推出 FB，即：

　　　　OA，B→¬A ⊢ FB

例如：依法成立的合同，对当事人具有法律约束力。当事人应当按照约定履行自己的义务，不得擅自变更或解除合同（《合同法》第 8 条）。

而如果迟延履行合同，就不能全面履行合同规定的义务。

所以，不得迟延履行合同。

2. 禁止条件推理。禁止条件推理就是根据禁止命题所涉及的行为之间的条件关系进行的演绎推理。它有以下两种：

（1）由禁止到禁止。如果 A 是禁止的，而 B 是 A 的充分条件，则 B 也是禁止的。也就是由 FA 和 B→A 可以推出 FB，即：

　　　　FA，B→A ⊢ FB

例如：出版者、表演者、录音录像制作者、广播电台、电视台等依照本法规定使用他人作品的，不得侵犯作者的署名权、修改权、保护作品完整权和获得报酬的权利（《著作权法》第 29 条）。

而使用他人作品，未按照规定支付报酬，就侵犯了他人著作权的获得报酬权。

所以，不得使用他人作品而不按照规定支付报酬。

（2）由禁止到必须。如果 A 是禁止的，而 B 是非 A 的必要条件，则 B 是必须的。也就是由 FA 和¬A→B 可以推出 OB，即：

　　　　FA，¬A→B ⊢ OB

例如：禁止污染河流，而只有净化排入河流的工业废水，才不污染河流，所以，必须净化排入河流的工业废水。

3. 允许条件推理。允许条件推理就是根据允许命题所涉及的行为之间的条件关系进行的演绎推理。它有以下两种：

（1）由允许到允许。如果 A 是允许的，而 B 是 A 的必要条件，则 B 也是允许的。也就是由 PA 和 A→B 可以推出 PB，即：

　　　　PA，A→B ⊢PB

例如：当事人在法庭上可以提出新的证据（《民事诉讼法》第 139 条第 1 款）。

而只有通知新的证人到庭，才能提出新的证据。

所以，允许通知新的证人到庭。

（2）由允许到允许不。如果 A 是允许的，而 B 是非 A 的充分条件，则非 B 是允许的，即允许不 B。也就是由 PA 和 B→¬A，可以推出 P¬B，即：

$$PA，B→¬A ⊢P¬B$$

例如：允许当事人在调解书送达前反悔，而当事人签收调解书后就不能反悔，所以，允许当事人不签收调解书。

五、规范强弱推理

规范强弱推理就是从一个较强或较弱的规范推出一个较弱或较强的规范的推理。这种推理是根据规范制定者的同一立法意图或价值取向进行的。既然有权制定这一规范的人制定了前一个较强或较弱的规范，根据制定者的同一立法意图或价值取向，就当然有理由认为该规范包含一个较弱或较强的规范，因而可以从前一个规范推出后一个规范。规范强弱推理主要有以下两种：

规范强弱推理的定义及其种类

1. 由强到弱的规范推理。由强到弱的规范推理就是从一个较强的规范推出一个较弱的规范的推理。由强到弱的规范推理适用于必须规范和允许规范。其根据在于：从规范制定者的同一立法意图或价值取向看，如果必须履行或允许履行一种较强的行为，就当然有理由或更有理由认为必须履行或允许履行相对于这种行为较弱的行为。即根据同一立法意图或价值取向，可以从一个较强的必须规范和允许规范推出一个较弱的必须规范和允许规范。

例如：为了满足某城市生产和生活的需要，明文规定某供电部门必须负责供应该城市的电力。那么，根据同一立法意图或价值取向，该供电部门就当然有理由必须负责供应该城市某城区的电力。从而推出：该供电部门必须供应该城市某城区的电力。这就是由前一个较强的必须规范推出后一个较弱的必须规范。

又如：为了充分开发和利用土地资源，法律明文规定，公民和集体可以承包经营集体所有的或者国家所有由集体使用的土地；那么，根据同一立法意图或价值取向，就当然有理由允许公民和集体承包经营集体所有或者国家所有的荒山、荒地。从而推出：允许公民和集体承包经营集体所有或者国家所有的荒山、荒地。这就是由前一个较强的允许规范推出后一个较弱的允许规范。

2. 由弱到强的规范推理。由弱到强的规范推理就是从一个较弱的规范推出一个较强的规范的推理。由弱到强的规范推理适用于禁止规范。其根据在于：从规范制定者的同一立法意图或价值取向看，如果禁止履行一种较弱的行为，就当然有理由或更有理由认为禁止履行比这种行为较强的行为。即根据同一立法意图或价值取向，可以从一个较弱的禁止规范推出一个较强的禁止规范。

例如：某公园的管理者，为了保护草坪不受损坏，明令禁止游园人践踏草坪；那么，根据同一立法意图或价值取向，就当然有理由或更有理由禁止游园人挖掘草坪，这是因为挖掘草坪会给草坪造成更大的损坏。从而推出：禁止游园人挖掘草坪。这就是由前一个较弱的禁止规范推出后一个较强的禁止规范。

由于规范强弱推理要从规范制定者的意图或价值取向出发，如果规范制定者曾经公开明确地表示过制定这个规范的意图或价值取向，这还比较好办。如果规范制定者没有公开明确地表示过制定这个规范的意图或价值取向，这时就需要依靠推论者的分析和推测，由于推论者的价值观念同规范制定者的价值观念并不一定完全相同，因而推论者推测的意图或价值取向未必就是规范制定者的真正意图或价值取向。即使推测的意图和价值取向同制定者的意图和价值取向完全一致，但对于什么行为是强的、什么行为是弱的，其评定的标准有时却是非常含混、难以确定的。因此，推论出来的规范，并不一定就被有权制定该规范的人所认可，并不一定就是有效的规范。

由于上述原因，规范强弱推理与前几种规范推理不同，它不是演绎推理，其结论有一定的或然性。

六、规范命题及其推理在法律工作中的应用

法律规定了公民以及其他主体的权利和义务。所以，这些法律规定都是规范命题。一般说来，法律条文中规定的义务都是必须履行的，表述这些义务要应用必须命题；法律条文中规定的犯罪行为和其他违法行为都是被禁止的，表述这些禁令要应用禁止命题；法律条文中规定的权利或自由都是被允许的，表述这些权利或自由要应用允许命题。

规范逻辑研究了规范词的逻辑性质，研究了各种规范命题的逻辑性质，研究了规范命题之间的各种逻辑关系，研究了如何从这一形式的规范命题推出另一形式的规范命题。因此，掌握规范命题及其推理的有关逻辑知识，对于正确地制定法律、理解和解释法律、适用法律，都是有所帮助的。

例如，由于"允许 p"与"允许不 p"是下反对关系，它们是可以

在法律工作中的运用

同真的。因而，对于法律所赋予的权利和自由，既允许履行又允许不履行，这不违反逻辑规律。无论履行或不履行这些行为，都是合法的，都不会受到法律制裁。由于"必须 p"与"允许不 p"是矛盾关系，它们是不能同真的。因而，对于法律所规定的义务，不允许不履行。如果不履行这些行为，就是不合法的，就要受到法律制裁。由于"禁止 p"与"允许 p"是矛盾关系，它们是不能同真的。因而，对于法律所禁止的犯罪行为和违法行为是不允许履行的。如果履行了这些行为，就是不合法的，就要受到法律制裁。

又如，我国《刑事诉讼法》第 62 条第 1 款规定："凡是知道案件情况的人，都有作证的义务。"这是一个必须命题。根据规范对当关系，"必须 p"蕴涵"允许 p"，因此，可以从"凡是知道案件情况的，都有作证的义务"推出"允许知道案件情况的人作证"。在审理案件的过程中，如果有某个知道案件情况的人要求作证，就得允许他作证，而不能不允许他作证。

为了正确地制定法律、解释法律和适用法律，深入地研究法律规范词的逻辑性质、法律规范命题的逻辑性质、法律规范命题之间的逻辑关系以及法律规范命题推理的逻辑理论是十分重要的。对这些问题以及法律领域中的其他逻辑问题进行研究，是法律逻辑的主要任务。法律逻辑的深入研究，将为完善立法、完善司法提供更强有力的逻辑工具。

□ 小　结

本章主要阐述模态、规范逻辑的基本内容。主要包括模态命题，模态对当推理，复合模态命题推理，规范命题，规范对当推理，复合规范命题推理，规范条件推理，规范强弱推理。其主要内容是：

一、模态命题

模态命题	含　义	命题形式
必然肯定命题	陈述事物情况必然存在	必然 p 或 Lp
必然否定命题	陈述事物情况必然不存在	必然非 p 或 L¬p
可能肯定命题	陈述事物情况可能存在	可能 p 或 Mp
可能否定命题	陈述事物情况可能不存在	可能非 p 或 M¬p

二、模态对当推理

1. 模态对当关系。

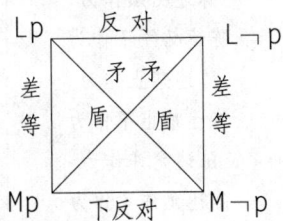

2. 模态对当推理。

（1）矛盾关系对当推理。

Lp↔¬M¬p

M¬p↔¬Lp

L¬p↔¬Mp

Mp↔¬L¬p

（2）差等关系对当推理。

Lp→Mp

¬Mp→¬Lp

L¬p→M¬p

¬M¬p→¬L¬p

（3）反对关系对当推理。

Lp→¬L¬p

L¬p→¬Lp

（4）下反对关系对当推理。

¬Mp→M¬p

¬M¬p→Mp

三、规范命题

规范命题	含 义	命题形式
必须肯定命题	陈述必须作为	必须 p 或 Op
必须否定命题	陈述必须不作为	必须不 p 或 O¬p
禁止肯定命题	陈述禁止作为	禁止 p 或 Fp
禁止否定命题	陈述禁止不作为	禁止不 p 或 F¬p
允许肯定命题	陈述允许作为	允许 p 或 Pp
允许否定命题	陈述允许不作为	允许不 p 或 P¬p

四、规范对当推理

1. 规范对当关系。

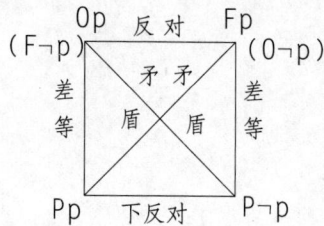

2. 规范对当推理。

（1）矛盾关系对当推理。

Op↔¬P¬p

P¬p↔¬Op

Fp↔¬Pp

Pp↔¬Fp

（2）差等关系对当推理。

Op→Pp

¬Pp→¬Op

Fp→P¬p

¬P¬p→¬Fp

（3）反对关系对当推理。

Op→¬Fp

Fp→¬Op

（4）下反对关系对当推理。

¬Pp→P¬p

¬P¬p→Pp

五、规范条件推理

1. OA，A→B ├ OB
2. OA，B→¬A ├ FB
3. FA，B→A ├ FB
4. FA，¬A→B ├ OB
5. PA，A→B ├ PB
6. PA，B→¬A ├ P¬B

六、规范强弱推理

1. 由强到弱的规范推理。
2. 由弱到强的规范推理。

□练习与思考

一、名词解释

1. 模态命题
2. 模态对当推理
3. 复合模态命题推埋
4. 规范命题
5. 规范对当推理
6. 复合规范命题推理

二、练习题

（一）根据模态命题之间的对当关系，指出下列各组命题的真假情况

1. 已知"某甲必然是凶手"为真，则：

（1）"某甲不必然不是凶手"为（   ）。

（2）"某甲不可能不是凶手"为（   ）。

（3）"某甲不可能是凶手"为（   ）。

（4）"某甲不必然是凶手"为（　　　）。

2. 已知"某甲可能是凶手"为真，则：

（1）"某甲必然不是凶手"为（　　　）。

（2）"某甲可能不是凶手"为（　　　）。

（3）"某甲必然是凶手"为（　　　）。

（4）"某甲不可能是凶手"为（　　　）。

（二）写出下列推理的种类或形式，并判定其是否有效

1. 被告人不必然上诉，所以，被告人可能不上诉。

2. 被告人可能有罪，所以，被告人可能没有罪。

3. 明天不可能下雨，所以，明天可能不下雨。

4. 某甲可能不是凶手，所以，某甲不可能是凶手。

5. 证人不可能不出庭，所以，证人可能出庭。

6. 某甲不必然没有作案时间，所以，某甲可能有作案时间。

7. 生物必然进行新陈代谢，所以，并非生物必然不进行新陈代谢。

8. 证人可能会说谎，所以，并非证人必然会说谎。

9. 某甲今年考上律师不是必然的，所以，某甲今年可能考上律师。

10. 明天不必然不下雨，所以，明天可能不下雨。

（三）根据规范命题的对当关系，指出下列各组命题的真假情况

1. 已知"禁止在此设摊"为假，则：

（1）"禁止不在此设摊"为（　　　）。

（2）"不允许不在此设摊"为（　　　）。

（3）"允许不在此设摊"为（　　　）。

（4）"必须不在此设摊"为（　　　）。

2. 已知"允许上诉"为真，则：

（1）"允许不上诉"为（　　　）。

（2）"禁止不上诉"为（　　　）。

（3）"不禁止不上诉"为（　　　）。

（4）"不必须上诉"为（　　　）。

（四）写出下列推理的种类或形式，并判定它是否有效

1. 禁止干涉婚姻自由，所以，不必须干涉婚姻自由。

2. 不允许非法搜查公民的身体，所以，允许不非法搜查公民的身体。

3. 允许不吸烟，所以，禁止吸烟。

4. 允许遵守公共秩序，所以，必须遵守公共秩序。

5. 不禁止出庭作证，所以，允许不出庭作证。

6. 不必须信仰宗教，所以，允许信仰宗教。

7. 允许在此倒垃圾，所以，允许不在此倒垃圾。

8. 必须依法纳税，所以，不允许不依法纳税。

9. 当事人在法庭上可以提出新的证据，所以，不禁止当事人在法庭上提出新的证据。

10. 进行搜查必须出示搜查证，所以，不允许出示搜查证进行搜查。

（五）写出下列命题的一个等值命题

1. 禁止在阅览室大声说话。

2. 允许不上诉。

3. 可以反诉。

4. 不必须出示证据。

5. 某甲必然是凶手。

6. 明天不可能不刮风。

7. 某甲不可能是案犯。

8. 明天不必然不是晴天。

三、思考题

1. 模态命题有哪几类？

2. 模态对当推理有哪几类？

3. 复合模态命题推理有哪些有效的推理形式？

4. 规范命题有哪几类？

5. 规范对当推理有哪几类？

6. 复合规范命题有哪些有效的推理形式？

7. 规范条件推理有哪几类？

8. 规范强弱推理有哪几类？

第五章

归纳逻辑

■**学习目的和要求**

通过本章学习，要求学生

● 重点掌握：回溯推理；归纳推理；求因果联系五法；类比推理。

● 掌握：非演绎推理和演绎推理的区别。

● 一般了解：非演绎推理的应用。

第一节 概　述

非演绎推理与演绎推理的区别在于前提和结论之间的联系不同。演绎推理的特点是前提蕴涵结论，从真前提必然得出真结论。非演绎推理的特点是前提并不蕴涵结论，从前提真未必能推出结论为真。也就是说，即使非演绎推理前提为真，结论也只是或然真。

既然人们不能通过非演绎推理从前提真必然得到结论为真，那么，我们为何还要研究它们、学习它们呢？简单的回答是：非演绎推理是人们生活的向导和科学发现的工具，在许多情形下，它甚至是唯一可以依靠和使用的工具。因为在社会生活和科学探索活动中有许多不确定的因

演绎推理和非演绎推理的区别

素和未知的领域。无论是个人、群体还是整个社会都不能对未来、不知
道的过去和不可触及的现在的许多事情进行精确的预测和推断。但是为
了生存和发展，又必须对这些情形进行预测和推断，借以指导认识和实
践。在这些情形中，仅仅依赖演绎推理往往会束缚人们形成判断，限制
人们获得新知，而非演绎推理则是可依赖的认知工具。人们依赖非演绎
推理，获得未对之观察事物的信念。例如，气象台的天气预报总对次日
的降水概况赋予某个概率，以指导人们第二天的活动，这对从事与天气
有关的工作和活动的人们尤为重要。要求天气预报精确地预测第二天是
否有雨是不现实的苛求。在科学研究中，非演绎推理也起着相当重要的
作用。科学家在自然科学和社会科学，尤其是在医学、生物学、气象
学、天文学、法学和经济学等学科中，经常和大量地使用非演绎推理。

非演绎推理的作用

　　非演绎推理包括回溯推理、归纳推理、求因果联系五法、类比推理
等。在演绎逻辑中，我们提供一系列规则，从而把有效的推理和其他无
效的推理区别开来。由于非演绎推理结论具有或然性的特征，我们不用
"有效"或"无效"的标准来评价非演绎推理。由于非演绎推理的前提
在一定程度上为其结论的可靠性提供支持，因而关于非演绎推理的知识
只讨论在什么样的情况下，其结论的可靠性程度更高（强式），从而区
别于那些结论的可靠性程度较低的推理（弱式）。例如，有两个极端的
归纳推理：

评价非演绎推理的
标准

　　（1）从他爱听一首歌，推出所有人都喜欢这首歌。

　　（2）从除他以外所有人都爱听一首歌，推出他也喜欢这首歌。

　　尽管很可能第一个推理的结论是真的而第二个推理的结论是假的，
但第二个推理是强式的而第一个推理是弱式的，因为第二个推理中的前
提给予结论的支持度比第一个推理中的前提给予结论的支持度要高。

第二节　回溯推理

一、什么是回溯推理

　　回溯推理是以某种结果现象为前提推测该结果发生的原因或条件作
为结论的非演绎推理。

　　例如：当室内电灯突然灭了，我们就会推测连接室内电灯的保险丝
断了。

　　这样由"停电"现象而得出"保险丝断了"的结论的思维过程就

是回溯推理。依照现象发生的本来情形，总是先有条件或原因，然后有现象或结果，而上述思维过程则是从观察到的现象出发去推测导致该现象的原因。"回溯"正是就这个角度的"倒着推"而言的。这种回溯推理在逻辑结构上包括以下要素：①观察到的待解释的现象；②导致观察现象的可能的原因作为结论；③结论蕴涵观察到的现象是一般规律或常识。如果用 P 表示观察到的现象，用 C 表示回溯推理中推测的导致现象的原因，那么，回溯推理可以用下列公式表示：

P   已知的现象

C→P   推理者已知的一般性知识
_____

C   该已知现象的原因或条件

从形式上看，回溯推理的逻辑模式与充分条件假言推理的肯定后件式具有逻辑同构性，即从肯定蕴涵命题的后件到肯定蕴涵命题的前件，所以，这种模式不具有逻辑必然性，回溯推理的结论与前提的联系是或然的、可错的。

回溯推理结论是可错的，原因在于因果联系及条件联系的复杂性。一个现象的出现总是有其原因或条件的，但原因或条件可能是多种多样的。如上例中的"灯灭"现象，可能由保险丝断了引起，也可能由停电了或灯泡坏了等原因引起。由于一果多因现象的存在，任何一个原因存在，都会有相应的结果存在；但有特定的结果，却未必每个原因都出现。基于每一个相关的因果联系和条件的一般知识，都可以推测出一个可能的原因。到底哪一个可能的原因是真实的呢？这就依赖于相关知识的佐证和检验。拥有与已知现象（结果）的因果联系的知识越多，就相关结论检验越严格，回溯推理结论的可靠性程度越高。

例如：美国生物学家沃森和克里克在解释 DNA 物质是怎样在结构上同生物学功能相适应时，就运用回溯推理先得出多个可能的结论，进而通过检验、筛选得出了正确的结论。1952 年，沃森和克里克狂热地展开了对 DNA 分子的基本形式的研究。可供选择的方案本身已缩减到两链或三链分子（不是单链）。他们对 DNA 物质结构方式提出了以下四种猜测：

H_1 碱基朝外而糖-磷酸骨架朝内的二链式。

H_2 碱基朝内而糖-磷酸骨架朝外的二链式。

H_3 碱基朝外而糖-磷酸骨架朝内的三链式。

H_4 碱基朝内而糖-磷酸骨架朝外的三链式。

由结果推测原因

结论是可错的

在随后的研究中，沃森和克里克排除了 H_1、H_3 和 H_4 三种猜测，保留了 H_2，找到了双链螺旋式 DNA 结构模型，即两个彼此缠绕的螺旋体，好像一种螺旋楼梯，梯阶由配对的碱基构成，糖-磷酸骨架在外侧，两条链彼此互补。这个模型完美地说明了遗传物质的遗传、生化和结构的主要特征。

运用回溯推理去猜测现象的原因，所受到的逻辑规则的制约程度小，因而灵活性较大。它是一种颇具创造性的思维方法。美国哲学家 N. 汉森在《发现的模式》中将回溯推理表述为：

1. 某一令人惊异的现象 P 被观察到。
2. 若 H 是真的，则 P 理所当然地得到解释。
3. 因此有理由认为 H 是真的。

由于运用回溯推理所作的关于现象间因果联系或条件联系的探讨不具有必然性，在运用回溯推理时要注意两点：①猜测的结论和待解释的现象之间要有逻辑相关性，即从前者可以推出后者；②猜测的结论应是可检验的。否则，从猜测结论中不能导出可检验的命题，该结论就不能为解释现象提供任何说明。例如，若用"上帝是万能的"来解释黄山风景秀丽的现象就是毫无意义的。

提高结论可靠程度的方法

二、回溯推理的应用

不能因为回溯推理是一种推测而把它与胡乱猜测混为一谈，因为它有科学根据；也不能因为回溯推理是可错的而否认其价值。在实际思维中，人们往往通过回溯推理提出假说。由于一果多因，通过回溯推理往往可以提出多种假设，然后再去检验修正各种假设，从而找出准确的原因。司法侦查实践中，也大量运用回溯推理。侦查人员总是利用作案现场和已有的知识，通过回溯推理先找出嫌疑犯，进而确定作案者。著名侦探李昌钰博士担任康涅狄格州刑事鉴定化验室主任后所侦破的首宗重大凶杀案，就借用回溯推理特别是一系列科学物证发现了犯罪嫌疑人并排除合理怀疑地证明了嫌疑人是作案者，最终让凶手认罪伏法、获刑 30 年。

美国一名中学生乔安娜参加夏令营游泳活动后没有如常回家，乔安娜失踪后第二天，有人在离夏令营地不远的树丛深处发现了被焚至面目全非但可通过牙齿、指纹等确定身份的乔安娜的尸体。李昌钰博士到现场后，通过乔安娜下体被烧毁，初步推测是奸杀。从乔安娜脸上留下的烧焦物看，凶手强暴她时将泳衣拉起罩住了她的眼睛，李昌钰博士由此推测奸杀者是乔安娜认识的人。李博士认真仔细地在现场采集了助燃物、捆绑乔安娜的鞋带、毛发、刀具等一系列物证并进行了科学鉴定和分析，所有证据都指向乔安娜的同学罗纳。这起案件是康涅狄格州首宗没有人证、完全依赖科学物证证明罪行的案件。

李昌钰博士的刑事鉴定分析及向大陪审团作证的情形在此不作详述。但我们可以识别出李博士在判断杀人动机和嫌疑人范围时所运用的回溯推理：

（如果是强奸作案者，会毁损受害者下体；）

乔安娜下体被毁损；

因此，乔安娜可能因遭强奸被杀。

（如果是熟人强奸，会蒙住被害人眼睛；）

乔安娜的眼睛被泳衣蒙住；

因此，强奸者可能是熟人。

第三节　归纳推理

一、什么是归纳推理

归纳推理是这样一种非演绎推理：由于发现某类对象中的许多个别对象都具有某种属性，而且没有发现反例，从而得出结论：该类对象中的每一个都具有这种属性。

例如，我们发现一块糖在水里溶解了，还发现成千上万块糖都如此，而且没有发现糖不溶解于水的例子，于是，我们得出结论：凡是糖都可以溶解于水。这就是一个归纳推理。

"归纳推理"这个概念常常在不同的意义上被使用。有时，"归纳推理"被作为非演绎推理的代名词。即使就"由个别前提得出一般结论的推理"而言，"归纳推理"也有广义和狭义之分。广义的归纳推理 "归纳"释义
依前提中是否考察了某类对象的全部个体而分为完全归纳推理和不完全归纳推理。这两种归纳推理的形式分别是：

用 S_1、S_2……S_n 分别表示某类对象中不同的个体，P 表示对象所具有的属性。

完全归纳推理	不完全归纳推理
S_1 是 P	S_1 是 P
S_2 是 P	S_2 是 P
……	……

S_n 是 P　　　　　　　　　S_n 是 P

S_1、S_2……S_n 是 S 类全部对象　　……

────────────────　　　────────────────

　　所以，凡 S 是 P　　　　　所以，凡 S 是 P

由于完全归纳推理考察了每个对象而无例外，只要前提真则结论必然真。所以，就前提和结论之间的联系性质而言，它是一种演绎推理。我们这里讨论的是作为非演绎推理的不完全归纳推理。也就是说，我们是在狭义上使用"归纳推理"概念的。由于完全归纳推理只有在研究对象确定而且数目有限时才可以采用，实际思维中大量运用的也是不完全归纳推理。完全归纳推理和不
完全归纳推理

归纳推理的前提真并不能保证结论必然真。因为人们所观察到的事例的数量是有限的，而且单凭观察所获得的经验是不能证明事件的必然性的。以往没有遇到相反的情况并不意味着相反的情况不存在，不能保证将来不会出现相反的情况；而一旦出现相反的情况，归纳推理的结论就会被推翻。例如，在尚未发现澳洲有黑天鹅之前，人们一直认为"天鹅都是白的"；在未发现南美洲有一种鱼平时用鳃呼吸、在干涸环境中则用鳔直接呼吸之前，我们认为，"所有的鱼都只是用鳃呼吸"。

归纳推理的客观依据问题，即人们为何能从经验事实得出普遍结论的问题，这是认识论要解决的。归纳逻辑所关心的是：归纳推理是实际思维中的有力工具，怎样才能利用这种工具得到可靠性程度较高的结论。

通常，归纳推理结论的可靠程度与观察事例的数量、范围以及对于观察对象的分析程度有直接的关系。一般说来，观察的对象越多，考察的范围越广，归纳推理结论可靠性程度越高。例如，我们在调查研究时，涉及的对象越多，涉及的地区范围越广，得出的结论就越可靠。进一步展开对观察现象背后原因的分析，对于提高归纳推理结论可靠性程度具有重要的作用。提高结论可靠性程
度

例如，当观察到铜受热之后体积膨胀，铝受热之后体积膨胀，铁受热之后体积膨胀，便利用归纳推理得出结论：所有金属受热之后都体积膨胀。在这个归纳推理得出结论的基础上，如果分析出上述物体受热之后，分子之间的凝聚力减弱，相应的分子之间的距离就会增加，从而导致体积膨胀。经过这样的分析，我们就有理由在更大的置信度上接受上述归纳推理的结论。这样的分析比起增加观察"金属受热之后体积膨胀"的事例的数量更能提高归纳推理结论的可靠性程度。因为仅靠经验事实的累积是不能证明普遍结论的。这一点正如恩格斯所说：十万部

蒸汽机并不比一部蒸汽机能更多地证明热能转化为机械运动。

归纳推理的结论可靠性程度不仅与对前提的考察范围及数量有关，还与推理结论所断定的普遍性程度有关。结论断定的普遍性程度越低，其可靠性程度越高；反之，结论所断定的普遍性程度越高，其可靠性程度越低。如上述关于糖的例子中，对于后来被断定为溶解于水的许多不同的糖块，可以被归类为糖，也可以被归类为蔗糖。对于实验结果，我们不仅能够作出"一切糖都溶解于水"的普遍结论，也能作出一个普遍性较小的结论，即"一切蔗糖都溶解于水"。这两个结论相比，后一结论得到前提更强的支持。再如，在关于"铜、铝、铁"的例子中，推理者既可以将观察对象归入"金属"一类，也可以将观察对象归入"固体"一类。推理者可以得出"所有金属受热后体积膨胀"的结论，也可以得出"所有固体受热后体积膨胀"的结论。后一结论比前一结论断定的普遍性程度更高，但得到前提较弱的支持，即后一结论可靠性程度较低。

运用归纳推理，要正确对待相反事例。所谓"相反事例"，即不具有归纳推理结论所断言的性质的事例，与结论相矛盾的事例。出现反例，结论将会被推翻，反例的出现与否决定归纳推理的命运。科学地运 怎样对待反例 用归纳推理需要寻找与猜想相矛盾的例子。科学家们总是寻求一种决定性的判断，寻找机会推翻猜想，而且这样的机会越多，他们越欢迎。假如反例威胁猜想、甚至会推翻猜想，最后经过检验又和猜想相一致，那么，这个猜想的可靠性就会大大加强，反例为假的结论更可靠。如果反例真实且数量很多，我们还可以归纳出相反的结论。因而反例可以帮助我们修改或变更结论。积极寻找反例并引用它们来检验、修改或修正结论，是科学地运用归纳推理所应有的智识。

在运用归纳推理时，如果不注意扩大考察对象的范围，不注意结论断定的内容的多少，又不注意可能出现的反面事例，就作出一般性结论，其结论的可靠性就低，这样运用归纳推理就容易犯"轻率概括"的错误。

例如：20世纪60年代，有人发现，自1840年以来，凡尾数为"零"的那一年当选美国总统的，都没有活着离开白宫：1840年，威廉·亨利·哈里森当选为美国总统，在任期间就患病去世；1850年，沃伦·哈丁当选为美国总统，也于在任期间患病去世；1860年，亚伯拉罕·林肯当选为美国总统，在任期间被刺杀；先后于1900年及1960年当选为美国总统的威廉·麦金利及约翰·肯尼迪也都于在任期间被刺杀。便由此得出结论：凡在尾数为"零"的年份当选为美国总统的，都不能活着离开白宫。

这样的"归纳"便是"轻率概括",其结论很容易被反例所推翻。

二、归纳推理的应用

就依据前提得出结论具有"推测"的特点而言,归纳推理和回溯推理有相似之处。结论超出前提所断定的范围是所有非演绎推理的共同特征,从而使得非演绎推理的前提为真只能或然地推出其结论为真。正如我们不能忽视回溯推理在实际思维中的价值一样,归纳推理在思维中的作用也是不容否认的。在某种意义上说,科学离不开归纳。因为科学规律往往是以全称命题来表述的,而全称命题又往往是从各个个别命题中归纳而来的。正如回溯推理的结论有待进一步检验,归纳推理的结论也有待进一步检验。当我们慎重地从归纳推理中得出概括性结论之后,应注意考察是否有与结论不完全符合或相互矛盾的情况,使结论接受实践的检验,进而加以修正或否定。

对于如何正确地运用归纳推理,如何依据一定的观察前提得到恰当的结论,华罗庚曾在《数学归纳法》中作了非常通俗的说明: 归纳的技巧

从一个袋子里摸出来的第一个是红玻璃球,第二个是红玻璃球,甚至第三个、第四个、第五个都是红玻璃球时,我们立刻会猜"也许这个袋子里的东西全部是红玻璃球"。但当有一次我们摸到一个白玻璃球时,就会修正自己的猜想:"也许袋子里的东西都是玻璃球。"但当有一次摸出来的是一个木球时,我们又会修正自己的猜想:"也许袋子里的东西都是球。"……

在上述思维过程中,人们考察对象的范围越来越广,而且结论断定的越来越少,结论得到前提支持的程度就越来越强。当然,最后的结论还有待把袋子里的东西全部摸出来后再检验、修正。

第四节 求因果联系五法

一、概述

求因果联系五法,又叫作密尔(旧译穆勒)五法,是指判明因果联系的五种逻辑方法。这五种方法分别是:求同法、求异法、求同求异并用法、共变法、剩余法。我们介绍这五种方法,是因为从逻辑的眼光来看,每一种方法都是探求因果联系的非演绎推理。为了学习求因果联系的非演绎推理,我们先要弄清楚什么是因果联系。

自然界和社会中的各个现象都是互相关联、互相依赖、互相制约的。如果某个现象的存在必然引起另一个现象发生，那么，这两个现象之间就具有因果联系。其中，引起某一现象产生的现象叫作原因，被另一现象引起的现象叫作结果。例如，物体摩擦就会生热。"摩擦"和"生热"之间存在因果联系。其中，"摩擦"是"生热"的原因，"生热"是"摩擦"引起的结果。

因果联系的释义

因果联系是一种普遍的必然的联系。每一现象的出现都有引起它的原因，而只要原因一经出现，相应的结果就不可避免地随之出现。没有无因之果，也没有无果之因。但是，因果联系又是具体的、特定的；不是任何两个现象之间都存在因果联系。例如，不能认为非洲羊群的增加和癌症发病率的增高之间也存在因果联系。即使是先后相继的现象之间，也并不都存在因果联系。例如，一年四季，春天总是先于夏天，但春天并不是夏天的原因。

因果联系是确定的。这种确定性在质的方面表现为：在一定的条件下，特定的原因会产生特定的结果。例如，在标准的大气压下，水的温度上升到100℃以上就会变成蒸气。因果联系的确定性在量的方面表现为：当原因发生一定量的变化时，结果也随之发生相应量的变化。例如，在标准大气压下，当水温上升到100℃之后，随着温度的增高，水变为蒸气的量也随之增大。

因果联系在质和量上的表现

因果联系的知识在应用上十分重要。人们为了追求特定的结果，总是先促成导致它的特定原因发生。例如，农民为了获得丰收而追求充足的阳光、适量的水分等。为了阻止有害的结果，人们总是努力消除产生它的相关原因。例如，医生为了治病救人而扼制或消除某种病菌。司法实践中也大量运用因果联系的知识。例如，要使被告承担法律责任，就必须证明其违法事实与特定的危害结果之间存在因果关系。

正因为因果联系的普遍存在和大量运用，关于因果联系的认识就举足轻重，因而人们探索并积累了寻求因果联系的方法。基于因果联系往往是先后相继的，人们在探寻因果联系时，必须在被研究对象出现之前存在的各个情况中去寻求它的原因。这种在某个现象之前存在的情况叫作"先行情况"，人们也必须在被研究现象出现之后才出现的各个情况中去寻求它的结果。这种在某个现象之后出现的情况叫作"后行情况"。在以后的论述中，我们将"先行情况"和"后行情况"统称为"有关情况"。基于因果联系不仅表现在质的方面，还表现在量的方面，人们还从被研究现象量的变化和有关情况相应的量的变化之间去寻求因果联系。由于因果联系是复杂多样的，在各个不同的领域中，都有各自

"有关情况"释义

不同的寻求因果联系的方法。英国哲学家约翰·斯图亚特·密尔在他的《逻辑体系》中提出的求因果联系的方法是对人们长期以来对因果联系的探索的系统说明，他总结的这几种方法是比较简单的、但具有普遍意义的方法。后人将这几种方法称为求因果联系五法。

二、求同法

求同法是这样探寻因果联系的：如果在被研究现象出现的几个场合中，其他有关情况都不相同，只有一个情况是共同的，那就得出结论：这个唯一相同的情况与被研究的现象之间有因果联系。

一般用 a 表示被研究现象，A、B、C、D、E 分别表示被研究现象出现的场合中的情况。

求同法可以用公式表示为：

场合	有关情况	被研究现象
①	A、B、C……	a
②	A、B、D……	a
③	A、C、E……	a
⋮		

因此，A 与 a 之间有因果联系

上述公式中，以场合①为例，它表示某个具体的场合，在这个场合中，情况 A、B、C 出现，现象 a 也出现。

如前所述，因果联系一般是先后相继的。如果情况 A 是现象 a 的原因，那么，A 情况在先，a 现象随后相继。据此，在 a 现象出现的场合中，如果没有 A 情况出现，那么，可以断定：A 和 a 之间没有因果联系。在上述公式中，场合①说明情况 A、B、C 引起现象 a；场合②说明情况 C 不是现象 a 的原因，因为在这个场合中，C 不出现但是现象 a 却出现了；场合③说明情况 B 不是现象 a 的原因，因为在这个场合中，情况 B 不出现但现象 a 却出现了。比较三个场合，我们便得出结论：情况 A 与现象 a 之间有因果联系。

例如：20 世纪初，科学家为了了解甲状腺肿大的原因，对这种疾病流行的地区进行了调查研究、分析、比较，结果发现这些地区的人口、气候、地理位置等各不相同，但有一个共同的情况，就是这些地区的饮用水源和土壤水流中都缺碘。由此，科学家得出结论：缺碘是引起甲状腺肿大的原因。

科学家在寻求甲状腺肿大的原因时运用的就是求同法。

求同法的特点是异中求同。在被研究现象出现的几个场合中，其他有关情况都不相同，只有一个是相同的，从而利用这种异中求同的方法得出结论：该情况与被研究现象之间有因果关系。

例如：在对某车间的调查中发现，有5个工人的工作效率明显低于同工种的其他人，为了进一步调查这5个工人效率低的原因，研究人员发现这5个工人的其他情况各不相同，但有一点是共同的，即他们都没有参与自主管理。调查研究者最后得出结论：自主管理和工作效率之间有因果联系。

利用求同法得出的结论不必然为真。因为在观察到的几个场合中的那个共同情况，可能和所研究的现象毫无关系。

例如：某人连续三个晚上整夜失眠，他寻找了有关情况：第一天晚上看了2小时书、喝了几杯浓茶；第二天晚上看了2小时书、吸了许多香烟；第三天晚上他看了2小时书、喝了大量咖啡。据此，他利用求同法得出结论：看了2小时的书使他失眠。后经朋友提醒发现：虽然喝浓茶、吸许多烟、大量饮用咖啡表现为不同的情况，但其中包含一个共同属性：摄入大量兴奋性物质，而这一点才是失眠的真正原因。

另外，在观察到的几个场合中，可能包含被忽视了的共同的有关情况，而这个被忽视了的共同情况可能恰恰与被研究的现象之间有因果联系。

例如：过去人们曾经根据若干不同地区的沼泽地带都流行疟疾，推断沼泽的存在是流行疟疾的原因。后来，经过进一步研究发现，人们在考察时忽略了疟蚊在这些地区大量滋生，疟蚊叮吸疟疾病人以后成为疟原虫中间宿主这一现象，而这才是这些地区流行疟疾的真正原因。

在实际生活和科学研究中，背景知识的缺乏以及科研条件的不足，有可能使我们不能恰当地选择相干情况或者把真正的原因当作不相干的情况而忽略。为了提高求同法得出结论的可靠性程度，要注意对各个场合中的共同情况加以分析，不仅要注意到各场合中是否还有其他共同情况，也要注意各场合中唯一的共同情况是否的确与被研究的现象有因果联系。另外，要尽量增加可以比较的场合，观察的场合越多，结论的可靠性越大。如果比较的场合少，就可能出现"不相干情况"（与被研究现象之间并无因果联系）是各场合的共同情况，随着观察场合的增多，"不相干情况"成为各场合中共同情况的可能性随之减少。例如，人们把日食、月食、彗星的出现看成灾难的原因的迷信说法，正是把少数巧合情况中的"不相干情况"当成被研究现象的原因了。随着遇到这些自然现象的机会的增多，人们就破除了上述迷信思想。

三、求异法

求异法是这样寻求事物间因果联系的：如果在被研究的现象出现和不出现的两个场合中，其他有关情况都相同，唯有一个情况不同，该情况在被研究现象出现的场合出现，在被研究现象不出现的场合也不出现，那就得出结论，该情况与被研究现象之间有因果联系。

求异法可用公式表示如下：

场合	有关情况	被研究现象
①	A、B、C	a
②	–、B、C	–

因此，A 与 a 之间有因果联系

上述公式中，"–"表示某情况或某现象不出现。场合①说明 A、B、C 是 a 的原因，场合②说明 B、C 不是 a 的原因，因为情况 B、C 出现而现象 a 在这个场合中不出现。比较场合①和场合②便可得出结论：情况 A 是现象 a 的原因。

例如：为了探寻黄热病是不是由带病毒的蚊子传播的，人们设计了这样一个实验。在两间蚊子没法自行进入的房屋中，分别放置了黄热病人睡过的（未经清洗的）床单、用过的脸盆等器具，这些东西都染有黄热病人的呕吐物、排泄物。这两个房间唯一不同的是一个放置了叮咬过黄热病人的蚊子，另一个则没有。然后让两个身体状况相同的志愿者分别进入这两个房间起居生活，而且这两个志愿者都被证明是对黄热病没有免疫力的。结果，几天以后，有蚊子的房间里的志愿者染上了黄热病，而没蚊子的房间里的志愿者没染上黄热病。对于上述两个身体状况相同的志愿者而言，染上了黄热病和没染上这种病的志愿者其他各种条件完全相同，只是一个被带病毒的蚊子叮咬过而另一个没有。

这个实验就是通过求异法发现了黄热病是通过带病毒的蚊子传播的。

求异法的特点是同中求异。在被研究现象出现和不出现的两个场合中，其他有关情况都相同，只有一种情况不同，从而断定这种情况和被研究的现象之间有因果联系。由于求异法考察了被研究现象出现和不出现的正、反两个场合，而且要求除了正面场合中有某一情况而反面场合没有这一情况外，其他情况都相同。求异法对考察的场合的要求是严格的，因而求异法得出的结论的可靠性比求同法得出的结论的可靠性更大。求异法在科学实验中得到广泛运用。因为在自然条件下，别的情况都相同，只有一个情况不同，这样的场合是很少见的，而由人工控制的

同中求异

实验则比较容易做到这一点，因而结论也较为精确。

以前有的心理学家曾经认为：盲人的面部皮肤感觉灵敏，因而使用面部皮肤感知空气的回流来躲避障碍物。但另有心理学家试验把盲人的面部用毯子遮住，结果发现他们仍能避开障碍物。这个试验推翻了"盲人面部神经灵敏"的结论。心理学家进一步实验，当把盲人的耳朵塞住或让他们赤脚在地毯上行走，他们便丧失了回避障碍物的能力。这个实验揭示出盲人具有高度发达的听觉能力。心理学家关于"盲人听觉发达"的结论就是求异法的成功运用。当盲人发挥听觉能力时就能避开障碍物，当盲人成为"聋子"时便不能避开障碍物。由此得出结论：高度发达的听觉功能是盲人回避障碍物的原因。

求异法有时也会被误用，主要原因是"唯一不同的情况"找不准。很可能考察的这个"唯一不同情况"与被研究现象之间并无实质联系。在这种情形下，即使在正、反两个场合中只找到一种情况不同，该情况和被研究的现象之间也没有因果联系。

例如：在对离体的青蛙心脏进行实验时，生理学家通常使用生理盐水作为灌注液。用这种方法可以使青蛙的心脏继续保持约半小时的跳动。一次在伦敦大学医院，生理学家格林发现他做实验用的青蛙心脏连续跳动了好几个小时，他非常惊讶。为了找到青蛙的心脏跳动时间延长的原因，他分析了以前的实验和这次实验，能想到的唯一原因便是季节的影响。因为看来只有季节的不同才是这次实验和以前实验之间的区别。于是，他把这个结论写进实验报告。但后来他又发现，他的实验助手在后面这次实验中制作盐水溶液时，用的不是蒸馏水而是自来水。根据这条线索，格林先生又断定是自来水中含有的某些微量元素导致青蛙的心脏跳动时间延长。后来的多次实验证明，格林先生的第二个结论是正确的。他的第一个结论之所以错误，就是由于在考察前后实验的场合时，没有找准确各个场合中"唯一不同"的情况。

在运用求异法时，为了提高其结论的可靠性程度，要注意分析两个场合中有无其他差异情况，以便真正确定"唯有一种情况不同，其他情况都相同"。

提高结论的可靠性程度

四、求同求异并用法

求同求异并用法是这样寻求事物之间的因果联系的：如果在被研究现象出现的几个场合中都有某一情况出现，而在被研究现象不出现的几个场合中都没有这种情况出现，那就得出结论：该情况与被研究的现象之间有因果联系。

求同求异并用法可以用公式表示为：

场合		有关情况	被研究现象
第一组	①	A、B、C……	a
	②	A、B、D……	a
	③	A、C、E……	a
第二组	①	B、C、E……	—
	②	D、O、H……	—
	③	C、F、I……	—

因此，A 与 a 之间有因果联系

我国古代著名医学家孙思邈是世界上第一个发现脚气病的病因和治疗方法的人。他发现脚气病病因的思维过程是这样的：得脚气病的往往是富人，穷人患此病的很少。他通过进一步的观察、比较后发现，穷人的劳作、生活等情况各有差别，但穷人的食物中多米糠、麸皮；富人的生活情况各有差别，但富人吃得精细，白面都是把米糠、麸皮去净。于是，他得出结论：富人得脚气病是由于缺少米糠、麸皮引起的。他试着用米糠、麸皮来治脚气病，结果很灵验。孙思邈发现脚气病病因的思维过程就是运用求同求异并用法来寻找因果联系的。

求同求异并用法的特点是将考察的各种场合分为对比的两个组（与求异法考察两个场合不同）。这两个组分别是被研究现象出现的场合和被研究现象不出现的场合（与求同法只考察被研究现象出现的一种情形不同）。通过对两组对象的考察，分析相同的情况、区别不同的情况，从而寻找因果联系。具体地说，这一思维过程可以分为三步：

第一步，考察被研究现象出现的一组场合，都有一个共同情况出现，这是一次求同，如上例中的"富人吃的面、米中缺少麸、糠"。

第二步，考察被研究现象不出现的一组场合，都没有这种情况，这又是一次求同，如上例中的穷人的食物中都不缺糠、麸。

第三步，将上面考察的两组情况进行对比分析，发现被研究现象出现的场合都有某种情况出现，被研究现象不出现的场合都没有该情况出现，这里运用了一次求异。从而得出结论：该情况与被研究的现象之间有因果联系。如上例中的"缺少米糠、麦麸引起脚气病"。

所以，求同求异并用法是两次运用求同、一次运用求异从而得出结论的。

两次求同
一次求异

求同求异并用法不同于求同法和求异法的相继运用。这里的"求同求异"和求同法、求异法中的"求同""求异"不是在完全相同的意义上使用的。这里的"求同"是一次正面场合的求同、一次反面场合的求同。这里的"求异"也不像求异法中那样要求严格控制两个场合的情况，使得除一个不同以外，其他都必须相同。所以，求同求异并用法运用起来往往比求异法更具可操作性。在社会实践中，求同求异并用法比求异法得到更广泛的运用。

求同求异并用法的结论也是或然的。与求异法一样，人们在考察相关情况时，可能忽视本是相关的情形。例如，曾经有一个学生，每当上课时就头痛，而不上课就没有该症状。他就断定：上课是自己头痛的原因。但经大夫检查，他有一副对自己不合适的近视眼镜，而且只有在上课时他才戴眼镜。实际上，不合适的眼镜才是他头痛的原因。这个学生给自己的头痛寻找原因时用的是求同求异并用法，但他并没有准确地找到原因。

在运用求同求异并用法时应尽量在每组中考察更多的场合。另外，被研究现象不出现的那一组场合的情况应尽量与被研究现象出现的场合的其他情形相似，以便两组场合进行比较。否则，被研究现象不出现的场合是大量的，但它们对于寻求因果联系的工作往往没有促进意义。

提高结论可靠性程度

五、共变法

共变法是这样寻求因果联系的：如果在被研究现象发生变化的几个场合中，其他有关情况都不变化，唯有一种情况相应地发生变化，那就得出结论：这种相应变化的情况与被研究的现象之间有因果联系。

共变法可以用公式表示为：

场合	有关情况	被研究现象
①	A_1、B、C……	a_1
②	A_2、B、C……	a_2
③	A_3、B、C……	a_3

因此，A 与 a 之间有因果联系

在上述公式中，"a_1、a_2、a_3"及"A_1、A_2、A_3"分别表示被研究现象和某有关情况在不同场合中的量上有变化。

前面介绍的三种求因果联系的方法要求考察被研究现象"出现"或"不出现"的情形。共变法的用途则突出地体现在不可能使得被研究现象处于纯粹的"出现"或"不出现"状态时。实际上，很多对象都不能处于这种"纯粹"的状态，如海洋的温度、黄金的价值、犯罪率、冰川的大小、人的血压等。在寻求诸如此类事物的因果联系时，往往使用共变法。密尔举的应用这个方法的例子是关于海洋潮汐与月亮引力之间关系的推理：

密尔提出：我们既不能把月亮移开以便确定这样做是否把潮汐也一起消除了；我们也不能证明月亮的出现是否是伴随潮汐的唯一现象，因为与此同时总有星星出现，我们也不能把星星移走。但我们却能证明，潮汐随月亮的变化而变化。即月亮的位置的变化总是引起潮汐的时间、地点的变化。每次潮汐都有下述两件事之一出现：或者月亮在离潮汐出现的地方最近的位置上，或者月亮在离潮汐出现的地方最远的位置上。因而，我们得出结论：月亮是（或部分是）引起海洋潮汐现象的原因。

共变关系有同向共变和异向共变两种。

所谓同向共变，是指如果原因作用的情况的量一直递增，那么结果即被研究现象的量也随之递增。

同向共变

例如：马克思在《资本论》中说明的资本和利润之间的关系：资本害怕没有利润或利润太小，就像自然界害怕真空一样。一旦有适当的利润，资本就胆大起来。如果有 10% 的利润，它就保证到处被使用；有 20% 的利润，它就活跃起来；有 50% 的利润，它就铤而走险；为了 100% 的利润，它就敢践踏一切人间法律；为了 300% 的利润，它就敢犯任何罪行，甚至是冒绞首的危险。

这段话，就用共变的方法说明了资本对于利润的追逐。上例的共变是同向共变，因为作为原因的量递增，作为结果的量也随之递增。

异向共变

异向共变是指如果原因作用的量一直递增，那么，结果在量上就一直递减。

例如：美国的生理学家雅克·洛布等人发现的气温与果蝇寿命之间就是异向共变关系。当其他条件不变时，在 26℃ 时，果蝇只能活 35~50 天；在 18℃ 时，果蝇可以活 100 天；在 10℃ 时，果蝇可以活 200 多天。

因果联系的共变关系有时始终是同向的，有时始终是异向的，但不尽然。

例如：农作物的密植程度和产量在一定范围内是同向变化，越密植越增产，但超出一定的范围，就会反向变化，越密植越减产。

共变推理有其他求因果联系推理不可替代的作用。在社会生活或科学实验中，有些待研究现象不易或无法控制到"不出现"的状态，这时就不能使用求异法或求同求异并用法。当与研究现象有关的情况中，有较多是不易或无法控制到"不出现"的状态时，就不能用求同法。

依据量的变化求因
果联系

在这些情况下，我们可以使用共变法，使那些不易消除或无法消除的现象的属性发生数量或程度上的变化，从而寻求其间的因果联系。前面介绍的三种方法是从质的角度去研究对象间因果联系的，共变法则是从量的角度去寻求因果联系的。

共变法的用途很广泛。例如，为了诊断某乙的高血压，大夫发现随着某乙血压的升降，总会伴随着脑波强弱的变化。大夫根据血压和脑波之间的这种共变现象得出结论：血压和脑波之间有因果联系。至于是血压的升降引起脑波的变化或者相反，或者这两个现象由某一共同原因引起，还有待进一步研究。利用共变法，人们作出了许多发现，如抽烟与肺癌、饮酒与肝硬化之间的因果联系，都是运用共变法探求出来的。

但并不是任何有共变关系的现象间都有因果联系。例如，曾经有人发现随着冰箱产量的增加，肺结核的发病率也升高，于是认为冰箱的生产、使用与肺结核之间有因果联系，这个结论显然是不可靠的。

在运用共变法时，我们要注意与被研究现象发生共变的情况是不是唯一的。如果除了我们注意到的情况外，还有其他与被研究现象共变的情况，我们所得出的被注意的有关情况与被研究现象有因果联系的结论的可靠性程度就降低了。例如，某城市在治理交通违章的过程中，多次修改了对违章现象的处罚政策，而且处罚得越来越严，结果发现，交通违章现象越来越少。有人便由此得出结论：出台严厉处罚政策对治理违章有良效。但是如果该城市在治理交通违章时，不仅有相关政策出台，而且一方面不断增加交警岗位，另一方面不断深化安全教育，上述结论的可靠性程度就大大降低了。

六、剩余法

剩余法是这样寻求因果联系的：如果已知某一复合现象与另一复合现象之间有因果联系，又知前一现象中某一部分与后一现象中某一部分有因果联系，那就得出结论：前一现象的剩余部分和后一现象的剩余部分之间有因果联系。

剩余法可以用公式表示为：

A、B、C……与 a、b、c……之间有因果联系；

B 与 b 之间有因果联系；

C 与 c 有因果联系；

……

_____

因此，A 与 a 之间有因果联系

居里夫人对放射性元素钋和镭的发现就是运用剩余法的著名实例:

自18世纪末以来,随着新元素铀及其具有放射性的发现,引起了科学家对于放射性研究的热潮。居里夫人在对放射性的研究中发现沥青铀矿的放射性强度比依据该矿石中含铀量推算出来的放射性强度大得多。据此,居里夫人推测:在这些铀矿石中还有未知的放射性元素。经过进一步研究,居里夫人又从沥青铀矿中提炼出沉淀物,并从其沉淀物中发现了两种比铀放射性更强的元素,分别给它们命名为镭和钋。

使居里夫人获得诺贝尔奖的这两个新的放射性元素的发现过程,是一个不断探索和艰辛劳动的过程。但从思维的角度而言,剩余法在其中起到了重要的作用:既然铀含量所具有的放射性强度只是现在测到的放射性强度的一部分,那么,一定还有某种未知的元素是剩余的放射性的原因。

运用剩余法的另一个著名例子就是导致海王星发现的研究。按照牛顿经典理论,人们能预测任何行星在任何时候的准确位置。对于天王星以外的一切行星,上述观点都被证明是正确的。但天王星的实际轨道同计算预测的轨道差距不能归为计算误差。针对这种情况,法国天文学家勒费里埃提出:天王星轨道的偏差是由天王星之外的另一未知行星的引力所致。他还依据这种假设计算出了这颗新行星(这颗新行星被命名为海王星)的位置。后来,天文学家在他预测的位置上准确地寻找到了这颗新行星。

剩余法的运用很广泛,其简单实例就是称量货物时所运用的。在称量不便逐一计重的物体时,人们总是先称出容器本身的重量,然后称出装进所要称量的物体后容器的重量,再用后面称出的重量减去容器本身的重量,得到的就是要称量的物体的重量。

剩余法的结论是或然的,因为在复合情况 A、B、C 和复合现象 a、b、c 之间,必须能确定 B、C 和 b、c 之间确有因果联系,而且剩余部分的结果(a)不可能由 B、C 引起。若剩余部分也是由 B、C 之一(或共同作用)而引起的,则关于 A 与 a 之间有因果联系的结论就有失误。另外,剩余部分的结果可能不是由单一原因引起的,而是由复合原因引起的。在上例中,居里夫人在发现了放射性元素镭之后,并没有停止实验,直到找到全部原因,即又发现了放射性元素钋。在上例中,可以看出,沥青铀矿石的放射性在比沥青铀矿中所含的铀的放射性更强,是由镭和钋这两种元素的放射性所致。

探求因果联系的五种方法是人类在认识和发现过程中的有效工具。求同法,可以根据若干不同场合中仅有的一种共同情况来推论该情况与被研究现象之间有因果联系。求异法,可以运用于人工控制的实验过程，人工实验可以选择、控制正、反两个场合，还可以重复进行，因而求异法的结论比求同法的结论可靠性程度更高。求同求异并用法，既吸取了求同法与求异法的优点，也在正负的事例组中扩大了考察场合，这些都有助于提高结论的可靠性程度。共变法，可以依据现象之间一定量的共变关系进行定量分析。剩余法，渗透着演绎推理中选言推理的否定肯定式的要求，结论为真的可靠性程度较高。当然，"五法"的前提都不蕴涵结论，通过"五法"从前提得出结论都不具有必然性。

求因果联系五法在不同程度上使用了消除归纳法。所谓消除归纳法，是根据它所研究的对象有选择地安排事例或实验，然后根据比较，排除某些相关情况作为被研究现象的可能原因。具体地说，求同法就是消除 B、C、D、E 等情况作为 a 现象的原因。求异法就是消除 B、C 作 消除归纳法
为现象 a 的原因。求同求异并用法在两次求同、一次求异的过程中多次运用了消除归纳法。共变法和剩余法也都是消除了 B、C 情况作为现象 a 的原因。这里，"消除"的依据在于：如果情况 B 出现而现象 a 不出现，或者情况 B 不出现而现象 a 出现，B 就不可能是 a 的原因。仅就在安排好的实验中运用"消除"法而言，运用的是演绎推理中选言推理的否定肯定式。但由于人们在安排实验时囿于已有的知识，对于被研究现象的相关情况的安排很可能有遗漏或偏差。例如：如果实际上 A 和 B 共同出现才是现象 a 的原因，前述"消除"就是可错的。因而，运用这些方法从前提得出结论并不可靠。

第五节　类比推理

一、什么是类比推理

类比推理，是根据两个或两个以上的事物在某些属性上相同，从而推出它们在其他属性上也相同。

若用 A 和 B 分别表示两个不同的事物，用 a_1、a_2……a_n 和 b 分别表示几个不同的属性。

类比推理的形式可以表示为：

A 有属性 a_1、a_2……a_n，b

B 有属性 a_1、a_2……a_n，

───────────────

　　因此，B 也有属性 b

例如：罗马体育馆的设计师，分析了人的头盖骨的结构和功能。他

发现，人的头盖骨由 8 块骨片组成，形薄、体轻，但却比较坚固。他在体育馆的设计中，也用 1620 块形薄、体轻的构件组成顶形，按照这种设计施工后的结果证明：其结构是坚固的。罗马体育馆的设计师在从事这项设计工作时，就是在体育馆的结构和头盖骨的结构以及其功能之间进行类比。

类比推理的客观依据是事物之间的同一性和相似性。正是由于事物的同一性、相似性，人们才能对事物进行概括，形成类概念，才能对事物作出比较，进行类推。然而，事物之间除了同一性、相似性外，还存在差异性。正如德国大诗人歌德曾说的："世界上没有完全相同的两片树叶。"虽然事物在某些属性上相同或相似，但无法保证他们在另一属性上也相同或相似。因此，类比推理中前提对结论的支持是或然的。即使前提为真，类比推理的结论也不一定为真。

类比推理分为正类比推理和负类比推理。所谓正类比推理，是依据两个（或类）对象若干属性相同或相似，又已知其中一个（或类）对象还有某种属性，从而推出另一个（或类）对象也具有该属性的推理。上例就是正类比推理。再如，人们把海豚的大脑和猿猴的大脑相比较时发现：二者绝对重量大，相对重量也大，都有广泛的沟回，而已知猿猴是有智能活动的，由此推知海豚也有智能活动。所谓负类比推理，是依据两个（或类）对象都不具有某些属性，又知其中一个（或类）对象还不具有某种属性，从而推出另一个（或类）对象也不具有该属性的推理。例如，我国古代有一个著名案例：

> 有一妇人杀死丈夫，又放火烧毁房屋，声称其夫因火烧而死。但其夫家产生怀疑，跑到县里告状，说是妇人杀害了丈夫，但妇人不承认。于是，判官要来两头猪，一头当场杀死，另一头用绳索捆绑起来，同时把这两头猪放进干柴堆里，点火燃烧，结果发现当初的活猪嘴里有灰，而死猪嘴里无灰。然后检验男人的尸体，发现死者口中无灰。实验比较之后再审问，妇人只好低头认罪。判官在审案时就是拿杀死又经焚烧的猪和男人的尸体相比较，发现前者口中无灰，后者口中也无灰，因为前者不是烧伤致死的，所以，后者也不是被烧伤致死的。

类比推理在人们的认识中具有重要的意义。科学技术的许多发现和发明创造都是借助类比推理而获得的。例如，惠更斯提出光的波动说，就是与水波、声波类比而受到的启发。飞机、潜水艇的最初设计与制造，也是因与鸟类、鱼类等类比而受到启迪。

类比推理还有一个不可忽视的作用。有时人们不便或不可能对某个领域的对象进行研究，因此，就研究相关相似领域的对象，然后进行类比推理。例如，医药学家要对某种有毒性的新药进行药理试验，以考察它对人类某种疾病的有效性。由于医疗道德等因素，医药学家不能一开始就对病人进行试验，所以，通常就用白鼠、猴子、大猩猩等做试验，然后通过类比推理来推断该药对人类疾病的疗效。

类比推理是通过对事物之间的比较而得出结论，但它不同于比较。比较只是一种比较同异的方法，没有以此为前提得出新结论，因而不是推理。类比推理也不同于语言表达中的比喻。比喻只是用具体的、为人所熟知的知识去说明抽象的、深奥的道理，比喻也不是推理。

二、类比推理的应用

人们在日常生活中大量运用类比推理。例如，当你所买的一双鞋穿起来很舒适，你下次买鞋还会买同一厂家生产、同一品牌、同一号码的鞋，而且预测新买的鞋穿起来也会舒适，这种思维过程实际上是根据买过的鞋和新买的鞋之间的许多属性（生产厂家、品牌、号码）都相同，从而推出它们在"穿起来舒适"这一点上也相同。根据同样的思维活动，人们会去购买一本新书、一盘新录音带，原因是该作者的其他作品让你受益、该歌手的其他歌曲令你喜欢。类比推理在日常生活中被大量运用，让人们相信美好的过去会在将来重现。

在现代科学研究和生产实践中，由于模拟方法的采用，使得类比推理突破了原有那种自然式的或自发式的框架，使类比推理的运用展现了更加广阔的前景。模拟方法是在受控情况下（通常是在实验室，现在也常在电脑中）用较简单的过程模拟较复杂的过程，或者用较小、较简单的模型模拟自然界大规模的现象（如台风的演变）或人们将要创造的巨大的、复杂的工程（如三峡水库）。例如，在汽车制造业中，为检验汽车的一种新的安全装置究竟有些什么优点，把高度逼真的模型人用于汽车的冲撞试验，从而预测其对一个真正的人可能造成的损伤程度。

类比推理不仅是一种认识的方法、发现的方法，也是人们进行论证的有效方法。

例如，范缜在《神灭论》中证明自己的观点时就运用了一个类比推理，即灵魂好比刀的锋利，肉体好比刀的刃口，如果没有刀刃，哪有其锋利？

类比推理在反驳的过程中也经常被运用。例如，加拿大前外交官切斯特·朗宁，出生于中国襄樊市。他回国竞选省议员时，反对派说他是喝中国奶妈的奶长大的，具有中国血统。他在答辩中说："诸位都是喝牛奶长大的，不都具有牛的血统了吗？"这位外交官所作的效果显著的反驳，运用的是一种类比方法。他和反对派所运用的推理形式完全相同（喝谁的奶就具有谁的血统），他运用这个论证方式构造了一个推理，其前提为真，而结论不能为反对派所接受（为假）。运用这种类比推理的方式进行反驳比直接指出对方推理形式无效更有说服力，更能让对方放弃他原有的观点。但运用这种方法进行反驳时，我们必须做到：①要与对方的推理形式一致；②要运用这种推理形式构造一个前提为真而且结论为假的推理。

尽管类比推理应用广泛，但通过类比推理从前提得出结论是或然的。

提高类比推理结论可靠性程度，要注意以下两点：①前提中事物间的相同属性或相似属性越多，结论的可靠性越大。②类比对象间相同属性（a_1，a_2，…，a_n）与类推属性（b）之间关系越密切，结论的可靠性程度就越大。只有推出属性与前提中的相同属性之间有本质上的联系时，结论才会是正确的。否则，仅依据两种事物间外在相似而推出其他属性也相似，便容易得出错误的结论。例如，神学者曾拿宇宙和钟表类比，钟表是许多部分构成的和谐整体，宇宙也是由许多部分构成的和谐整体；钟表有其制造者，因而宇宙也有其制造者。以这样的类比来证明上帝存在是难以令人信服的。

提高结论的可靠性程度

□小　结

本章阐述了非演绎推理，包括回溯推理、归纳推理、求因果联系五法、类比推理。其主要内容是：

一、概述

概述 $\begin{bmatrix} 演绎推理和非演绎推理 \\ 非演绎推理的作用 \end{bmatrix}$

二、回溯推理

回溯推理 $\begin{bmatrix} 回溯推理释义 \\ 回溯推理的应用 \end{bmatrix}$

三、归纳推理

归纳推理 $\begin{bmatrix} 归纳推理释义 \\ 归纳推理的应用 \end{bmatrix}$

四、求因果联系的五种方法

求因果联系五法
- 求同法
- 求异法
- 求同求异并用法
- 共变法
- 剩余法

五、类比推理

类比推理
- 类比推理释义
- 类比推理的应用

□练习与思考

一、名词解释

1. 非演绎推理
2. 回溯推理
3. 归纳推理
4. 求因果联系五法
5. 类比推理

二、练习题

分析下列实例，指出它们各属于何种非演绎推理：

1. 某甲失踪多日，后在水库发现其漂浮的尸体。因他家近期连遭不幸，公安人员怀疑某甲是自杀身亡。

2. 某一中年男子踉跄地从身边走过，而且满身散发着薰人的酒气，英子厌恶地想：这个人喝醉了酒。

3. 侦查实践表明，甲犯作案有一定动机，乙犯作案有一定的动机，丙犯作案有一定的动机……可见，犯罪分子作案都是有一定的动机的。

4. 在非洲进行考察的动物学家们，通过几年的观察，看到狮子吃饱后总是懒洋洋地躺在地上。于是得出结论：所有的狮子吃饱后都懒得动。

5. 有一年夏天，某市公安部门连续接到举报：在公共汽车上，青年女子的腿经常被人用刀划破。公安人员接到举报后做了大量调查，却没有查明作案人。后来，办案人员分析：每一次出事时的受害者、作案时间、作案地点各不相同，但每次都有一个戴蓝帽子的男子在出事现场，积极帮助受伤女子。有几次，还是这个男子来公安部门举报的。办案人员经过分析，怀疑这个男子就是使女青年受害的人。后经暗中追踪发现，果然是他。原来这个男子有一个漂亮但双腿瘫痪的妻子，每当他看见青年女子健美而行动自如的腿时，便替妻子感到嫉妒。但用刀划伤无辜者后，他又后悔，因而又帮助她们，并去举报。

6. 人们在寻求七色彩虹的形成原因时，发现：雨后天晴出现彩虹；太阳光线通过三棱镜也出现虹的各种颜色；晴天在瀑布的水星中、在船桨打起的水花中，都可以看到虹的色彩，都能观察到与虹相似的现象。在上述出现虹的色彩的各种不同场合中，其他情况各不相同；只有一个情况是共同的，即光线通过球形或菱形的透明体。因而得出结论：光线通过球形或菱形的透明体是形成虹的七色光彩的原因。

7. 两个相同的白鼠被安置在相同的环境中做实验。给两只白鼠分别喂了数量相同的四种食物。但给其中一只喂了一种药而给另一只没喂这种药。不久，喂了那种药的白鼠变得紧张和不安，而另一只则没有这种表现。于是，研究者得出结论：该药是引起白鼠紧张的原因。

8. 美国纽约州立大学的两位女生物学家在亚历桑纳州山区研究一种蜥蜴，发现这种蜥蜴头顶上有第三只眼，可以辨别方向。为了证实这一点，她们做了一项实验。两位女生物学家共抓了 80 只蜥蜴，给其中的 40 只头上涂上油漆，其余 40 只未涂，再将这 80 只蜥蜴全部带到和它们住家相隔 150 米远的地方。结果发现，未涂油漆的蜥蜴，不到半个钟头的时间就可以找到家，但是头上涂过油漆的蜥蜴，始终未找到归途。通过实验，她们得出结论：正是长在头顶上的第三只眼，使这种蜥蜴可以辨别方向。

9. 在一千多年之前，埃塞俄比亚的凯夫镇上有个牧羊人一天到一块新的草地上去放牧。放牧回来时，他发现羊一反往常，兴奋而疯疯癫癫，到处乱跑。多年的放牧经验让他想到可能是新草地上的草导致羊一反常态。他对新旧两种放牧草地的草进行比较，发现新草地上有一种从未见过的草，开着白花，结着浆果。又经过反复实验，发现就是这种新的草使羊兴奋。后来，这种植物的浆果就成了制作咖啡的原料。

10. 一位犯罪学家通过比较发现，就业率的波动和盗窃罪发案率起伏之间有共变现象。当就业率升高的时候，盗窃率降低；当就业率降低的时候，盗窃率升高。这位犯罪学家得出结论：失业是引起盗窃罪发生率升高的原因。

11. 曾经有两位化学家，他们发现空气中氮的重量达每升 2.3012 克，而从其他化合物中观察到的每升氮的重量只有 2.2990 克。他们由此猜想：空气中氮的"多余的重量"一定是某个同氮相结合的未知元素的重量。后来，化学家们经多次实验发现确实有这种元素存在，它就是氩。

12. 传说我国古代鲁班，有一次上山砍树，手指被野草的叶子划伤。他发现这些叶子的边缘有许多锋利的小齿，于是就在铁片上制作了许多相似的小齿，发明了人们沿用至今的锯子。

13. 美国物理学家富兰克林发现，闪电与摩擦产生电的现象有许多相似之处：它们都发光，光的颜色相同；电摩擦产生的电火花和闪电的形状都呈弯曲的方向；二者都是瞬时产生，所发的光都能使物体着火，都能熔解金属，都能杀死生物体；等等。于是他得出结论：闪电是空中的放电现象。后来，富兰克林和他儿子在费城做了著名的风筝实验，验证了他的结论。也是在这个基础上，富兰克林发明了避雷针。

三、思考题

1. 演绎推理和非演绎推理的主要区别是什么？

2. 为什么说回溯推理结论是可错的？怎样提高回溯推理结论的可靠性程度？

3. 为什么归纳推理结论是可错的？怎样提高归纳推理结论的可靠性程度？

4. 为什么求因果联系推理的结论是可错的？怎样提高每一种求因果联系推理结论的可靠性程度？

5. 为什么类比推理结论是可错的？怎样提高类比推理结论可靠性程度？

第六章

逻辑基本规律

■学习目的和要求

通过本章学习，要求学生

● 重点掌握：同一律的内容和要求；矛盾律的内容和要求；排中律的内容和要求。
● 掌握：违反同一律的逻辑错误；违反矛盾律的逻辑错误；违反排中律的逻辑错误。
● 一般了解：逻辑基本规律在法律工作中的应用。

第一节　同　一　律

一、什么是同一律

同一律是指任何一种思想都具有确定性，是什么就是什么，是真的就是真的，是假的就是假的。通常表达为：A 是 A。

同一律要求在同一思维过程中，一种思想必须保持自身的确定和同一。如俗话所说："说一是一，说二是二。"

这里的"思想"，是指用来表达思想的词项或命题。

就词项而言，遵守同一律就是要求保持其确定的内涵和外延。在同一思维过程中，一个词项指称什么对象，具有什么内涵，应当是确定的、前后一致的。例如：

所有犯罪行为都具有严重的社会危害性，故意杀人是犯罪行为，所以，故意杀人具有严重的社会危害性。

这是一个三段论推理，其推理形式为：

$$\frac{\begin{array}{l} MAP \\ SAM \end{array}}{SAP}$$

其中，"犯罪行为""具有严重的社会危害性""故意杀人"这三个词项都分别出现了两次。我们分析该三段论的推理形式时，使用同一个符号表示一个词项在两个命题中的出现，说明两次出现的是同一个词项。因此，根据同一律的要求，它们应该具有完全一致的内涵和外延。只有这样，才能保证三段论推理形式有效。这个推理中的三个词项的两次出现都是符合同一律的要求的。而三段论"物质不灭，木材是物质，所以，木材不灭"，其推理形式也为：

$$\frac{\begin{array}{l} MAP \\ SAM \end{array}}{SAP}$$

其中的中项"物质"在大前提中表示哲学上的物质范畴，在小前提中则表示一种具体的物质形态，同一语词表达了两个内涵和外延都不相同的词项，在该推理过程中却作为同一个词项使用，就违反了同一律。

在法律工作中，使用概念时保持其确定的内涵和外延具有重要的意义。只有准确地理解法律概念的内涵及所指称的对象，才能够做到依法办事。例如，中国人民银行负责人指出，"商业银行"称谓不得滥用，"房屋银行""土地银行""网上银行"等称谓违反了我国《商业银行法》。之所以出现这样的误用，就是因为没有准确地理解我国《商业银行法》中对"商业银行"这一概念的内涵和外延的规定。

就命题而言，同一律要求保持其确定的陈述和真假。在同一思维过程中，同一个命题必须保持相同的陈述，相应地，对该命题真假的断定也应当是确定的。

例如：只有加强社会主义法制，才能顺利地进行社会主义现代化建设。因为，如果要顺利地进行社会主义现代化建设，就要有一个安定团结的政治局面，如果要有一个安定团结的政治局面，就必须加强社会主义法制。

这个论证是由一个假言联锁推理构成的，其中有三个不同的简单命题，每个命题出现两次，两次出现都是在相同的意义上使用的，因而符合同一律的要求。

同一律是人们对思维活动的规律性加以总结所得到的逻辑基本规律，它要求人们的思想保持确定性和同一性，并不排斥客观事物和主观认识的发展变化。例如，毛泽东同志在《关于正确处理人民内部矛盾的问题》中阐述了"人民"这一概念在中国不同的社会历史时期具有不同的内涵和外延：

"在抗日战争时期，一切抗日的阶级、阶层和社会集团都属于人民的范围，日本帝国主义、汉奸、亲日派都是人民的敌人。在解放战争时期，美帝国主义和它的走狗即官僚资产阶级、地主阶级以及代表这些阶级的国民党反动派，都是人民的敌人；一切反对这些敌人的阶级、阶层和社会集团，都属于人民的范围。在现阶段，在建设社会主义的时期，一切赞成、拥护和参加社会主义建设事业的阶级、阶层和社会集团，都属于人民的范围；……"[1]

历史的发展赋予"人民"以不同的含义。但相对于某一个确定的思维过程而言，"人民"这一概念究竟指什么人、有什么含义，应当是确定的，不能是含混的。不断运动变化着的事物又有其相对静止的一面。正是基于这种相对的确定性，人的思维活动才能够正常地进行。同一律要求保持思想的确定性，正是体现了思维的这一特点。

二、违反同一律的逻辑错误

人的日常思维是借助于自然语言表达的。自然语言的用法十分复杂，一个语词、一个语句可以表达几种不同的意思；同一种思想，又可以通过不同的语言形式得以表达。如果使用不当，就会引起思维混乱，导致逻辑错误。

违反同一律的逻辑错误表现为：混淆概念，偷换概念，转移论题，偷换论题。

1. 混淆概念。混淆概念是指无意中把不同概念当作同一概念来使用。混淆概念常在一词多义或两词近义的情况下发生。

（1）由一词多义引起的混淆。自然语言中的语词大多是多义的，存在歧义性。同时，由于每个人的认识、阅历的差异，也会造成对同一个语词有不同的理解和解释，从而导致在交谈、论辩时发生概念混淆的情况。

---

〔1〕《毛泽东选集》第5卷，人民出版社1977年版，第364页。

例如，甲、乙双方就"闲事该不该管"进行辩论。甲方主张：闲事该管，路见不平、拔刀相助一向是中华民族的传统美德，应该弘扬这种精神。乙方则主张：闲事不该管，要管就去管正事，因为闲事都是些无关紧要的皮毛琐事，管闲事没有意义。在这场争论中，双方对"闲事"一词的解释并不同一。甲方所说的"闲事"是指与自己没有直接关系的事；乙方的"闲事"则是指不重要、没有意义的小事。

尽管双方争论得十分激烈，却没有针对同一论题，只是各谈各的，没有交锋。

（2）由两词近义引起的混淆。如"盗窃罪"与"盗窃行为"是两个不同的语词所表达的是两个不同的概念。由于它们在含义上有相近或相似之处，容易引起混淆。例如，有人这样推论：盗窃罪是应当判刑的，小偷小摸是盗窃行为，所以，小偷小摸是应当判刑的。这一推理就犯了"混淆概念"的错误。

2. 偷换概念。偷换概念是指出于主观故意引起的概念混淆。偷换概念是一种常见的诡辩手法。例如，柏拉图的《欧底姆斯篇》中记载了这样一个故事：

苏格拉底带着一个青年到智者欧底姆斯那里去请教。欧底姆斯想给这个青年一个下马威，一见面就问："你学习的是已经知道的东西，还是不知道的东西？"青年回答说，学习的当然是他不知道的东西。欧底姆斯又向青年提问：

"你认识字母吗？"

"认识。"

"所有的字母都认识吗？"

"是的。"

"而老师教你的时候，不正是教你认识字母吗？"

"是的。"

"那么，或者你并不在学习，只是那些不认识字母的人在学习吧？"

"不，我也在学习。"

"那么，如果你认识字母，那你就在学习你已经知道的东西了。"

"是的。"

"那么，你最初的回答就不对了。"

在这段对话中，欧底姆斯就是在玩弄偷换概念的诡辩技巧。"已经"是一个时间副词，表示"发生在某一参照时之前"。在第一个问题"你学习的是已经知道的东西，还是不知道的东西"中，"已经知道"以学习时为参照，之前已经知道；在后面的问题"如果你认识字母，那么，老师教你的不就是你已经知道的东西了吗"和"那么，如果你认识字母，那你就在学习你已经知道的东西了"中，"已经知道"则是以他们谈话时为参照，之前已经知道。这是两个不同的概念，欧底姆斯故意将其混淆，并用一连串的发问使对方头昏脑涨，难以察觉。

3. 转移论题。转移论题是指无意中以一个似是而非的论题取代了原论题。表现为说话答非所问，写文章文不对题。

例如，有人问："城市养鸽是否妨害城市卫生？"某甲答："鸽子是和平的象征，是人类的友好使者，在科学研究、国防通讯、航海急救方面，都能为人类做出贡献。"

某甲的回答不针对问题，答非所问，转移了论题。

4. 偷换论题。偷换论题是指有意将谈论中的问题转换为另外一个论题。偷换论题是一种常见的诡辩手法。例如，在机场曾发生过这样一段对话：

旅客：今天的班机为什么起飞晚点了？

乘务员：再晚点，也比火车快嘛。

不论是转移论题还是偷换论题，都会使原来所交谈或辩论的问题无法继续下去。

三、同一律在法律工作中的应用

1. 法律规定自身必须确定一致。法律规范是司法工作的依据，因此，在法律条文的陈述中，法律概念的内涵和外延必须明确、确定，否则就难以贯彻"有法可依，有法必依，执法必严"的原则。在司法实践中，司法人员援引法律必须严格维护法律规范自身的确定性，对法律条文的理解和适用不能随心所欲地加以解释，既不能主观地加以扩大，也不能缩小。例如，我国《刑法》第6条第2款规定："凡在中华人民共和国船舶或者航空器内犯罪的，也适用本法。"如果是在一列行驶在俄罗斯领土上的国际列车上发生的刑事案件，就不能算是我国的浮动领土，当然也不能适用我国刑法，否则就是对法律作了主观扩大的解释。对刑法中各种罪名的适用，也必须严格依据法律规定，保持其内涵和外延的确定和同一。

2. 在认定案件事实和适用法律的过程中，不得混淆概念。认定案件的事实情节及寻找法律的相关规定是一个复杂的过程，特别是当两种不同的罪名在具体表现上有近似之处时。

例如：被告人孙某在某商店购物时，发现店主的钱包不慎滑落，孙某乘所有人不备的情况下，将钱包捡起藏入袋中，后又将钱包藏匿于家中。钱包内有现金计人民币 6000 余元。检察院以孙某犯盗窃罪向法院起诉。孙某的辩护律师以孙某的行为属于不当得利的民事违法行为为其辩护。孙某虽然并未直接去偷店主的钱包，而是在店主可控制的范围内乘人不备捡起来。这与不当得利的外在表现十分相似。而法院经公开审理后认为，孙某以非法占有为目的，采取秘密手段窃取他人钱包一只，且数额较大，其行为已构成盗窃罪。

孙某的辩护律师在这里就是混淆了"盗窃罪"和"不当得利"这两个法律概念的外在表现。

3. 同一案件的事实、定性和判处，三者必须保持同一。有什么事实，就应根据法律定什么性质；属什么性质，就依法作相应的判处。

例如：被告人莫某携带一支"六四"式手枪和 10 发子弹，趁安检处旅客人多拥挤，混入机场，登上飞机。当飞机中途降落，莫某企图再次以同样的方法混入机场时，被机场安检人员查获。法院认定案件的事实是被告人莫某非法携带枪支子弹乘坐民航班机，而在给被告人的犯罪事实定性时，却定性为私藏枪支、弹药罪（即违反枪支管理规定，私藏枪支、弹药拒不交出的行为）。

事实与定性没有保持同一，因此，违反了同一律的要求。

4. 法庭辩论应针对同一论题进行。如果双方不保持论题同一，而是你说你的、我说我的，就构不成一场法庭辩论，解决不了实质问题。

例如：某律师出庭为杨×伤害致死案辩护。律师提出三点意见：①杨×的犯罪是出于义愤，不属无端滋事；②杨×的罪行轻微。法医检验结果表明，致受害人最后丧命的损伤行为与杨×的行为无直接关系；③请求法庭在量刑上考虑从轻判处。接着，公诉人答辩。他大谈刑法所规定的故意犯罪，指出有直接故意和间接故意两种形式，继而谈直接故意杀人和间接故意杀人的区别，等等，并没有直接就律师的意见进行辩论，完全失去了法庭辩论的意义。

第二节 矛 盾 律

一、什么是矛盾律

矛盾律是指任何一种思想都不能既是真的又是假的。或者说，任何相互矛盾的思想不可同真。通常表述为：¬($A \land \neg A$)。

在经典逻辑中，命题的真值只有两个——真和假。任何一个命题的

取值都只居其一，不可能既是真的，又是假的。如果已经确定命题 A
为真，则 A 一定不为假。换言之，如果已经确定 A 为真，则¬A 一定不
为真，A 和¬A 这两个具有矛盾关系的命题不可同真。

矛盾律要求在同一思维过程中，不得同时肯定两个互相矛盾的思
想。

就词项而言，矛盾律要求不能用两个具有矛盾关系或者反对关系的
词项去指称同一个对象。不能说一个几何图形是"方的圆"或者形容一
块黑板是"白色的黑板"。对于同一个人，不能既断定他是"成年人"，
同时又断定他是"未成年人"。同一个推理，不能既肯定它是有效的，
又肯定它是无效的。

就命题而言，矛盾律要求对两个不可同真的命题不能都予以肯定。
命题之间的矛盾关系是一种既不可同真也不可同假的关系，命题之间的
反对关系是一种可以同假但不可同真的关系。因此，不能同时肯定具有
矛盾关系或者反对关系的命题。

例如：（1）所有内容违法的合同都是无效合同。
（2）所有内容违法的合同都不是无效合同。
（3）并非所有内容违法的合同都是无效合同。
（4）如果监护人侵害被监护人的合法权益，则可以撤销监
护人的资格。
（5）监护人侵害了被监护人的合法权益，也不可以撤销监
护人的资格。
（6）他来或者她来。
（7）他不来，她也不来。

以上命题（1）与（2）是反对关系；（1）与（3）、（4）与（5）、
（6）与（7）均为矛盾关系，根据矛盾律的要求，都不能同时加以肯
定。

矛盾律作为逻辑基本规律，不研究思维的具体内容。矛盾律本身不
能确定两个互相矛盾的思想究竟孰真孰假，但是，一旦确定了其中一个
为真，则根据矛盾律，就可以确定另一思想为假。

矛盾律是逻辑规律，它所讲的"逻辑矛盾"和辩证法中的"辩证
矛盾"是完全不同的两个概念。存在逻辑矛盾的思想是不能成立的；
存在逻辑矛盾的理论体系，其中既肯定 A 又肯定¬A，是不协调的、不
会得到公认的。逻辑矛盾是无法正确表达思想的思维混乱，必须予以排
除。辩证矛盾则是指客观事物内部包含既对立又统一的两个方面。例
如，社会主义的生产关系与生产力之间既有相适应的一面，又有不适应

的一面,这是客观事物运动发展的内在动力。辩证法认为,这是不依人的主观意志为转移的客观存在,是人们认识客观世界所必须遵循的规律。"逻辑矛盾"是必须排除的矛盾,"辩证矛盾"是客观存在并不可避免的矛盾,二者不可混淆。同时,辩证思维也是人类的思维,也必须保持自身的无矛盾性,遵守逻辑的基本规律。

二、违反矛盾律的逻辑错误

矛盾律要求保持思想自身的一致性。

违反矛盾律的逻辑错误是自相矛盾。

"自相矛盾"一词源于《韩非子》中的一个寓言故事:

"楚人有鬻盾与矛者,誉之曰,'吾盾之坚,物莫能陷也。'又誉其矛曰:'吾矛之利,于物无不陷也。'或曰:'以子之矛,陷子之盾,何如?'其人弗能应也。"

从逻辑上分析,这个楚国人同时肯定了一对互相矛盾的命题:"我的盾不能被刺穿"和"我的盾能被刺穿",或者"我的矛能刺穿一切东西"和"我的矛有的东西就刺不穿"。正是因为这个楚国人的说法自相矛盾,所以,当别人问他:"用你的矛刺你的盾,会怎样呢?"他无言以对。

我们日常说话或写文章,如果不注意逻辑性,就会出现自相矛盾的情况。

例如:(1) 夜晚,整个江面漆黑一团,什么也看不见。远远看去,只有一艘小船还闪着微弱的灯光。

(2) 这种技术从来没有人研究过,研究过的人也没有能取得成功的。

(3) 你的意见既正确又全面,我毫无意见,不过,有几个地方还需要商榷一下。

(4) 如果天不下雨,我们就去爬山。天虽然不下雨,可太热了,我们就不去爬山了。

以上几例,都是同时肯定了相互矛盾的陈述,犯了"自相矛盾"的错误。

除了这种同时肯定相互矛盾的命题所造成的自相矛盾外,还有基于时间和空间客观规律的不可能性的逻辑矛盾。

例如,某犯罪嫌疑人在最初的讯问过程中交待,自己在 1998 年 8 月 14 日晚上 8 时左右在北京某电影院看电影,后来又说自己在 1998 年 8 月 14 日晚上 8 时左右出差郑州。

同一个人在同一时间不可能既在北京，又在郑州。该犯罪嫌疑人的交待显然是自相矛盾的。

不属于同一思维过程中的互相矛盾不一定违反矛盾律。矛盾律排除的是在同一思维过程中思想与自身的矛盾。在不同的思维过程中，由于客观情况发生了变化，或者思想本身发生了改变，产生了前后否定的思想，这种情况并不违反矛盾律。例如，某犯罪嫌疑人在最初不承认某行为是自己所为，后来又改变了原来的供述，承认该行为是自己所为。这样前后供述的不一致反映了该犯罪嫌疑人思想的变化，这与矛盾律无关。

三、矛盾律在法律工作中的应用

1. 法律规范自身不能互相矛盾。法律是人们行为的准则，是司法工作的依据。如果法律规范中有逻辑矛盾，就会令人无所适从，从而失去法律的规范作用。要保证法律规范的逻辑一致性，就要求各种法之间不能互相矛盾，各种法的各条文之间不能互相矛盾。

2. 在同一案件中，必须排除各种证据材料之间的互相矛盾。在办案时，我们要广泛搜集证据，以确定案情的真实情况。证据是正确认识案情的基础，是正确定罪量刑的依据，必须认真审查各种证据、各种材料之间是否吻合一致，有没有逻辑矛盾，如证人证言、被害人陈述、被告人的供述和辩解等是否互相矛盾。如果同一案情的证据材料之间出现逻辑矛盾，那就说明其中必定有假，就需要对证据材料重新审查核实。

例如：某农场发生一起更夫被打死在值班室里的案件。在侦查中，有人举报钱某嫌疑重大，而不久钱某也主动前来自首，供述更夫为他所杀。侦查人员对其自供的杀人情况进行了认真的研究，认为钱某自供的情况大部分与案情相符合，但有两点有重大出入：一是更夫是被钝器打死，而钱某自供是用刀子杀害；二是钱某自供是骑马来到现场，而在现场周围搜索时，未发现任何兽蹄印痕。

同一案件特别是主要情节的证据材料之间出现矛盾，说明其中必定有假，因而需要对证据进行再次审查核实，并对案件继续深入调查。

3. 在审讯和法庭辩论中善于发现和利用矛盾。有些人在犯罪后为了掩盖罪迹、逃避惩罚，常挖空心思，歪曲事实，虚构情节，编造口供。在编造的过程中极有可能顾此失彼，不能自圆其说，出现前后不一致。同案人的供述之间、犯罪嫌疑人与证人证言及被害人陈述之间、口供与事实之间都可能存在矛盾。办案人员要善于发现并利用这种矛盾，以便更好地查清事实真相。

例如：某法院曾判决张某利用封建迷信诈骗财物一案。张某以给人传授气功和治病为名诈骗钱财。虽然有大量事实证据，被告人张某在法庭上仍拒不认罪，继续散布迷信言论，态度恶劣。她自称能听到"先师耳语"，从"宇宙语""宇宙歌"中获得各种治病授功的信息。但后来又称，"宇宙语""宇宙歌"连她自己也听不懂。合议庭注意到她这一自相矛盾的情况，专门让她讲述"宇宙语"，而再让她讲述时，她就完全做不到了。

依靠自己都听不懂、说不出来的信息怎么能为别人治病、授功呢？这就暴露了张某所宣扬的并不是所谓的人体科学，而是不折不扣的封建迷信。

4. 在同一案件中，法院判决书不得自相矛盾。

例如：在某案件审理中，法院根据事实和法律，认定被告人的行为已构成犯罪，但法院同时又认为被告人的行为情节显著轻微，危害不大，不认为是犯罪，最后，作出了无罪判决。

这份判决书前后矛盾，这种自相矛盾在司法文书中是不允许的。

第三节 排中律

一、什么是排中律

排中律是指任何一种思想或者是什么或者不是什么，或是真的或是假的，或者说，两个互相矛盾的思想不可能同时为假。通常表述为：$A \lor \neg A$。

排中律要求在同一思维过程中，不得同时否定两个互相矛盾的思想。

不可同假的思想是指相互矛盾关系的思想或相互下反对关系的思想。

就词项而言，用两个具有矛盾关系的词项去指称同一个对象的时候，其中必有一种情况是成立的。也就是说，一个对象必定被同一论域中的某对矛盾概念中的一个所反映。例如，某甲死亡是"正常死亡"与某甲死亡是"非正常死亡"，张三是"有完全民事行为能力"与张三"无完全民事行为能力"，不可能都为假，如果对二者都加以否定，就会违反排中律。

就命题而言，排中律要求对于两个不可同假的命题不能都加以否定。命题之间的矛盾关系是不可同真也不可同假的关系，命题之间的下反对关系是一种可以同真、但不可同假的关系，因此，对于两个互相矛盾的命题或者两个具有下反对关系的命题，都不能同时予以否定。

例如：（1）"有些证人是诚实的。"

（2）"所有证人都不是诚实的。"

（3）"并非有些证人是诚实的。"

（4）"某甲或者是他杀，或者是意外死亡。"

（5）"某甲既不是他杀，也不是意外死亡。"

（6）"你可以在周一到周五随便哪一天来取货。"

（7）"你可以在周五到周日任选一天来取货。"

排中律要求对（1）与（2）、（1）与（3）、（4）与（5）、（6）与（7）不能同时都加以否定。

排中律作为逻辑规律，和矛盾律一样，也不能确定两个互相矛盾的命题究竟哪一个真、哪一个假。但是，如果已经确定其中一个命题为假，那么，根据排中律，另一命题必真。

二、违反排中律的逻辑错误

排中律要求保持思想自身的明确性。一种思想如果被认为既不真又不假，就会令人难以理解，不知所云。

违反排中律的逻辑错误是两不可。

在日常表述中，当有人思想含混不清，陈述事物情况既非如此又非不如此时，我们常称这样的说法"模棱两可"，实际上指的就是"两不可"。

例如：（1）在讨论某甲是否有罪时，有人说："不能说某甲是有罪的，但也不能说某甲就没有罪。"

（2）对于患绝症的病人，有人认为医生可以告知病人实情，有人则反对医生告知病人实情。这两种看法我都不赞成。因为，告诉病人实情，无疑会给病人造成沉重打击，向病人隐瞒情况，又不符合医生诚实服务的医德。

（3）有人提议老李去或者老王去，我认为欠妥。老李和老王两个人都不去，我也不赞成。

（4）甲、乙、丙、丁四个学生走出考场。甲说："题目很简单，咱们四人肯定都能及格。"乙说："不见得，咱们四人里肯定有不及格的。"丙问丁："你说呢？"丁摇摇头说："他俩说得都不对。"

以上几例中都存在对某一事物情况的两个互相矛盾的陈述加以否定的陈述，这样所表达的思想含混不清，就属于两不可。

排中律只排除对于不可同假的命题都予以否定的情况。而对于两个具有反对关系的思想，如果也认为不能同时予以否定，就成了对于排中律的误用。这种谬误可称之为"非黑即白"。在黑与白这两个互相反对的概念之间还存在其他选择，因此，对二者同时加以否定不违反逻辑规律。

如果有人说："被告既没有犯盗窃罪，也没有犯贪污罪。"这种表述并没有犯两不可的错误，因为具有反对关系的思想是可以同假的

例如，在林肯和道格拉斯关于奴隶制的辩论中，道格拉斯反对给黑人以和白人平等的权利。他说："这就意味着白人要和黑人一起生活，一起睡，一起吃，要和黑人结婚，否则就是不可理解的。"林肯反驳道："我反对这种骗人的逻辑，说什么我不想要一个黑人女人做奴隶，就一定得娶她做妻子。二者我都不要，我可以听凭她自便……"林肯在辩论中敏锐地抓住了这种错误的实质，在于认为不是黑的，便一定是白的。

对两个互相否定的思想不作选择，不表态，这也不违反排中律。因为排中律只是要求对两个不可同假的命题不能都否定，并没有要求确定其中哪个真哪个假。由于认识上的局限，还无法断定孰真孰假，或由于其他原因而不愿表态。如在会议上对某提案表决时，出于某种考虑，既不投赞成票，也不投反对票，而表示弃权，这并不违反排中律。

对复杂问语拒绝回答，也不违反排中律。复杂问语是包含预设，并要求对方作肯定或否定回答的问语。预设是指交际中话语的已知部分，或者说双方共知的东西。例如，"苏姗的姐姐是画家"这句话就包含"苏姗有姐姐"这个预设。对这种复杂问语，不论作肯定还是否定的回答，其结果都承认了其中的预设。例如，审问人问："你收受贿赂的财物中有没有金戒指？"这就是一个复杂问语，暗含的预设是，对方有接受贿赂的行为。不论回答"有"还是"没有"，都意味着承认自己有受贿行为。对这种问题的答复，可以直接去否定问语中的预设："我根本没有接受过贿赂。"这是对不正当的复杂问语的反驳。

三、排中律在法律工作中的应用

1. 法律用语不容模棱两不可。案情认定是不容含混的，或者 A，或者非 A，必须明确，不能既不是 A 又不是非 A。例如，某死亡案件，或者是自然死亡，或者是非自然死亡，二者择一。如果否定是自然死亡，就要肯定是非自然死亡，反之亦然。

起诉意见、审判结果，其思想必须明确。例如，某被告的行为是否

触犯了刑律，是否构成某种犯罪，意见必须明确，不容含混。此外，再审判决和再审裁定，对于原审定罪是否正确，量刑是否适当，或是撤销原判，或是维持原判，必须作出明确的结论。

2. 在审讯中禁止使用不正当的复杂问语。不正当的复杂问语包含一个错误的或者未经证实的预设，对方不论给予肯定还是否定的回答，都意味着承认了这个预设。因此，故意使用不正当的复杂问语是变相诱供或套供。例如，关于某犯罪嫌疑人是否参与了某起共同犯罪活动，我们尚未证实，本人也没有承认。在这种情况下，如果讯问人员提问："你愿意揭发你的犯罪同伙的罪行吗?"如果该犯罪嫌疑人一时紧张，顺口就答："我愿意。"就等于承认自己参加共同犯罪了。但是被讯问人在紧张不安的情况下所作的回答，究竟肯定了什么或否定了什么，有时连其本人也不太清楚。这种审问的结果只会给工作带来麻烦。

同一律、矛盾律和排中律，是一切思维活动首先必须遵守的最基本的思维规则，在传统逻辑中占有很重要的地位，它们从不同的方面保证思想的确定性、一致性和明确性。任何违反逻辑基本规律的思想都是无效的。不确定的、自相矛盾的、模棱两不可的思想，既不能反映客观事实，也不能表达任何思想，更无法支配人的行动，因而是应予以排除的。

□小 结

本章阐述逻辑思维基本规律，包括同一律、矛盾律和排中律的内容、要求以及违反同一律、矛盾律、排中律的逻辑错误。其主要内容有：

一、同一律

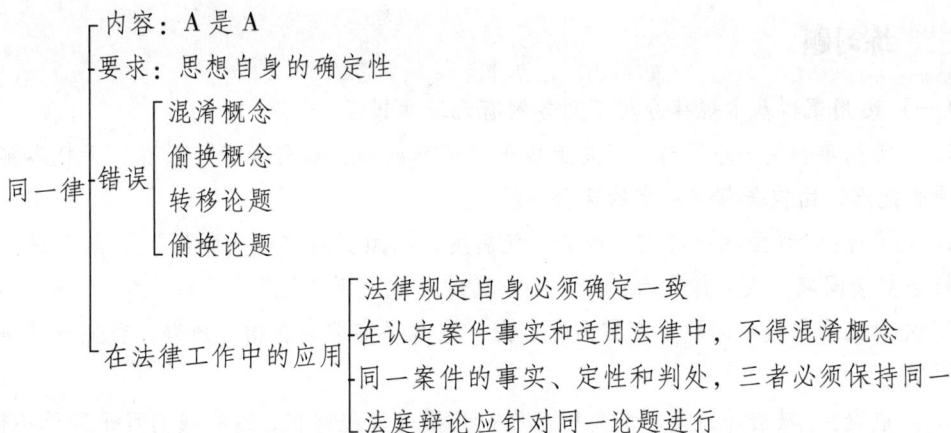

二、矛盾律

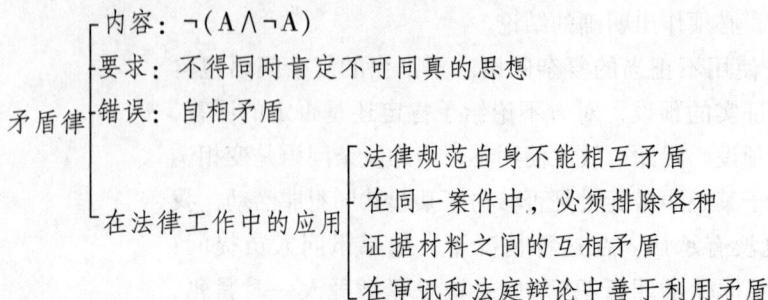

矛盾律
- 内容：¬(A∧¬A)
- 要求：不得同时肯定不可同真的思想
- 错误：自相矛盾
- 在法律工作中的应用
  - 法律规范自身不能相互矛盾
  - 在同一案件中，必须排除各种证据材料之间的互相矛盾
  - 在审讯和法庭辩论中善于利用矛盾

三、排中律

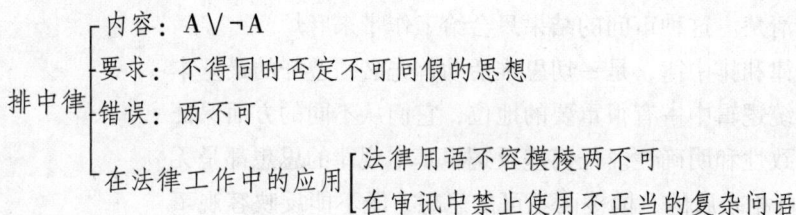

排中律
- 内容：A∨¬A
- 要求：不得同时否定不可同假的思想
- 错误：两不可
- 在法律工作中的应用
  - 法律用语不容模棱两不可
  - 在审讯中禁止使用不正当的复杂问语

□练习与思考

一、名词解释

1. 同一律
2. 矛盾律
3. 排中律

二、练习题

（一）运用逻辑基本规律分析下列各例有无逻辑错误

1. 一份民事判决书中写道："关于孩子的抚养问题，被告现劳动教养，无抚养能力，应由原告抚养，由被告负担一定的抚养费。"

2. 某甲说："我国现阶段实行按劳分配制度，必须反对'吃大锅饭'。"某乙说："我国是社会主义国家，人人都应有饭吃，不能反对'吃大锅饭'。"

3. 关于信仰宗教的问题，有信仰的自由，也有不信仰的自由。所以，我们既不禁止，也不提倡。

4. 某甲说："被告不就是罪犯嘛！怎么？还要为罪犯辩护，这事我们可千万干不得。"

5. 在讨论一个共产党员应不应该有个人志愿时，有人认为："有个人志愿不好，没有个人志愿也不好。"

6. 老李和老王在分析案情时，老王说："根据现有材料还不能确定张某是凶手。"老李说："那么，张某不是凶手。"老王说："也不能确定张某不是凶手。"

7. 经验主义不能一概反对。例如，工作经验、生产经验等就不应该反对。

8. 我不认为到会的都是好律师，也不认为到会的有些不是好律师。

9. 甲说："根据该被告犯罪的情况，不应从重处罚。"乙说："那就应从轻处罚。"甲说："也不应从轻处罚。"

10. 甲说："请问，这个罪犯是故意犯罪还是过失犯罪呢？"乙说："这个罪犯既不是故意犯罪也不是过失犯罪。"

11. 在一个工厂召集的车间主任汇报产品质量会上，有人说："质量问题是一个很重要的问题，我们村过去有个打铁的老人，手艺很高明，但思想保守，不愿把技术传给别人，唯独只教给他的儿子。后来，他和他的儿子都死了，手艺也就绝了，很可惜……"。

12. 当有人说欧底德漠说谎时，他说："谁说谎，谁就是说不存在的东西；不存在的东西是无法说的，因此没有人说谎。"

13. 在莎士比亚的戏剧《麦克佩斯》中，一个女巫对一位大将说："你比麦克佩斯低微，可是你的地位比他高。"另一位女巫对这位大将说："你不像麦克佩斯那样幸运，可是你比他更有福分。"

14. 甲说："说并非所有证人都说真话是成立的，说并非所有证人都不说真话也是成立的。"

15. 某甲说："要说必然会胜诉是不对的，谁能担保必然会胜诉呢？要说可能不会胜诉也是不对的，怎么可能不会胜诉呢？"

16. 在谈论能否在长途客运汽车上抽烟时，某甲说："要是允许抽烟，那就会危害别人，我不赞成；要是禁止抽烟吧，对烟瘾大的人来说又太过分了，我也不赞成。"

17. 某甲因上班时间看电影受到领导批评。某甲辩解说："看电影有什么错呢？受教育嘛，我看电影受到教育，提高了觉悟，这难道不是好事，反而是坏事？真是好坏不分！"

18. 经过修建工人的抢修，和平街下水道的淤塞现象终于彻底地解决了。现在，这条街除了一小段还在加紧清理外，其余地段的排水系统已畅通无阻了。

19. 甲说："王某或者是原告，或者是被告。"乙说："不对，他既不是原告，也不是被告。"丙说："你们说得都对。"丁说："我认为甲和乙说得都不对。"

20. 甲说："我明年一定能考上律师。"乙说："你这话不对。"甲说："你竟然认为我明年不可能考上律师？"乙说："你这话也不对。"甲说："你说的话不合逻辑。"乙说："你的话才不合逻辑呢！"

21. 甲说："某厂是先进单位，也是后进单位。"乙说："某厂不是先进单位，也不是后进单位。"

22. 甲说："允许在此倒垃圾是不对的。当然，禁止在此倒垃圾也是不对的。"乙说："不在此倒垃圾是可以的，在此倒垃圾也是可以的。"

（二）根据逻辑基本规律回答下列有关问题

1. 某人做了好事没有留下姓名。已知在甲、乙、丙、丁四人中有一人是做好事的人。当有人问到甲、乙、丙、丁四人时，他们回答如下：

甲：不是我做的。

乙：是丁做的。

丙：是乙做的。

丁：不是我做的。

其中只有一个人说了真话。请回答：

（1）是谁说了真话？

（2）好事是谁做的？

2. 下面是一份预审终结报告：

犯罪嫌疑人杨某盗窃杀人一案，经过审讯和调查取证工作，已基本结束，现将审理结果报告如下：

…………

经预审查明，犯罪嫌疑人杨某于1998年2月参与赌博，输掉人民币近2000元，为继续参与赌博，遂起盗窃之心，于3月4日夜零点潜入邻村李家盗窃，在这过程中惊醒了熟睡中的李某。杨某在逃跑中，碰倒了椅子，摔了一跤，被追上来的李某抓住。杨某便抽出随身携带的三角刮刀，朝李某的腹部猛刺，李某仍抓住不放，杨某便又在李某的胸部、头部猛刺数刀，致使李某当场死亡。其后杨某继续在屋内翻箱倒柜，攫取人民币500余元，然后逃离现场。

被告人杨某潜入赵某住宅内抢劫，杀死李某，已构成抢劫罪。……

请运用逻辑基本规律分析这份预审终结报告有无错误。

三、思考题

1. 什么是同一律？同一律的要求是什么？违反同一律的逻辑错误是什么？

2. 什么是矛盾律？矛盾律的要求是什么？违反矛盾律的逻辑错误是什么？

3. 什么是排中律？排中律的要求是什么？违反排中律的逻辑错误是什么？

4. 为什么矛盾律能适用于反对关系的命题，而排中律却不能适用于反对关系的命题？

5. 什么是复杂问语？为什么在审讯中禁止使用不正当的复杂问语？

6. 同一律、矛盾律、排中律的联系和区别是什么？

第七章

逻辑方法

第一节 定义和划分

概念是命题的组成单位，是表达思想的基础，因而在使用概念的过程中，一定要明确概念的内涵和外延。明确概念内涵和外延的逻辑方法分别是定义和划分。

一、什么是定义

定义是明确概念内涵的逻辑方法。

例如：（1）刑法是关于犯罪和刑罚的法律。

（2）贪污罪就是指国家工作人员利用职务上的便利，侵吞、窃取、骗取或者以其他手段非法占有公共财物的行为。

一个完整的定义由定义项、被定义项和定义联项三个部分组成。

被定义项是含义需要明确的概念，它可以是关于事物本身的概念，也可以是反映事物的性质或者关系的概念，还可以是表达事物、性质、关系的语词或符号。如例（1）中的"刑法"，例（2）中的"贪污罪"。被定义项通常用 D_s 表示。

定义项是揭示被定义项含义的表达式，它可以是语词或符号，也可以是语句。如例（1）中的"关于犯罪和刑罚的法律"，例（2）中的"国家工作人员利用职务上的便利，侵吞、窃取、骗取或者以其他手段非法占有公共财物的行为"。定义项通常用 D_p 来表示。

定义联项表明定义项与被定义项之间的定义关系。在数学、逻辑学等形式化较强的学科中，定义联项通常用 "$=_{df}$" 表示。在实际应用中，常见的定义联项有"是""即""就是""是指"等。如上述两例中的"是"。

标准的定义的公式是：D_s 就是 D_p 或者 $D_s =_{df} D_p$。

定义是一种常用的逻辑方法。人们在表达思想、交流观点、辩论问题时，常常需要明确所使用概念的含义或所指。在科学研究工作中，常常需要使用定义方法来建立和巩固新的概念和术语。在立法工作中，往往需要对所提出的概念进行解释，甚至对于一些日常使用的概念，也需明确其在法律条文中的特定含义。实际上，定义贯穿了每一部法典的始终。

> 这是定义的形式特征
>
> "$=_{df}$"中的下标"df"是英文"定义（definition）"的缩写
>
> 这里简要阐述了定义的作用

二、定义的种类和方法

定义在广泛的使用中，适应不同的具体情况，形成了不同的种类和方法。

（一）事物定义

事物定义是揭示概念所反映的事物的特有属性的定义。事物定义又称为真实定义。

事物定义的基本形式是属加种差定义，即定义项由一个属概念和一个种差构成。可以用公式表示为：

> 注意属加种差定义的特点

被定义项＝种差＋邻近属

所谓属概念，是指被定义概念所从属的一个概念。所谓种差，是指那些可以把被定义项所反映的那种事物与该属的其他种事物区别开来的特有属性。例如，上述例（1）"刑法是关于犯罪和刑罚的法律"就是一个属加种差的定义。其中，"法律"是属概念，"关于犯罪和刑罚"是种差。

一个概念的属概念往往是多层次的。给概念下定义时，一般是选择被定义项最邻近的属概念。但"邻近的属概念"是相对而言的，到底选择哪个外延较广的概念作属概念，要根据定义的具体要求而定。例如，"人"这个概念的属概念依次有"灵长目动物""脊椎动物""哺乳动物""动物""生物"等，而"人是能够制造和使用生产工具的动物"这一定义则是以"动物"作为邻近属，因为这个定义所要求的是把人和其他动物区别开来。

定义中的种差是指被定义项所反映的事物的特有属性。选择种差时应考虑两点要求：①运用种差把被定义项与邻近属中的其他种概念区别开来；②运用种差增加邻近属的内涵以缩小邻近属的外延，使被定义项外延与定义项外延之间具有全同关系。由于事物的属性是多方面的，对同一事物从不同的角度去看，就可以形成不同的特有属性。因而在不同的科学领域，人们可以从不同的方面揭示被定义项所反映对象的特有属性，从而形成不同的种差，作出不同的定义。

由于种差是多种多样的，因而在事物定义中，用属加种差方法下定义也呈现出不同的类型。

1. 发生定义。种差是事物发生、形成的特征。

例如：被判处有期徒刑以上刑罚的犯罪分子，刑罚执行完毕或者赦免以后，在5年以内再犯应当判处有期徒刑以上刑罚之罪的，是累犯。

2. 功用定义。种差是事物的功能特征。

例如：主犯是组织、领导犯罪集团进行犯罪活动的或者在共同犯罪中起主要作用的。

3. 关系定义。种差是事物间的关系特征。

例如：中华人民共和国领海的外部界线为一条其每一点与领海基线的最近点距离等于12海里的线。

属加种差定义虽然是常用的定义方法，但也有一定的局限性，对于最大类概念就不能用这种方法下定义。因为最大类概念外延最广，再没有比它外延更广的属概念了。如哲学范畴就不能用这种方法下定义。

> 最大类概念如哲学中的物质、意识等概念

（二）语词定义

语词定义就是说明或规定语词含义的定义。

语词定义的目的是明确概念的表述。概念的明确离不开语词，而多数语词的含义不是唯一的，在表述概念的过程中，就需要对所使用的语

词的含义加以明确，以避免歧义。法律活动的严肃性要求法律概念的建立和使用都应非常精确，因此，一般需要对用于表述法律概念的语词加以解释，这种定义就是语词定义。

语词定义有两种类型，说明的语词定义和规定的语词定义。

1. 说明的语词定义。说明的语词定义是对某个语词的已有含义作出解释、说明的定义。

例如：著作权法所称作品，指文学、艺术和科学领域内，具有独创性并能以某种有形形式复制的智力创作成果。

有些语词的含义在日常语言的交流中不需要加以解释，而在法律活动中，为保证对法律条文的理解没有歧义，经常需要对所使用的语词的含义加以说明。例如，"父母"是日常语言中的一个常用的语词，人们在日常交流中是不需要加以解释的，而在法律条文中经常需要对这样的语词加以说明。例如，我国《继承法》第 10 条中作了这样的说明："本法所说的父母，包括生父母、养父母和有扶养关系的继父母。"

2. 规定的语词定义。规定的语词定义是通过约定而规定某些语词的含义。

这种定义常常用来简化语言表达，用一个简缩的语词表达一个比较烦琐的语词。在法律条文中，当提及一个新的对象，对其描述的表达式又比较冗长时，这就需要对其规定一个简称以便其后提及。例如，我国《中外合资经营企业法》中在提及"外国公司、企业和其他经济组织或个人"时规定，"以下简称外国合营者"；《中外合资经营企业法实施条例》中在提及"对外经济贸易部和受托机构"时规定，"以下统称为审批机构"。

在某些特定的情形下，人们常常需要对某些原有的语词的含义作出精确的规定。日常语言中的一些意义含混的语词，直接用于法律规范就会产生歧义，造成适用上不明确。例如，汉语中的"以上""以下""以内""届满"等可以理解为包括本数，也可以理解为不包括本数，因此，《民法总则》第 205 条规定："民法所称的'以上''以下''以内''届满'，包括本数；所称的'不满''超过''以外'，不包括本数。"

有些词的含义一般情况下是明确的，无须解释，但在某些特定的场合下却需要加以规定。例如，"发明"是一个人们熟知并经常使用的一个词，但在某些法律条文中却需要作出具体规定。国务院颁布的《发明奖励条例》（现已被《国家科学技术奖励条例》废止）第 2 条对"发明"一词的含义作了如下规定："本条例所说的发明是一种重大的科学成就，它必须具备以下三个条件：①前人没有的；②先进的；③经实践证明可以应用的。"

该条例对"发明"一词的解释是就特定场合所作的规定，而不是该词的一般通行解释。

随着社会的变化与发展，会不断地出现新的语词，这就需要对其规定一个确定的含义，以便人们在语词的使用过程中有共同的理解。例如，随着互联网的出现与发展，出现了许多相关的新的语词，如"上网""伊妹儿"等，在使用之初，往往需要加以解释。

规定的语词定义是人们对某个语词的含义作出规定，只有规定得是否合理、能否被接受的问题，而没有真假之分。

规定的语词定义所规定的语词，在一定时期内可以看作一种规定，人们按照这个规定来学会使用这个词。当这个词成为通用词以后，对其词义的解释就可被看作说明的语词定义了。例如，在经济发展的过程中新出现的一些语词"下海""跳槽""下岗""炒股"等都已经成为通用词汇了。对其含义的解释已由出现时的规定转化为说明了。

三、定义的规则

要达到正确定义的目的，不仅需要具备所定义概念的相关知识，还应该遵循定义的规则，以避免错误的出现。

1. 定义必须相应相称。这条规则要求，定义项与被定义项的外延应该相等，即定义项与被定义项的外延是全同关系。

违反这一要求导致的错误是定义过宽或定义过窄。

如果定义项的外延所包含的对象大于被定义项的外延，就是定义过宽。

例如：法官就是审判机关的工作人员。

这个定义中的定义项"审判机关的工作人员"的外延大于被定义项"法官"的外延，把本来不属于"法官"的外延也包括到定义项之中。

如果定义项的外延小于被定项的外延，就是定义过窄。

例如：刑法是关于犯罪的法律。

这个定义中的定义项"关于犯罪的法律"的外延小于被定义项"刑法"的外延，并没有包括属于被定义项外延的全部对象。

2. 定义不能循环。这条规则要求：定义项中不能直接或间接地出现被定义项。因为被定义项本身的内涵就是不明确的，所以才需要用定义项来说明它。

审判机关的工作人员中，除法官外，还有机关职员、勤杂人员等。若按这个定义，则"法官"这一概念比这个名称实际具有的外延要广

刑法不仅是关于犯罪的法律，也是关于刑罚的法律

违反这一要求导致的错误是循环定义。

一个结构正确的定义，被定义项不能在定义项中直接出现，违反这一要求的错误称为直接循环定义。这种定义只不过是在定义项中把被定义项重复一遍而已。

例如：贪污罪就是因贪污而构成的犯罪。

通过这个定义，我们得不到关于贪污罪的任何特定的知识。

直接循环定义的错误是容易察觉的，而间接循环定义的错误则具有一定的隐蔽性。它的形式是用语词 B 来定义语词 A，而语词 B 又终要回到 A 来定义。

例如：法院判决就是法官对法律案件的判决；法官就是被授予法院判决权力的人。

显然，对于不懂"法院判决""法官"这些语词含义的人而言，这样的定义并不能说明什么是法院判决、什么是法官。

3. 定义应当用肯定形式。这条规则要求：

（1）给正概念下定义不能用负概念。因为定义的目的就是要说明被定义项所指称的对象具有何种特有属性。而负概念只能说明所指称对象不具有某种属性，而不能说明所指称对象具有什么属性。

（2）定义应当用肯定命题来表达。用否定命题下定义，只能说明被定义项不是什么，而不能说明被定义项是什么。

违反这一要求导致的错误是定义离题。

这一错误表现为：在定义项中并没有给出揭示被定义项含义的语词，而是给出了一个相异于被定义项的概念，这一概念所指称的对象与被定义项所指称的对象互相排斥。这样的表达式一般是否定的形式。

例如：故意犯罪不是过失犯罪。

这样的定义并不能使我们了解什么是故意犯罪。

但是，如果被定义项是负概念，其本身就是以缺乏某种属性为特征，定义项中就必然要包含负概念。

例如：非正式解释就是在法律上没有约束力的解释。

4. 定义必须明确。这条规则要求：

（1）定义应当用简洁的语言，不应包含含混的语词。定义的目的是明确概念的含义，含混的语言不能澄清概念，只会导致概念的含义更加模糊。违反这一要求导致的错误称为定义含混。

例如：幸福就是一种主观体验的客观存在。

（2）定义项中不应包含比喻。比喻虽然富有形象性和启发性，但它不能直接、准确地揭示出被定义项的特有属性。违反这一要求导致的错误称为用比喻代定义。

例如：数学是科学中的皇后，而哥德巴赫猜想是皇冠上的宝石。

通过这样的比喻，我们并不能得知数学是关于什么的科学，哥德巴赫猜想又是关于什么问题的假说。

四、什么是划分

划分是明确概念外延的逻辑方法。

划分就是依据一定的标准，把一个概念所指称的一类对象分成若干个小类，即把一个属概念分成几个种概念。

例如：（1）根据犯罪的主观方面，把犯罪分为故意犯罪和过失犯罪。

（2）著作权包括下列人身权和财产权：发表权、署名权、修改权、保护作品完整权、使用权和获得报酬权。

划分由划分的母项、划分的子项和划分标准三部分构成。

划分的母项就是其外延被划分的概念。如例（1）中的母项是"犯罪"，例（2）中的母项是"著作权"。

划分的子项就是母项被划分后得到的各并列的概念。如例（1）中的子项是"故意犯罪"和"过失犯罪"，例（2）中的子项是"发表权""署名权""修改权""保护作品完整权""使用权""获得报酬权"。

划分标准就是将一个母项划分为若干个子项时所依据的一定的属性。如例（1）中的划分标准是犯罪的主观方面，例（2）中的划分标准是著作权的人身性和财产性。划分一定依据一定的标准，但并不必然在划分中陈述，有时为了语言的简洁，可以在陈述中省略。

事物具有多种属性，因而划分时可以根据需要选取不同的属性作为划分标准。例如，可以根据以下几个方面的属性对"法律"进行不同的划分：

1. 根据法律规定的内容不同，法律可以分为实体法和程序法。

2. 根据法律制定的主体和适用范围不同，法律可以分为国际法和国内法。

3. 根据法律的创立和表现形式不同，法律可以分为成文法和不成文法。

4. 根据法律的效力范围，法律可以分为一般法和特别法。

五、划分的种类和方法

1. 一次划分和连续划分。一次划分是对母项进行一次分完的划分，只包含母项和子项两个层次。如根据证据的来源不同，证据可以分为原始证据和传来证据。连续划分是把第一次划分后所得的子项作为母项继续进行划分，这样连续划分下去，直到满足需要为止。

例如，根据人民法院的性质不同，将人民法院分为：

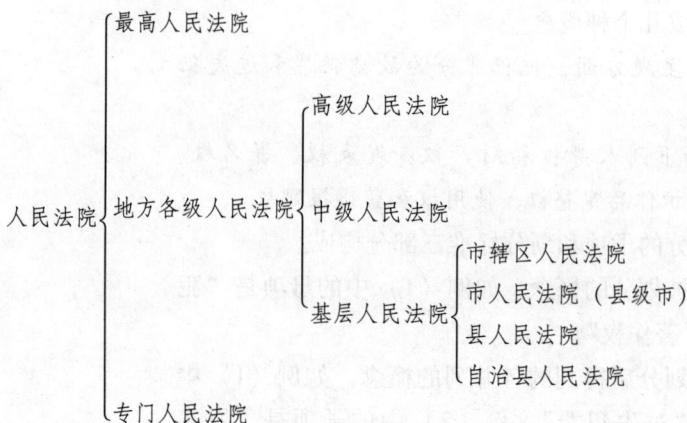

```
         ┌ 最高人民法院
         │
         │                   ┌ 高级人民法院
         │                   │
人民法院 ┤ 地方各级人民法院 ┤ 中级人民法院
         │                   │                ┌ 市辖区人民法院
         │                   │                │ 市人民法院（县级市）
         │                   └ 基层人民法院 ┤ 县人民法院
         │                                    └ 自治县人民法院
         │
         └ 专门人民法院
```

这是一个包含四个层次、进行了三次的连续划分。

2. 二分法。二分法是以对象有无某种属性为划分标准，把母项中凡是具有这种属性的对象划分为一类，表现为一个正概念；把凡是不具有这种属性的对象划分为另一类，表现为一个负概念。二者在外延上是矛盾关系。如把行为分为合法行为和非法行为。

六、划分的规则

要给一个概念作出正确的划分，不仅需要掌握有关划分对象的具体知识，还要遵守划分的规则。

1. 子项之和必须等于母项外延。这条规则要求，划分后所得各子项外延之和与母项的外延之间是全同关系。

违反这条要求导致的错误是子项不全或多出子项。

子项不全是划分后所得的各子项外延之和小于母项外延，即遗漏了子项。

例如，刑事诉讼强制措施有：拘传、取保候审、监视居住、拘留。

此例中遗漏了逮捕，犯了子项不全的错误。

多出子项是划分后所得的各子项外延之和大于母项外延，将不属于母项外延的对象包括进来。

例如，妨害民事诉讼的强制措施有：拘传、罚款、拘留、训诫、逮捕。

此例中多出了不属于妨害民事诉讼外延的逮捕，犯了多出子项的错误。

2. 各子项外延之间必须互不相容。这条规则要求，划分后所得的各子项外延之间必须是全异关系，互不相容，这样才能把属于母项的任何一个对象划分到一个子项中，而且也只能划分到一个子项中。

违反这一要求导致的逻辑错误是子项相容。也就是出现一些对象既属于这一子项，又属于另一子项，而引起混乱。

例如：犯罪分为故意犯罪、过失犯罪、共同犯罪。

此例中，"共同犯罪"的外延和"故意犯罪"的外延之间是种属关系，所以犯了子项相容的错误。

3. 划分标准必须同一。这条规则要求，每一次划分必须用同一个标准，不允许一部分子项的划分依据某一个标准，而另一部分子项的划分依据另一个标准。

违反这一要求导致的错误是多标准划分。

例如：刑事诉讼证据分为直接证据、间接证据、原始证据、传来证据。

在这个划分中出现了两个划分标准，直接证据和间接证据的划分标准是证据对案件的证明情况，原始证据和传来证据的划分标准是证据的来源。这就造成了子项之间外延关系的混乱。这就是多标准划分的错误。

这条规则只要求在同一次划分中必须用同一个标准，它并不排斥在不同层次的划分中可用不同的标准。例如，可将刑事诉讼证据作以下划分：

即在连续划分的每一层次都可依据不同的标准划分

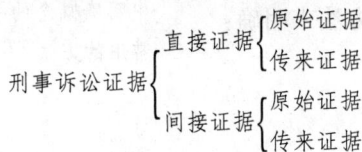

```
                    ┌直接证据 ┌原始证据
刑事诉讼证据┤         └传来证据
                    └间接证据 ┌原始证据
                              └传来证据
```

同一次划分中不能改变标准，但不是说只能用事物的一个属性作划分标准，也可以把事物的多种属性综合起来作为一个统一标准进行划分。

七、分解与列举

分解是把一个整体分为几个组成部分，它所显现出的是整体和部分的关系。分解后的部分不具有整体的属性。

划分不同于分解。划分是把一个大类分为几个小类，它所显现出的是类与分子的关系。其中，大类是母项，小类是子项，母项和子项之间是属种关系，划分后的子项具有母项的属性。

例如，把人民法院分为最高人民法院、地方各级人民法院、专门人民法院，这是一个划分，我们可以说地方各级人民法院是人民法院，因为划分后的子项具有母项的属性。但把人民法院分为刑事审判庭、经济审判庭、民事审判庭、行政审判庭和其他审判庭，这是对人民法院的分解，而不是划分，我们不能说民事审判庭是人民法院，因为分解后的部分不具有整体的属性，而只能说民事审判庭是人民法院的组成部分。

对于单独概念，因为它的外延只有一个特定个体，不能进行划分，但是可以分解。例如，地球可以分解为南北两个半球，又可以分解为欧洲、非洲、亚洲、美洲、大洋洲、南极洲。

列举是划分的一种特殊形式，是划分的省略式。划分需要明确概念的全部外延，把属概念下所包含的每一个分子都分到一定的种概念中。而列举只明确概念的部分外延，把不能也不需要一一明确的部分省略，将需要的子项列出来，并在后面加上"等""等等"或省略号，以示未尽。

例如：行政处罚的种类有警告、罚款、没收违法所得、没收非法财物，责令停产、停业，暂扣或吊销许可证、执照等。

对于外延只有一个对象的单独概念，只需要指出被指称的那个对象就明确了该概念的外延。

例如：《祝福》的作者是鲁迅。

在某些情况下，既要明确概念的内涵，又要明确概念的外延，这时就需将定义和划分结合起来应用。例如，《刑事诉讼法》第 50 条第 1、2 款对"证据"这一概念就同时采用了定义和划分两种方法来明确：

（定义和划分相结合的方法是法律条文中明确概念的一种常用的方法）

"可以用于证明案件事实的材料，都是证据。

证据有下列七种：

（1）物证；

（2）书证；

（3）证人证言；

（4）被害人陈述；

（5）犯罪嫌疑人、被告人供述和辩解；

（6）鉴定意见；

（7）勘验、检查、辨认、侦查实验等笔录；

（8）视听资料、电子数据。"

第二节 假 说

一、什么是假说

假说是人们对所研究事物或现象作出的一种推测性解释，是人们对事物情况作出的一种假定性说明。也就是说，假说是对事物情况的一种推测、猜想或假定。

"假说"释义

人们在实践活动和科学研究中，经常需要解释一些事实或现象。解释某个事实或现象，就是说明这一特定事实或现象为什么发生，就是说明事物现象的本质、事物现象之间的联系及其规律性，等等。

例如，我们立足的大地是怎么来的？我们人类又是从哪里来的？地球上为什么会常有地震发生和火山爆发？我们人类社会的动乱兴替是由什么原因造成的？这些问题需要回答，这些自然现象或社会现象需要解释。虽然这些现象的本质及其内在联系都不是人们的感官能直接认识的，并且主体对客体的认识又总是受到占有材料、思维能力和实践水平等限制。但是，人们的认识具有自觉能动性，在实践活动和科学研究中，人们能借助假说或假说方法对已知事实的解释、未知事实的预测、因果联系的追溯等提出猜测性的假定，并在此基础上科学验证，从而循序渐进、不断深入地探索自然界和社会的奥秘。

作为对未知现象或规律的一种推测性解释，假说分为科学假说和工作假设。所谓科学假说，是指根据已有的事实陈述和相关的科学理论，对未知事物或规律所作的推测性解释；工作假设是在实际工作中对某一特定事实而不是一类事物提出解释的假说，为了与科学假说相区别，通常把它称为假设。假说作为一种重要的探索性思维方法，在人们的认识过程中起着重要的作用。假说导致新实验或新观测，从而导致科学的新发现和新理论。可以说，假说是科学发现和科学发展的先导，没有假说就没有科学。工作假设的提出和检验没有科学假说那样复杂和影响深远，但它对实际工作的开展具有极大的推动作用。发现问题之后提出假设，就为解决问题指明了方向。侦查假设是一种工作假设。在刑事侦查中，侦查人员对所发生的案件，最初由于掌握事实材料不多，对整个案

科学假说和工作假设

情或某一情节不能作出确定的判断，而只能进行猜想或推测。

假说是说明事物情况的，而事物情况纷繁复杂，因此，假说的内容广泛多样。假说可以是说明事物现象性质的，也可以是说明事物现象之间因果联系的或是预见未来事物现象的，还可以是说明事物现象规律性的。假说可以是说明个别事物情况的，也可以是说明一类事物情况的。假说可以是一个假说命题，也可以是一个假说体系或假说理论。

假说普遍存在于自然科学研究、社会科学研究以及实际工作中

例如：牛顿的微粒说和惠更斯的波动说是关于光的本性的假说。

地球上常有地震发生和火山爆发，地球板块结构学说是关于火山、地震成因的假说，这种假说认为，地球的外壳（包括大陆和海洋）是一块块拼起来的，块与块之间产生的相互作用，就导致火山带、地震带的形成。

又如：月球是怎么形成的呢？科学家提出了不同的假说：①月球是地球的儿子。这种假说认为月球是在地球历史的早期从地球中飞出去的，太平洋就是这次分离留下的遗迹。②月球是地球的俘虏。这种假说认为，月球的质量达到地球的 1/81，月球的旋转轨道比较接近于太阳系公转平面。大约在 6 亿年前被地球引力捕捉过来，从那时起才绕地球运行。③月球是地球的兄弟。这种假说认为，月球是在地球附近的尘埃云与地球一起分别集聚形成的。运行是在形成之后才开始的。

康德和拉普拉斯的星云假说、施米特的俘获假说以及宇宙膨胀说和"塌缩—爆炸"循环说等是关于天体起源和演化的假说。如星云假说认为，地球和其他行星是这样形成的：原始时候在宇宙空间存在一团炽热的星云，由于本身的重力作用而不断收缩和旋转；后来，由于运动速度的增加，物质的离心力大于星云本体对它的引力，星云赤道上的物质就分离出来，形成气体环；这个气体环逐渐收缩和凝聚起来，形成一个行星；这种作用一再发生，结果生成了太阳系的各个行星；而残余的星云本体则收缩成现在的太阳。

在社会科学研究领域以及法律工作中也在广泛使用假说。

例如：列宁就曾经指出，马克思的唯物史观，最初也是作为假说提出来的。自从《资本论》问世以来，唯物主义历史观已经不是假设而是科学地证明了的原理。

又如：民法中的"宣告死亡"实质上也是一种假说。如果公民失踪达到一定期限，人民法院根据利害关系人的申请，依法宣告该公民死亡。"宣告死亡"实际上是假定死亡，是对失踪人在较长期不归的一种推测性解释或假定。一旦被宣告死亡的公民生还，法院就应撤销其死亡宣告。

再如：1997 年 7 月 15 日，意大利著名时装大师范思哲在美国迈阿

密城度假时遇害。事件发生时，凶手逃走得很快，现场没有任何抢劫的迹象。据目击者证实，作案凶手是一名二十多岁的白人男子，头戴白色太阳帽，身穿白色或浅色上衣、深色短裤，身背一个背包。就在案发不久，当地警方在范思哲住处附近发现一辆红色雪佛莱小货车，在车下发现了凶手抛弃的衣服。这辆货车属于2个月前被谋害的一个守墓人，他是一个连环谋杀案的第四个受害者。警方根据调查以及目击者提供的情况，推断这是一次蓄谋已久的谋杀案，而且推断这些谋杀案和连环杀手库纳南有关。库纳南是美国联邦调查局长期通缉的十大要犯之一，他在此之前被怀疑在1997年4月底至5月初的2周时间内连续杀死了4名男子，而刚刚遇害的范思哲则是他的第五个系列受害者。

警方的这一推断实际上就是一个假设，一个侦查假设。

假说是对事物现象及其联系的推测性解释，但并非任何一种推测都是假说。假说与臆想、迷信、妄想、猜测的不同之处在于：

1. 假说要以事实材料和科学理论为根据。科学假说与主观臆想、迷信、不着边际的妄想和没有事实根据的猜测是截然不同的。科学假说是在事实材料和科学理论的基础上建立起来的，科学假说在产生时要与已有的事实材料和人类知识总体没有矛盾。例如，有人宣称要发明一种能溶解一切物质的"万能溶液"，这种思想本身就是自相矛盾的，是与科学常识相违的，是一种不切合实际的妄想。如果假说的内容不能修正或推翻某一科学理论，就不能违背这一科学理论。

假说区别于臆测、迷信、妄想

2. 假说要有解释力。假说要能够解释它所要解释的那些事实或现象，假说的使命在于解释事实。如果假说无法解释客观事实，就要修改它甚至否定它。例如，有一些学者，想用社会物质生活条件的某一方面——地理环境的不同来解释复杂的社会现象，这就是"地理环境决定论"的假说。但是，这个假说不仅在解释这一国家与那一国家的社会面貌为什么不同方面有困难，而且根本无法解释这样的事实：一个国家在相当长的时期内，自然的地理环境并没有什么改变，为什么革命一次两次地发生了？社会制度一次两次地变更了？又如，另一些学者想用社会生活的另一因素——人口密度的不同，来解释复杂的社会现象。同理，这种假说也碰到了事实的反驳。一个假说无法解释明显的客观事实，就意味着它的破产。如果一个假说在解释事实方面是充分的、足够的，是有解释力的，就接受这个假说。例如，牛顿的微粒说成功地解释了光的直射、反射和折射现象，惠更斯的波动说成功地解释了干涉、衍射等现象，因而这两种假说都发展成为科学假说，成为科学理论。又如，牛顿的万有引力定律起初是一个假说。这个假说成功地解释了整个

太阳系的错综复杂的运动，并且和观察的结果相符合。一般地，如果假说适用于各种情况，则可上升到理论范畴；如果深度足够，甚至可上升到"定律"。一旦出现反面的事例，与假说相违，这个假说就要修改，甚至被推翻。

3. 假说要具有可检验性。假说是对某些事物情况的假定说明。假说具有推测性，它含有想象和猜测的成分。它是否把握了客观真理，是否确实可靠，是否正确，还有待实践检验，有待实践证实。因此，科学假说要具有可检验性，要经得起实践的检验。科学假说能在科学实践中获得检验，随着人类知识的深化，科学假说能在实践检验过程中不断地得到修正，不断地精确化，最后发展成为一种严密的科学理论。

例如：哥白尼的太阳中心说，最初是一个假说，它有力地打击了宗教神学的地球中心说，动摇了当时占统治地位的宗教神学观念，在很长时期里被认为是异端邪说。但哥白尼的假说具有可检验性，经得起实践的检验。在实践检验基础上，开普勒又修正了哥白尼假说的部分观点，即地球绕太阳运行的轨道不是圆形的，而是椭圆形的，使哥白尼的假说在实践检验中得到发展和完善。

不具有可检验性，经不起实践检验，经不起观察实验事实材料的检验，这些解释就不是科学假说，这样的假说就会被否定。

例如，有些神学家用风神发怒来解释刮风现象。这类解释不是科学假说，因为"风神发怒"是一个不可检验的命题。谁见到过风神？怎么检验风神发怒呢？神学家们提不出任何检验的方法和可检验的证据，而只能指着呼啸的风说：风神正在发怒。

宗教神学的解释是不具有可检验性的，因而它不是科学假说，它必然要遭到科学的拒绝。如果假说能经受住实践检验，它就是科学假说，就会被接受。

逻辑学不研究关于自然现象的假说或关于社会现象的假说的具体内容，不研究特定假说是否确实可靠，这是经验科学所要研究和解决的问题。逻辑学只研究假说方法的一些逻辑问题，只研究提出假说以及检验假说的逻辑方法。本节主要从逻辑的角度探讨科学假说及工作假设中的侦查假设的形成及检验它们的逻辑方法。

二、假说的提出

（一）科学假说的提出

对事物现象的本质、事物现象之间的因果联系或规律性作出假定性说明，这是提出假说的过程。在提出假说即形成假说的过程中，要以掌握的事实材料和已有的科学知识为前提，还要综合运用各种推理，特别是要应用各种非演绎推理。非演绎推理具有或然性，其结论是可错的，但非演绎推理具有探索性和创造性，因而在形成假说的过程中具有重要的作用。

例如，著名的哥德巴赫猜想是根据不完全归纳推理获得的一个假说。这个假说指出：一切偶数都能分解为两个素数的和。这个假说尚未得到数学的证明。

尽管由观察的现象到该现象的本质及其因果联系的推测性解释是非常富有创造性的，有时会出现一种不可言状的思维飞跃情形，因而有人认为这种创造性的解释来源于顿悟或灵感，但这种情形实际上是存储于潜意识的长期思考的信息，后因某一因素的诱导而突现出来。这种飞跃过程只不过是逻辑思维的积淀和另一种表现形式。

非演绎推理在提出假说过程中的重要作用

例如：凯库勒提出苯分子的环状结构，虽然产生于睡梦惊醒的那一刻，但实际上是他对苯分子结构作了长期研究之后在那一刻受到环状手镯的启发而突然想到的。凯库勒在回忆他发现苯分子结构的经过时说道：有一次，他坐在车上昏昏欲睡，不久便进入了梦乡。在睡梦中，他似乎觉得碳原子都活了起来，在他眼前翩翩起舞……突然一条碳链如蛇一般地盘成一圈。凯库勒从梦中醒来时发现了答案：苯分子是一个环。

在凯库勒的这一思维过程中，类比推理起了非常重要的作用。

又如：有人对梦的产生提出了假说：外部的刺激能引起梦。以外部刺激来解释梦的产生。睡时阳光照脸，就可能梦见熊熊大火；双足露在被外，也许会做在冰雪中奔跑的梦。有人这样试验：在睡着的人的鼻前放了一瓶香水，那人醒来后说，他梦中到了大花园，觉得到处都是"花香"。一本古老的著作中也提道：轻轻加热熟睡者的手，他在梦中觉得自己穿过火丛。身体内部的刺激也会产生梦。正在发育的人，可能会梦见自己腾空飞行。有的气喘病人说，当他呼吸通畅后，也会做飞行的梦。如果睡着后，膀胱胀满要小便，就可能梦中到处找厕所，小朋友或许就会把小便尿到床上。……

这个关于梦的产生原因的假说的提出就运用了求因果联系五法中的求同法。

假说的使命在于解释事实或现象。对某事物情况作出解释，就是说明事物现象何以发生，说明事物情况何以如此。这个解释过程实际上是一个推理过程。推理的前提是说明事物情况何以发生的理由，推理的结论是要解释的事物情况的事实命题。

对某些事实或现象作出解释，经常要应用假说方法。即为了解释某个事实或现象，要提出一个待证实的假说命题，要把假说命题和已有的事实命题或知识命题结合在一起，作为解释的根据和理由，作为推理的前提。然后从这些前提出发，合乎逻辑地推导出要解释的事实命题。

一般地，解释某个事实或现象的过程可以概括为：

已确定某个事实命题（F）为真。但该事实没有得到解释或没有得到合理解释而需要重新解释。

提出的假说要能够解释事实或现象

为解释 F 寻找根据，或为 F 提供理由。我们有某种确认为真的知识命题或事实命题（W），W 可以用来作为解释 F 的根据，但仅靠 W 不能推导出 F。

提出假说命题（H），将 W 和 H 结合在一起就能推导出 F。

我们就得到对 F 的一个解释：

$$H \wedge W \rightarrow F$$

$H \wedge W$ 是推理的前提，F 是推理的结论。在这里，尽管 H 是有待证实的，但推理的有效性能保证前提蕴涵结论，能保证如果前提为真，则结论必真，能保证前提是结论的充分理由，能保证由前提必然推出结论。因此，如果上述推理式是有效式，则提出的假说就能圆满地解释所研究的事实或现象；如果从 $H \wedge W$ 不能推出 F，则提出的假说就不能充分地解释所研究的事实或现象，就需要提出新假说。假说的使命在于解释现象。因此，上述推理式必须是有效的，否则就不能完成解释事物现象的使命。因此，在提出假说命题时，要保证把假说命题和已有的知识命题或事实命题结合在一起就能合乎逻辑地推导出要解释的事实命题。

例如，科学家魏格纳发现非洲西部的海岸线与南美洲东部的海岸线彼此相吻合。他说：任何人观察南大西洋的两对岸，一定会被巴西与非洲间海岸线轮廓的相似性吸引住。不仅圣罗克角附近巴西海岸的大直角突出和喀麦隆附近非洲海岸线的凹进完全吻合，而且自此以南一带，巴西海岸的每一个突出部分都和非洲海岸的每一个同样位置的海湾相呼应。反之，巴西海岸有一个海湾，非洲方面就有一个相应的突出部分。如果用罗盘仪在地球仪上测量一下，就可以看到双方的大小都是准确一致的。对该事实如何解释呢？两块陆地边缘的海岸线为什么会如此吻合一致呢？当时的地质科学理论，如地球收缩说等，都不能解释这一事实。魏格纳设想：在古生代，地球上只有一块陆地，称为泛大陆，其周围是广阔的海洋，后来由于天体引力和地球自转所产生的离心力，使泛大陆分裂成若干块，这一块块陆地像浮冰一样在水面上漂移，逐渐分开。他设想巴西与非洲这两块陆地早先是合在一起的，后来才漂移开来

（即近代"大陆漂移说"）。

有了这个假说命题，然后结合一般性知识命题，就能合乎逻辑地解释上述事实。将这个解释过程加以简化，可表示为：

如果地球上的各大陆块都是原始泛大陆的整体破裂后漂移而成的，那么，相对应的各大陆块边缘的海岸线轮廓就会相吻合（一般性知识命题）。

设想南美洲和非洲这两块大陆早先是合在一起的，后来才漂移开来（假说命题）。

结论：南美洲东部的海岸线与非洲西部的海岸线彼此正相吻合（事实命题）。

在解释某个事实或现象的过程中，假说命题 H 是假定为真的命题，其真实性有待检验。只有检验 H 确实为真时，它对于解释事实或现象才具有真正的实际意义。

（二）侦查假设的提出

在刑事侦查中，任何案件总是在一定的时间、空间和条件下发生的，现场总会留下这样或那样的痕迹。深入勘查现场，掌握有关案件的种种事实材料（包括现场痕迹），并结合有关的经验和知识，是建立侦查假设的重要依据。事实材料越丰富，知识面越广，思路就越宽广，侦查假设的内容就越充实。例如，我们具备有关医学方面的知识，根据死者的生理特征，就可以推测死者的年龄；如果具备化学、药物等方面的知识，就可以对毒物的种类作出推测；如果具备关于脚印的知识，就可以推算出犯罪分子的身高、体重以及作案人数；根据脚印以及沾附的水迹、附着物等，就可以判断作案时间；根据脚印的分布情况，可以推测罪犯的进出口行经路线及活动情况等。总之，经验和知识越丰富，事实材料越充分，就越能提出有价值的侦查假设，对侦破工作就越有帮助。

侦查假设的提出

侦查假设的提出有以下特点：

1. 现场勘查和分析是侦查假设的基础。在刑事侦查中，建立哪些侦查假设，是由现场勘查和分析所要解决的问题来决定的。发现问题和提出问题是提出假设的起点，所以，侦查假设和科学假说一样，都是从发现问题开始的。但侦查假设与科学假说不同，后者多半是在原有理论与实践之间的矛盾中产生的，而前者的产生一般不是源于理论与实践之间的矛盾，而是源于现场勘查和分析所要解决的问题。侦查假设经常围绕以下几个方面的问题而提出来，它是关于案件性质、作案时间、作案地点、作案人数、作案手段、作案动机和目的以及作案分子在现场的活

注意现场勘查和分析

动等几个方面的情况的假设。

例如：在饮马河的浅滩上发现一具尸体。公安局接到报案后，立即组织人力赶赴现场。经勘查，死者为男性，50岁左右，头部被砍得皮开肉绽。头颅和下颌有锐器伤十余处。衣兜内有××省地方粮票两张，××厂迎春牌香烟半包，有4张××县客运站的汽车票，其中票价一元三角的两张、二角的两张，票号56~59，售票时间5月21日。走访的同志报告：22日××大队社员在现场捡到两口袋黄豆，还有两个旧式瓷瓶。

侦查员根据有关事实材料，提出以下侦查假设：

（1）通过尸体检验推测：死者被害时间为5月21日20时至次日2时之间。

（2）从检验刀痕判断，作案凶器可能是菜刀。

（3）从砍伤程度分析，罪犯可能是青壮年。

（4）从汽车票、香烟商标和死者衣着分析，死者可能是××县人。

（5）从所带黄豆、瓷瓶等物品分析，死者可能是个体商贩。

（6）从车票日期相同、号数相连推测，同行者是两个人，同路人极大可能是凶犯。

（7）从现场环境分析，遗留瓷瓶地点前方2华里处的火车站，可能是凶手逃窜的方向。

（8）现场情况综合分析，该案可能是一起图财害命案。

以上表明，没有现场勘查和分析，就不可能建立侦查假设。因此，这就要求侦查人员在勘查现场时，必须对现场痕迹具有敏锐的观察力和警觉性，并要进行详细的勘查和深入的分析，进而提出各种假设。

2. 尽可能穷尽一切可能性，是对侦查假设的要求。侦查工作开始的阶段，由于掌握的事实材料有限，侦查重点一时难以确定。这时，宁可把侦查视野尽量放宽些，对案情的假设不要仅限于一两种可能性，而要力求把所有的可能性都考虑进去，要力求穷尽所有的可能性，提出所有可能的假设，不要遗漏。例如，关于刑事案件中的他杀溺死，有多种可能：将被害者打昏后扔入水中；给被害人服用安眠药或烈酒等，使其失去抵抗能力，然后投入水中溺死；两人同行，突然将被害人推入水中溺死；等等。穷尽列举，可以防止遗漏，避免顾此失彼，贻误战机。同时可以把各种假设加以比较，以便找出其中可能性较大的假设作为侦查重点。如果能够做到除一种可能之外，其余几种可能都被推翻，那么，剩下的一个假设，就是唯一的可能了。

尽可能穷尽各种可能性

例如：福尔摩斯《四个签名》一案中，房间的主人惨死在一张木椅上。福尔摩斯已发现是谋杀，和他同住的医生却弄不明白："罪犯究竟是怎么进来的呢？门是锁着的，窗户又够不着。烟囱太窄，不能通过。"福尔摩斯说："当你考虑一切可能的因素，并且把绝对不可能的因素都除去以后，不管剩下的是什么，不管是多么难以相信的事，那不就是实情吗？我们知道，他不是从门进来的，不是从窗户进来的，也不是从烟囱进来的。我们也知道，他不会预先藏在屋里边，因为屋里没有藏身的地方。那么，他是从哪里进来的呢？"医生嚷道："他从屋顶那个洞进来的。"经检查，果然这一假设为真。

关于侦查假设的"穷尽"，一种是用逻辑方法穷尽一切可能性。例如，盗窃案的种类无非是内盗、外盗、内外勾结。这种穷尽是按同一标准进行划分，只要划分正确，就会穷尽一切可能性。另一种是具体条件下的穷尽。例如，上述《四个签名》一案，关于罪犯是从何处进来的问题，在那间屋子的具体情况下，只有上述几种可能。有的情况比较复杂，未必能做到穷尽。如凶杀案的性质可能是政治谋杀、仇杀、财杀，就未必能穷尽一切可能。

3. 破案是侦查假设的归宿。侦查假设的建立，始终围绕一个目标，即查明犯罪分子及其罪行。如果提出的假设不符合客观事实，经不起检验，就要推翻这个假设，建立新的假设，以逐步接近侦破的目标；如果提出的假设尚未被推翻，但也不能得到证实，就应扩展思路，寻找新线索，连续提出其他方面的假设，并寻求检验，以逐步逼近侦破的目标。

例如：某凶杀案件的现场，有一个柳条筐，侦查人员推测此筐可能是凶手遗留的。这个假设同要抓获的凶手还不能直接联系起来，因此，一时得不到证实。于是进一步思索：如果柳条筐是凶手的遗留物，那么，筐内肯定有凶手留下的痕迹。循此思路，从筐内发现有猫毛和猫吃剩的生鱼。据此，侦查人员进一步推测：该柳条筐是装猫的筐。谁会随身带着装猫的筐呢？侦查人员想，如果是猫贩子，那么会随身带着装猫的筐。并由此推测：凶手可能是个猫贩子。据此假设确定了侦查的方向和范围，寻找猫贩子。通过调查访问，有人证实有个携带柳条筐的青年，来这里买过8只猫，还在附近塘内捞鱼喂食。并且还了解到，贩猫人姓郭，19岁，家住河南省×城县，此人身材较高，左眼有白内障等特征。至此案情获得了重大的发展，侦查方向和范围愈来愈清晰，接近了破案的边缘。可是，河南省带"城"字的县共10个，从何处入手比较容易找到凶手呢？据了解，河南省虞城县鼠害成灾，贩猫人较多。由此进一步推测：凶手可能是虞城县人。于是，直奔虞城县查访，最后该假设得到证实，凶手被抓获归案。

侦查假设的归宿在于破案，最终抓获罪犯，查清罪行。这一过程中，新旧假设交替，连接不断，直到破案为止。

从观察到的现象到推测该现象的原因这个角度而言，提出假说和回溯推理具有逻辑同构性，只是在形成推测性解释的过程中，提出假说往往运用了多种非演绎推理方法，如归纳推理、类比推理、求因果联系推理等。但回溯推理的结论往往仅依据推理者头脑中有关因果联系知识而积淀。

正因为形成假说的过程中往往是借助于非演绎推理，非演绎推理导致创新和非演绎推理结论是可错的是其本质特征的两个不同方面的表现。因为非演绎推理结论是可错的，因而我们要对形成的假说进行科学的检验，进而验证、接受假说或者修正、放弃假说，形成新的假说。

三、假说的检验

（一）科学假说的检验

检验假说，是为了检验假说的真理性，而检验真理的唯一标准是社会实践，如科学实验等。科学假说一般是说明事物现象本质的、规律性的，因而它是概括性的、具有普遍性的。对于概括性的、具有普遍性的以及关于不可重复的事物情况的假说，是无法直接检验的。要检验科学假说是否成立，常用的方法就是：先从假说引申出具体推断，引申出具体推论；然后检验这些推断或推论是否与客观事实相符。这些具体推断或推论称为检验命题。这些检验命题是具体的，是可以直接加以检验的。如果从假说引申出来的具体推断或推论经检验不与事实相矛盾，则假说得到一些证据的支持；并且检验命题被证实的越多，则假说成立的可能性越大。如果从假说引申出来的具体推断或推论经检验与事实不相容，又没有理由确认其他前提为假，则该假说就不成立。此时，就要推翻旧假说，建立新的假说。

假说的检验过程可以概括如下：

$H_1 \wedge W_1 \rightarrow C_1$　　　　　（引申出检验命题）

$\neg C_1 \rightarrow \neg (H_1 \wedge W_1)$　　　　（假言易位推理）

$\neg C_1 \wedge W_1 \rightarrow \neg H_1$　　　（C_1 为假但 W_1 为真，则 H_1 必假）

$H_2 \wedge W_2 \rightarrow C_2$　　　　（H_1 被推翻，提出新的假说 H_2）

……

如果检验命题 C 被否证而又没有理由确认 W 为假，则假说 H 被否证。

例如，燃素说认为，物质含有燃素，当燃烧时，燃素就从燃料中逸

逻辑推演和事实验证

否定的检验结果证

出。如果燃体能自行释放燃素，那么，任何物体燃烧都不需要空气。但 伪假说
实践检验表明：如果炉子里没有空气，炉火就会熄灭。由此燃体能自行
释放燃素的假说被证实为假。法国化学家拉瓦锡经过实验，提出了新的
假说——氧化燃烧学说，在化学史上统治了一百多年的燃素说被推翻。

如果检验命题与事实没有矛盾，则假说获得了一些证据的支持。检
验命题被证实的越多，支持假说成立的证据就越多，假说成立的可能性
就越大。尤其是关键性检验命题被证实，则假说就得到关键性或决定性
证据的支持。因此，要尽可能多的从假说引申出更多的和更具有关键性
的命题，其过程如下：

$$H \land W_1 \rightarrow C_1$$
$$H \land W_2 \rightarrow C_2$$
$$H \land W_3 \rightarrow C_3$$
......
$$H \land W_n \rightarrow C_n$$

因为，C_1、C_2、C_3……C_n 都是正确的，因此，H 也就可能是正确
的。

检验命题被证实的越多，支持假说成立的事实或证据就越多。如果
关键性检验命题被证实，则假说得到关键性或决定性证据的支持。在这
里，证据越多，只能表明假说成立的可能性越大，但这并不等于说假说
就被证实。因为根据假言推理规则，不能从肯定后件进而肯定前件。即
检验命题被证实为真，不能进而肯定假说被证实为真。

达尔文进化论认为：人类是由类人猿进化而来的。由此推断：地层 肯定的检验结果支
持假说
里存在类人猿的遗骸。至 1881 年，荷兰医生杜步亚果然在爪哇岛的地
层中，发现了类人猿的一副头盖骨、大腿骨和几枚牙齿的化石。这个事
实有力地支持了进化论。

麦克斯韦尔电磁波假说认为：电磁波是一种波动。由此推断：电磁
波应有反射、折射、衍射等现象。后来赫兹的实验证实了这些推断，有
力地支持了电磁波假说。

在科学研究中为了对某现象给予解释，经常提出许多个彼此不同的
假说，有时还提出相互对立、彼此竞争的假说。此时检验活动就要在多
个假说中进行。要设计决定性实验来检验两个对立的假说。要在多个假
说中筛选择优，淘汰错误的假说，保留概率较高的假说。如果在各个相
互竞争的假说中只有一个假说经得起多次关键性的检验，而其余的假说
都被否证，则这个假说就被视为是真实的而被接受或保留。

例如：1893 年英国物理学家瑞利在测定气体重量的时候，发现从空气中得到的氮比从氨及其他氮化物中制得的氮要稍重一些，每升气体大约相差 6 毫克，差不多是一只跳蚤的质量。为了解释这一现象，瑞利设想了五种可能情况，即提出了五个假说：①由空气中得到的氮可能含有微量的氧；②由氨中得到的氮可能混杂了氢；③由空气中得到的氮可能含有密度较大的 N_3 分子；④由氨中得到的氮可能有一部分已经分散，所以，密度减小了；⑤由空气中得到的氮中可能含有一种较重的未知气体。通过实验检验，排除了前四种可能情况，剩下最后一个假说。前四个假说被推翻了，剩下的假说就可以成立。这种检验是间接检验，运用了选言推理的否定肯定式。但这并不等于说该假说已被证实为真。因为我们还不能保证各个假说已穷尽了一切可能情况。为了证实这个假说，瑞利和另一位科学家拉塞姆一起查找资料，发现 100 年前卡文迪什对于这种未知气体已有预示。瑞利重复了卡文迪什的实验：使氧和氮在电火花作用下生成氧化氮，再用苛性钠吸收，剩下未被吸收的就是所要寻找的未知气体。后来，拉塞姆又用光谱分析法，找到了未知气体的谱线。这种气体不与其他物质化合，所以被命名为"氩"，希腊文是"懒惰"的意思。

一个假说，如果推出的检验命题都被证实为真，没有出现反例，这样的假说，我们就视之为真而加以接受，并称之为科学原理或科学理论。但是，根据假言推理的规则，检验命题为真，假说未必为真。并且概括性命题或普遍性命题（全称命题）是无法证实的。此外，实践检验是一个不断深入和不断发展的认识过程，我们只能在所处时代的条件下进行认识，而且这些条件达到什么程度，我们便认识到什么程度。所有检验对于证实假说的真理性而言，都不具有"终审判决"的意义。因此，即使假说成立的概率很高，也不等于被证实为真。科学是可错的。科学理论只是在某个方面具有客观的真理性，而不具有"终极真理"的意义。所以，科学的进步就是新旧假说不断替换的过程，一个科学理论被淘汰，又有新的更趋于完善的假说被提出。科学就是通过假说而发展的。正如恩格斯所言：只要自然科学运用思维，它的发展形式就是假说。一个新的事实一旦被观察到，对同一类的事实的以往的说明方式便不能再用了。从这一刻起，需要使用新的说明方式——最初仅仅以有限数量的事实和观察为基础。进一步的观察材料会使这些假说纯化，排除一些，修正一些，直到最后以纯粹的形态形成定律。

假说可以被接受但不能最终被证实

（二）侦查假设的检验

提高侦查假设的可靠性，首先，要详细勘查现场，认真分析事实材料。其次，要广泛进行检验。这里涉及多方面的问题，如刑侦技术、具体科学知识等。下面仅介绍这方面的逻辑问题。

1. 对同一案情，提出多个假设，淘汰筛选，从中择优。第一步对同一案情提出多种解释（多个假设），甚至提出相互对立的假设，这些假设必须是可检验的。第二步检验假设，即从假设引申出检验命题，再检验这些推断和推论是否真实。如果某个检验命题与客观事实不符，则认为某假设是不成立的，是应淘汰的。如果检验命题被证实为真，则认为相应的假设可能是真的，是可以接受的。要在多个假设中筛选择优，淘汰错误的假设，在尚未被淘汰的假设中，选择概率较高的假设作为重点侦查方向。如果所提出的各个假设能够穷尽一切可能性（对于特定场合下的特定案情来说，这是可能做到的），并且除了其中一个假设之外，其余假设都被推翻，那么，剩下的这个假设就被视为真实的。

例如：1978年11月11日下午，北京市朝阳区金盏公社长店大队村南地里发现一具无名女尸。经过现场勘查和法医对尸体的解剖证实：①死者头部受伤39处，系大量出血死亡，确认是一起凶杀案；②死者血型为BMN型；③根据伤口形状大小，确认凶器为约1.5磅重的圆铁锤，直径约2.5厘米；④死者右手小指骨折，系抵抗时受的伤。但现场无大量血迹，也无搏斗痕迹，表明发现尸体的地方不是第一现场。

第一现场在哪里？侦查员提出几种可能：或在人烟稀少的荒野作案，移尸至此；或在附近农村家中作案，移尸至此；或在城区作案，移尸至此。这是关于第一现场的三个假设。然后，对三个假设进行检验。

如果犯罪分子在人烟稀少的荒野作案，则可以就地抛尸，没有必要移尸至此；现在犯罪分子移尸至此，由此可见，犯罪分子不是在人烟稀少的荒野作案。

如果犯罪分子是在附近农村家中作案，那么，移尸至此就很容易被人发现。因为现场周围距离最近的村庄也有2公里左右，一人一次徒手不可能把尸体搬运出来，若往返搬运，并且尸体没有包装，就很容易被人发现，而犯罪分子最怕被人发现，所以，犯罪分子不可能在附近农村家中作案，或这种可能性很小。

如果在城区作案，现场距市区约20公里，这就必然要有运载工具。犯罪分子用来移尸的运载工具不外乎是自行车、三轮车、汽车。如果移尸的运载工具是自行车或三轮车，那么，沿途必有连续滴落的血迹和其他

侦查假设的检验

痕迹。经勘查现场沿途，并没有发现连续滴落的血迹和其他痕迹，所以，运载工具不可能是自行车和三轮车，极大可能是汽车。

使用汽车作为运载工具，第一现场仍有两种可能：或在城区某房子里作案，然后用汽车载尸至此；或在汽车里作案，然后驾驶车至此抛尸。从死者头部伤痕来看，像是用铁锤打的，而且伤痕多达 39 处而没有一处是致命伤，这该如何解释呢？侦查员根据现场事实，作出以下推测：如果凶手行凶打人受到空间的限制，行凶时使不上劲，那就会造成被害者受伤多处而又没有致命伤。该死者伤痕多达 39 处，而没有一处是致命伤，所以，该凶手行凶时很可能受到空间的限制。这一点恰恰符合在小轿车或卡车驾驶室内作案的特点。于是，侦查人员进一步推测：犯罪分子不但用汽车作运载尸体的工具，而且极大可能是在汽车内强奸杀人的。这一假设为侦查工作提出了方向。

可是，北京市的汽车数以万计，从何处下手侦查呢？这就需要了解犯罪分子作案用车的特点，以便缩小侦查范围。

侦破组进行了大量的调查访问。在走访中，金盏公社一位拖拉机手的反映，为破案提供了重要的线索。1978 年 11 月 10 日晚上 7 时半左右，这位拖拉机手骑自行车去小店村串门，当他行至金盏西大队和马房大队交界处时，发现前面大约 100 米处由北往南开来一辆小轿车，向西拐进了长店大队的田间土路，向现场方向驶去。由于当时天已经黑了，车身的颜色和车号都没有看清楚，只是看到汽车的横排尾灯很亮。

北京市有横排尾灯的小轿车，其车牌型号是多种多样的。仅城区、近郊区、县里就有 5000 多辆。如果逐一调查，工作量仍然很大。

这时，朝阳公安局的侦查员联想到同年 8 月 6 日发生的至今未破的一件疑案：河南洛阳某厂女工去东北辽阳探亲，乘 70 次列车途经北京。当晚 8 时 20 分从北京站下车后，接她的人未到。这时，来了一个司机问她上哪儿去，她说："去甘家口。"司机说："我也是来接人的，没有接到，上我的车吧，捎你去甘家口。"她非常高兴地提着两个提包，抱着小孩上车了。汽车行至安定门外小关村时，她发现路线不对，便产生了怀疑，就找个借口抱小孩下了车。这时，正好一辆吉普车迎面开来，她赶忙拦车问路。犯罪分子见势不妙，开车逃跑，拐走了她随身携带的两个手提包，内有现金 170 元和食品、衣服等物。据事主反映：犯罪分子约 30 多岁，身高 1.7 米左右，圆脸，留寸头。根据吉普车司机提供的信息，犯罪分子驾驶的是日本大丰田或达特桑一类的小轿车（这两种车都是横排尾灯）。这两起案件的小轿车十分相似，于是，侦查员推测，两案很可能是同一犯罪分子所为。

为了检验该假设，侦查人员又从该假设推出多个检验命题：如果该小轿车的司机是杀人犯，那么：①1978 年 11 月 10 日晚 6 时至 8 时之间，该汽车司机有作案时间；②他年龄 30 多岁，身高 1.7 米左右，圆脸，留寸头；③平时有流氓行为；④10 日晚以后，脸部或手部有伤痕；⑤车内有血迹或破损；⑥1978 年 11 月 10 日后，刷过车，换洗过座套等。

经核查 1930 多辆横排尾灯小轿车后，终于发现某部的司机有重大嫌疑。该司机名叫李本东，开的丰田牌暗灰色小轿车与犯罪分子驾驶的车型和特征相符；1978 年 11 月 10 日晚发案时，李有作案时间；某部的农场就在现场附近的小井村，李常去农场，熟悉现场地形；李的面貌、身材与同年 8 月 6 日被骗事主所提供的作案人的特征相似；李曾先后与两名妇女乱搞两性关系，有作案可疑因素；发案后，李曾几次向车里喷洒香水；发案的第二天，有人发现李嘴唇破了，他自称是在打球时跌破了，情节十分可疑。但仍不能证实李为案犯，要证实李为案犯还必须掌握充分的证据。为获取充分、确凿的证据，对李所开的丰田车进行认真检查。结果发现该车后座里部渗有大量血迹，与死者血型相同。车内后座上方顶棚等处有碰破裂口，系直径约 2.5 厘米的圆铁锤碰击形成，并在车内发现凶器小圆锤，上面有微量血迹。

经批准，将李依法拘留，经审讯，李供认了全部罪行，至此全案真相大白。

该案侦破工作的开展，从分析第一现场到运尸工具的估计；由汽车里作案的推测到查明罪犯特征等，侦查假设贯穿侦破的全过程。每次提出多个假设，并检验假设，经过筛选、淘汰、择优，最后集中目标，穷追猛打，终于使罪犯落网。

在侦查工作中，通常都提出多个假设。凡检验命题被证明为假的假设都被淘汰，而有较多事实支持的那些假设，其成立的概率就较高。在尚未被淘汰的假说中，通常选择概率较高的假设作为重点侦查方向。围绕侦查方向，继续提出更深入、更具体的假设，新旧假设交替、淘汰、筛选和择优，直到假设被证实侦破完成为止。

2. 从同一假设引申出多个检验命题，被证实的检验命题愈多，则该假设成立的概率就愈高

如上例中，由同一假设（该小轿车司机李本东是杀人犯）推出多个检验命题，然后与事实对照，一一相符。最后，"李本东是杀人犯"的假设被证实为真。

再如：某工厂女电话员安某上夜班时在电话室内被害，案情已确认为是一起伪造现场的凶杀案。犯罪分子是谁？大家认为是熟人作案，并

且多数群众认为死者的丈夫梁某有作案的嫌疑。为了确认这一假设的真实性，侦查人员进行了广泛的调查和检验：

如果梁某是凶手，则梁某有充分的作案时间和条件。经调查，梁某和安某当晚9时从岳母家返回，9时半安某上夜班，家中只剩梁某和5岁的男孩，行动方便。梁某住家属宿舍，离厂很近，又是本厂车间副主任，熟悉电话班情况，加上他是安某的丈夫，可以叫安某开门。上述推断被证实。

如果梁某是凶手，那么，梁某有作案动机。经调查梁某和安某结婚后，前两年关系尚好，后因经济等问题，关系逐渐紧张。特别是近两年来，梁某和同车间女工王某来往密切，关系暧昧。群众反映王某是梁某的小老婆，安某知道丈夫和王某的关系后，十分生气，曾当众与丈夫吵架并骂其丈夫"臭不要脸"，梁某则说"我要杀了你"。梁某有作案动机的推断被证实。

如果梁某是凶手，那么，梁某会有反常现象。经调查，梁某得知其妻死后并不悲痛。发案当日，侦破组找他了解平日他们家庭生活和夫妻关系的情况时，梁某只讲好的，说他们夫妻关系如何融洽，死者平时如何对他体贴关心等，极力回避与死者矛盾的一面。当知道安某可能是失足坠楼死亡的消息时，梁某对此十分感兴趣，说什么"这就好交待了"。当厂领导公布案情是凶杀时，梁某神色慌张，坐立不安，要求找厂领导谈话，提出回老家等。梁某有反常现象的推断被证实。

如果梁某是凶手，那么，梁某的衣服上会有被害者的血迹。经搜查，发现梁某穿的工作服袖口处有一点血迹，经化验是近期滴上的人血，血型同死者相同。推断亦被证实。

以上推断——查证落实。这表明梁某是凶手的假设成立的可能性很大。

一般地，要确认假设的真实性，要提高假说的可信程度或概率，就要推出尽可能多的检验命题并加以检验。推出的检验命题越多，假设被推翻的可能性就越小；另一方面，被证实的检验命题越多，假设成立的概率也相应提高。由于在假言推理中，肯定后件不能推出肯定前件，而否定后件就得否定前件，因此，推翻假设和证实假设这二者在逻辑上是不对称的，即反驳优于证实，或否证优于证实。为了获得有用的结果或可靠的结果，与其致力于证实假设，毋宁致力于推翻假设。因此，我们应该有意识地去冒假设被推翻的危险，应设法使我们提出的假设经受尽可能多的考验，而不能认为检验命题一经被证实，该假设就被证实。

侦查假设在侦查工作中具有十分重要的作用。侦破案件的全过程，可以说就是假设的提出、推断、检验、筛选、证实的过程。

（1）侦查假设是侦查工作的起点。在侦查实践中，首先面临的情况是：案件发生了，只知道犯罪的结果，不知道犯罪的原因；只知道案件的某些现象，不知道它的全部真相。侦查实践迫切需要建立侦查假设以明确侦查任务，拟订侦查计划，实现侦查目的。离开侦查假设，侦查活动就迈不出第一步，工作就会陷入停顿和僵局。

（2）侦查假设为侦查工作明确方向。侦查假设为侦查工作提出侦查目标、侦查重点以及侦查部署应围绕的中心。如果离开侦查假设，侦查工作就会失去目标，就会陷入茫然无策的境地。

（3）侦查假设为侦查工作确定步骤。在侦查工作中，先侦查什么，后侦查什么，如何使侦查范围愈来愈小，侦查目标愈来愈集中，侦查内容越来越深入，这些都要靠侦查假设来引导，都要由侦查假设来确定。

（4）侦查假设是侦查工作的发展形态。在侦查实践中，无论是假设的证实或否证，都会推动侦查工作的发展。侦查工作的发展是通过一系列假设的证实或否证来实现的。在假设被推翻的情况下，剩下需要说明的东西就少了，侦查范围和目标就缩小、集中了。

（5）侦查假设可以被证实。在这一点上，侦查假设和科学假说不同。由于科学假说一般是关于事物普遍规律的解释。科学命题是全称命题，其主项的量是无限的。因此，我们无法用有限次检验或实例来确证关于无限数量事物的命题，即全称命题不能被证实。因此，尽管科学理论的命题已经多次被实践检验，也难保它永远不被实践所推翻。侦查工作所要弄清的事实不是某个类的事实，不是普遍的事实，而是特定的事实，是具体的事实；所要证实的命题不是全称命题，而是特称命题或单称命题。所以，侦查假设是可以被证实的，侦查工作通过新旧假设的交替，通过否证旧假设和证实新假设，是可以获得确实可靠的结论的。

侦查假设可以被证实

假说检验过程是复杂的，假说自身的发展更是一个不断推进的复杂过程。通过证伪与确证，有的假说被淘汰，有的假说不断修正、完善，随着确证度的提高，假说逐步向科学理论转化，科学理论也随着新、旧假说的更替而不断丰富、发展。

第三节 证明和反驳

一、什么是证明

人们在科学研究或实际工作中，当确认某一命题是否为真、某一决策是否正确或者某一实施方案是否最优、可行时，都需要进行论证。"论证"一词，从狭义上说，与"证明"是同义词；从广义上说，论证包括证明和反驳。

（一）证明的定义

证明就是引用确认为真的命题为根据，从而得出某一命题为真的推理过程。

例如：1973年11月，美国马里兰州律师协会向马里兰州上诉法院提起诉讼，要求制裁阿格纽律师，此案引起世界瞩目。

阿格纽当时是美国的风云人物，1969年当选为尼克松政府的副总统。1973年10月，马里兰联邦地区法院以偷税漏税罪判处阿格纽3年"无监督暂缓刑"，并罚款1万美元。为此，马里兰州律师协会为履行维护法律制度完整性的责任，向马里兰州上诉法院提起诉讼，要求从律师纪律方面对阿格纽加以制裁。

马里兰州上诉法院援引法律："凡本州律师被判犯有下列职业上的罪行：无能、欺诈、从事道德堕落的非法行为，导致执行律师事务中的不公正行为时，必须根据法官作出的有罪判决而取消其律师资格。"法院认为，阿格纽的偷税漏税行为显然属于不道德的非法行为，在执行律师事务中必将导致不公。据此，法院作出判决，撤销阿格纽的律师资格。

在上述案例中，上诉法院作出判决的论证过程可以分析如下：

根据法律，凡本州律师被判处下列职业上的罪行：无能、欺诈、从事道德堕落的非法行为，导致执行律师事务中的不公正行为时，必须根据法官作出的有罪判决而取消其律师资格。

阿格纽的偷税漏税罪显然属于不道德的非法行为，在执行律师事务中必将导致不公。

因此，应撤销阿格纽的律师资格。

在这一论证过程中，上诉法院援引法律的相关规定以及阿格纽的犯罪事实，运用三段论的推理形式，得出了所要证明的结论。

逻辑证明不同于证实。在实践中，人们可以通过测量、观察等途径来确定某一论断的真假，这称为证实，即经验证明、实践证明。例如，两条线段是否等长，火星上是否有生命存在，等等，都需要通过实地的测量、考察、实验等来确定。

逻辑证明是一种理性的推演过程，它需要通过推理的形式，从一些已知为真的命题出发，推导出所要论证的命题为真。如上例中的判决，

（旁注）这是证明的定义。证明实质上就是推理的运用

（旁注）这是三段论推理的第一格AAA式，是法庭判决中的主要推理形式

就是从所援引的法律和事实合乎逻辑地推导出来的。

逻辑证明要求是演绎证明，即要求使用演绎推理的形式来确认某一命题为真。证明过程的每一步推导都要严格地遵守演绎推理的规则，以保证从前提推出结论的必然性。如果前提真，则结论必真，这种可靠性是无可争辩的。在证明过程中，如果使用非演绎推理，由前提得出结论则带有某种经验性、偶然性，而不能保证由前提得出结论的必然性。因此，逻辑证明不使用非演绎推理。

一般的论证并没有这样严格的要求，非演绎推理的各种类型在实践中也是被广泛应用的。实际上，严格的逻辑证明在很多情况下是难以做到的

（二）证明的作用

证明在理论思维中起着重要的作用。科学理论不容许无稽之谈，任何一个科学论断都需要证明。只有经过严格的逻辑证明，才能被确认为真，才能令人信服。如果不经过证明，就不能确立其科学性，就不能称其为科学原理。例如，哥德巴赫猜想从 1742 年提出，至今已有二百多年，由于还没有得到完全证明，所以，现在仍然还是一个猜想，还不能成为科学定理。从这种意义上说，没有逻辑证明，就没有科学理论。

是否经过逻辑证明，正是科学理论和假说的分界线

逻辑证明在思想表述与交流中起着重要的作用。无论是传播文化科学知识，还是宣传鼓动，或是演讲论辩，人们都要借助于逻辑证明，提出论题，陈述理由，合乎逻辑地得出结论，以帮助人们更好地理解和掌握科学真理，明辨是非。

逻辑证明贯穿于司法实践的全过程。一起刑事案件，从立案到侦查，从起诉到判决，都需要应用逻辑证明。司法人员在查证活动中收集到的各种案情材料，仅仅是一些零散的、无序的原始材料。如何使这些材料成为证明案情真相的证据，还需要通过理论思维的加工制作，以揭示其内在的逻辑联系。逻辑证明正是完成这一过渡与转化所不可缺少的工具。

认定某个案情事实为真，需要运用逻辑证明。例如，证明某甲是否曾进入某个房间。如果有他留下的手印和足迹，就证明他到过这个房间。这就是根据规律性知识，结合现场的勘查，通过演绎推理，以认定某个案情事实的逻辑证明过程。

排除错误假设，需要运用逻辑证明。例如，在某起案件中，开始曾推测某婴儿是生下来以后死的，后经检查，此婴儿肺里没有空气，由此断定：此婴儿不是生下来以后死的。这是通过充分条件假言推理的否定后件式，排除错误假设的逻辑证明过程。

法庭辩论既有证明又有反驳。公诉人法庭活动的直接目的是证明被告人有罪、有什么罪、应如何处罚。辩护人法庭活动的直接目的是反驳指控，证明被告人罪轻或无罪，论证对被告人应减轻处罚或免予追究刑事责任。辩论的双方，其任务的侧重点是不同的。但确认案件事实、确认案件证据的真实性与证明力，以及正确适用法律等，又是通过法庭辩论来共同完成的。证明与反驳贯穿于法庭辩论的全过程，没有证明与反驳，也就无法庭辩论可言。

司法工作从立案侦查到审判终结，自始至终都和逻辑证明密切相关。一个司法工作者，如果能熟练、有效地应用逻辑证明，使推理合乎逻辑，使论证具有说服力，不但可以提高工作效率，而且有利于刑事被告人的认罪、服罪，有利于民事当事人达成和解，有利于增强公民的法律意识。

（三）证明的结构

从证明的构成来说，证明都是由论题、论据两部分组成的；从论据与论题的逻辑联系来说，证明都具有一定的论证方式。

论题，就是真实性需要确定的命题，它回答"证明什么"。证者进行论证时，通常是先把论题提出来，以明确证明的目的。

论题一般有两类：一类是已经确认为真的命题，如科学定理、定律等。对这类论题的证明，目的在于阐明真理、宣传真理。另一类是真实性尚待确认的命题，如科学假说。对这类论题的证明，目的在于探索真理、发现真理。

论据，就是用来确认论题真实性的命题，即在证明中为支持论题所提供的根据、理由。它回答"用何证明"。

可以用来作为论据的命题一般有两类：一类是已被证明为真的理论命题，如科学原理、公理、定理、定义等。用这类命题作为论据，能使证明深刻、说服力强。另一类是已被确认为真的经验命题。在实际证明过程中，人们往往把两类论据结合起来使用。这样既有理论深度，又有事实依据，以达到更好的证明效果。

论据的使用必须考虑被证明人的可接受性。只有这样，才能让人接受或相信由论据得出的论题。否则，就达不到论证的目的。

在一个复杂的证明中，论据往往有基本论据和非基本论据之分。直接支持论题的命题是基本论据，对基本论据再作论证的，或由论据得出论题时的一些过渡性的命题，称为非基本论据。

例如，论题：类推定罪应当取消。

论据：因为它不符合罪刑法定的刑法基本原则，而罪刑法定原则是公民人身权利得以保障的重要环节。

也就是说，要考虑到被证明人的知识结构，比如，对于具备了逻辑推理基本知识的人，就可以直接用逻辑推理公式进行证明，对于那些不具备相关在上述证明中，第一个论据"它不符合罪刑法定的刑法基本原则"，是直接支持论题的，是基本论据；而第二个论据"罪刑法定原则是公民人身权利得以保障的重要环节"又是阐述罪刑法定原则的正确性的，因此，是非基本论据。

如何从论据得出论题，这需要通过一定的推理形式。论证过程中所运用的推理形式，就是论据与论题之间逻辑联系的方式，称为论证方式。论证方式回答"如何证明"。

根据论证的需要，在一个证明中可以只有一个推理形式，也可以采用一系列的推理形式。只包含一个推理形式的证明，其论证方式就是该推理形式；包含两个以上推理形式的证明，其论证方式就是所运用的各种推理形式的总和。

例如：(1) 喜马拉雅山脉在过去地质年代里曾经是海洋地区。因为地质学已经证明，凡是有水生物化石的地层，都是地质史上的海洋地区。地质普查探明，喜马拉雅山脉的地层中遍布了珊瑚、苔藓、海藻、鱼龙、海百合等化石。因此可以得知，喜马拉雅山脉在过去的地质年代里曾经被海洋淹没过。

(2) 对待文化遗产应采取批判继承的态度。对待文化遗产的态度，要么是全盘继承，要么是虚无主义，要么是批判继承。全盘继承，不分精华和糟粕，不能推陈出新，文化不能发展；虚无主义，割断历史，违背文化发展的规律，文化同样不能发展；只有批判继承，才符合物质辩证发展的法则，扬弃糟粕，吸取精华，促进文化繁荣。

上述例 (1) 的论证方式是一个三段论，例 (2) 的论证方式是一个选言推理和三个假言推理。

在论证过程中，对于不同内容的论题，可以采用相同的论证方式；对于同一个论题，也可以有几种不同的论证方式。这就是说，从论据到论题的联系有多种途径。在实际思维过程中，我们应当选择那些简明有效的论证方式，而舍去冗长复杂的论证方式。这就需要熟练掌握推理的方法与技巧。

(四) 证明与推理

证明与推理密切相连。

知识的人，就应采用更浅明的知识和方式去说明，否则，对方根本听不懂，也就谈不上接受

此例中运用的推理形式是三段论第一格 AAA 式，即论证方式

此例从总体上看，运用的是选言推理否定肯定式，对其中两个选言支的否定，运用的是假言推理否定后件式

1. 证明必须运用推理。只有借助于推理，才能由论据得出论题。没有推理，也就谈不上逻辑证明。

2. 证明的结构与推理的结构一致。证明中的论题相当于推理中的结论，论据相当于推理中的前提，论证方式相当于推理中从前提得出结论的推理形式。其对应关系可以表示为：

推理：前提 $\xrightarrow{\text{推理形式}}$ 结论

证明：论据 $\xrightarrow{\text{论证方式}}$ 论题

证明与推理又是相区别的：

1. 目的与作用不同。证明的目的是确认某个命题为真，其作用在于确立已知，阐明真理。推理的目的是得出一个新的命题，其作用在于寻求未知，发现真理。

2. 真假要求不同。证明的有效性不仅要求论据与论题之间有必然的逻辑联系，还要求论据是真实的。推理的有效性是就其推理形式而言的，与推理内容无关，它仅要求前提与结论之间有逻辑联系。

3. 思维进程不同。证明的过程总是先有论题，然后为确立论题的真实性寻找理由。论题是已知的，论据也是已知的，由论据得出论题的过程是由已知到已知的过程。推理总是先有前提，然后得出结论。前提是已知的，而结论却是未知的。前提到结论的过程是由已知到未知的过程。

二、证明的方法

根据证明过程中论题与论据联结方式的不同，证明分为直接证明和间接证明。

（一）直接证明

论题的真实性直接由论据的真实性推出的证明称为直接证明。

例如：程某的行为构成过失杀人罪。被告人程某独自一人在一朋友家中时，发现一抽屉中有子弹数发，后又发现在床边有小口径步枪一支。程某出于好奇，随即拿枪玩弄，并装上子弹一发，将枪口伸出窗外，寻找目标。当他见到距离一百多米的田坎上有两个小孩在边走边玩时，便想起电影中枪弹打在泥土上，把泥土打飞起来的镜头，于是想打枪吓唬他们一下，看他们有什么反应。程某即用枪瞄准他们两人中间击发，当场击中走在后面的学生岳某的心脏主动脉，经送医院抢救无效死亡。

根据《刑法》第 15 条的规定，过失犯罪是指行为人在应当预见自己的行为可能发生危害社会的结果，因为疏忽大意而没有预见，或者已经预见而轻信能够避免的心理状态下导致的犯罪。程某的行为属于疏忽大意的过失。因为程某用枪瞄准距离一百多米的田坎上的两个小孩中间击发时，是应当预见到自己的行为可能击中小孩的结果的，由于疏忽大意而没有预见这种危害结果的发生。所以，程某对被害人岳某的死亡应承担过失杀人罪的刑事责任。

该案起诉书中的证明运用的就是直接证明的方法。在证明中运用的论证方式是三段论推理，其中，所引用的刑法的相关规定是大前提，被告人程某的犯罪事实是小前提。由上述大前提和小前提，就可以直接得出结论，即起诉书所要证明的论题。

此例中运用的推理是三段论第一格 AAA 式

直接证明的特点是：从正面入手，引出论据，由论据直接推出论题。论据蕴涵论题，论据真则论题必真。

（二）间接证明

间接证明中，论题的真实性是借助于假设命题推出的。通过推理，确定假设命题为假，再推出论题为真。

间接证明的特点是：从反面或侧面入手，先提出假设命题，并证明其假，再由假设命题的假推出原命题的真。

在假设的命题中，有的是论题的矛盾命题，有的是论题的相关命题（与论题所陈述的事物情况相关联的其他几种可能情况）。根据假设前提的不同，间接证明可以分为反证法和排除法。

1. 反证法。反证法是借助于假设一个与论题相矛盾的命题（反论题）为中介，先证明反论题为假，再推出原论题为真的一种间接证明。由反论题假，推出原论题为真，其逻辑根据是排中律。

排中律的内容是：两个相互矛盾的命题不可同假

反证法的规则是：如果由该假设命题推导出荒谬（与已知事实相违；与已知的公理、定理、定义相矛盾；与已知条件相矛盾；自相矛盾等），则这一假设命题（反论题）必为假。反论题为假，则原论题必为真。

反证法的论证过程可以表示为：

（1）求证论题：P

（2）假设命题：非 P

（3）证明：如果非 P 则 Q［或如果非 P 则（R 且非 R）］，

非 Q［或非（R 且非 R）］；

所以，非 P 为假，

所以，P 真。

　　例如：某律师出庭为一起伤害案辩护，证明"被害人刘某的食指指尖是被宋某拉到嘴中咬断的"这一说法是不可信的。他说，因为刘某被咬断的是右手食指，而根据当时双方面对面的站立位置分析，宋某如果要拉对方的手，只可能拉对方的左手，不可能拉对方的右手。退一步说，即使宋某有意要拉对方的右手，并且就算刘某没有反抗，那么，出于人体器官的自卫本能，刘某的手指也必然会卷曲握成拳头。宋某即使要咬也只能咬到刘某的手背或手指末节，绝不可能咬到她的指尖。再退一步说，就算刘某的手指是老老实实地伸出让宋某去咬，如果是横拉过去的，只能咬到首当其冲的小拇指；如果是直拉过去的，那也只可能咬到最长的中指，或者连中指、无名指一起咬才有可能咬到食指，绝不可能仅仅咬到食指而丝毫没有伤及其他的手指。因此，不论怎样分析，刘某所谓的食指指尖是被宋某拉过去咬断的这一说法是站不住脚的。

　　在该案中，律师的辩护就是运用了反证法。他首先从客观实际情况说明刘某的说法不符合常理。接着退一步，假设刘某的说法成立，由此一步步地推导，最终只能导致与事实不一致的结果。这说明假设不成立，这样就进一步证明了刘某的说法是不成立的。

　　反证法的证明简捷明了，对论题的证明毋庸置疑，因此是一种非常有说服力的证明方法，广泛应用于科学和日常思维的论证中。特别是当直接证明难以奏效时，反证法就成为一种比较便捷有力的方法。

　　2. 排除法。排除法又称选言证法，是借助于假设一个或几个与论题相关的命题为中介，先确定相关命题为假，再推出原论题为真的一种间接证明。

　　排除法的论证过程可以表示为：

　　（1）求证论题：P

　　（2）假设命题：Q，R

　　（3）证明：P 或者 Q 或者 R，

　　　　　　　　非 Q 且非 R；

　　　　　　　　所以，P 真。

　　例如：香港特别行政区应该享有司法终审权。香港特别行政区成立后，香港特别行政区的司法终审权的归属，不外乎有三种可能性：或者仍留在英国政府，或者转交中国政府，或者交给香港特别行政区政府。我国恢复对香港特别行政区行使主权后，虽然香港特别行政区现行法律基本不变，但有损我国主权的条文已经撤销，终审权当然不能继续留在英国；另一方面，由于香港特别行政区采用的仍是英国式的法律制度，同我国内地法律制度根本不同，法院组织与内地法院也不是同一个体系，显然也不宜由最高人民法院来行使终审权。所以，司法终审权应由香港特别行政区政府行使。

上述证明运用的就是排除法。证明中列举出与论题相关的全部的可能情况，然后对论题以外的可能情况一一加以否定，最后，肯定论题成立。显然，由相关的假设命题为假，推出论题为真，其逻辑根据是选言推理的否定肯定式。

间接证明不是直截了当地从论据真推出论题真，而需要借助于假设命题为中介，才能推出论题真。因此，司法文书中一般不宜采用这种证明方法。但在侦查、破案工作中常常要用到间接证明方法。例如，对案情分析得出的初始判断，一时难以找到直接的论据；或者得出的结论是否定判断，一般不易从正面入手进行直接证明；或者当结论以"……只有一个……"等唯一性命题形式出现时。在这些情况下，机智地运用间接证明，不仅为确定论题真开辟一条新的途径，而且为论证具有说服力获得较好的效果。

在论证过程中，直接证明和间接证明结合使用，对同一论题，从正面和反面两个方面加以证明，更能加强论证的说服力。

例如：在1946年春的远东国际军事审判庭上，庭长由盟军最高统帅麦克阿瑟指定，庭长当然居中。各国法官都为在审判席中的座次展开了激烈的争论。我国的代表梅汝璈博士为维护国家的利益和体面，决心争到第二把交椅。梅博士是这样论证的："我认为，法庭座次按日本投降时各受降国的签字顺序排列最合理。首先，今日系审判日本战犯，中国受日本侵害最烈，而抗战时间最久，付出牺牲最大，因此，有8年浴血抗战历史的中国应排在第二；再者，没有日本的无条件投降，便没有今日的审判，按各受降国的签字顺序排座，实属顺理成章。"梅博士说到这里略一停顿，微微一笑说："当然，如果各位同仁不赞成这一办法，我们不妨找个体重测量器来，然后以体重的大小排座。体重者居中，体轻者居旁。"中国法官的话音未落，各国法官均已忍俊不禁。

梅博士的论题是：法官座次，中国应排第二。他首先提出两条有力的论据，直接证明中国应排在第二；接着又指出，若上述方案不行，那么，可以体重来排列。然而这显然是荒谬可笑的，由此，实则否定了其他方案。这是通过反证法进一步论证了原论题，从而通过正、反两个方面加强了论证的力量。

三、证明的规则

判定一个证明是否成功，就看它是否正确，是否有说服力。为此目

> 需要注意排除法中的逻辑根据是选言推理的否定肯定式，要保证结论的可靠性，假设前提应该考虑到相关的所有可能情况

的，证明就必须遵守一定的规则。一个证明是由论题、论据和论证方式三个部分组成的，因此，证明的规则就针对这三个部分。

（一）论题必须清楚、明确

论题回答"证明什么"。要证明的命题是什么，必须清楚、明确地提出来，这对证方和受方来说都非常重要。如果论题不清楚、不明确，则证方自己的论证就会失去中心、失去目标，这也就失去了论证的目的和意义。而且，这在受方中就可能产生歧义，或引起无谓的争论。这不但无益于阐明真理，反而会引起人们的思想混乱。在日常论证中，常有人违反这一要求。例如，有的人演讲，十分生动、有趣，滔滔不绝，听者也全神贯注，兴致勃勃，但演讲结束后，询问听者关于演讲的主题或中心思想，却谁也说不清楚，或者各说不一。又如，有人写文章，长篇大论，却中心不突出。再如，开会讨论问题，有时大家争论得很激烈，但仔细清理一下各种意见，又发现并没有根本的分歧，而是由某些误解引起的争辩。以上种种情况都是由于论题不清引起的。违反这条规则的逻辑错误称为"论题含混"或"论题不清"。

在司法文书中，如果文书的主旨不明，就违反了这条规则的要求。制作司法文书时目的要明确，解决的问题要清楚，解决问题的意见要鲜明突出。这是证明的这条规则的要求在司法文书中的具体体现。辩护人对案件的基本看法必须在辩护词的序言中明确地提出来。在认定犯罪事实和适用法律方面的辩护，被告人的行为是否构成犯罪，犯什么罪，罪重还是罪轻，是一罪还是数罪，都必须立论清楚、观点明确。在辩护词的结尾部分，应明确提出辩护词的结论性的意见，对被告人如何定罪量刑、适用什么刑法条款，以及向法院提什么看法、要求或建议，都必须观点明确。公诉人出庭答辩，要紧紧抓住辩论的重点和分歧的焦点，即抓住案件事实、性质的认定，对法律条款的适用和诉讼程序是否违法等进行辩论。至于与案件无关和不涉及影响定罪量刑的枝节问题不予答辩。只有这样，才能使辩论的主次分明、重点突出、观点明确，从而达到法庭辩论的目的。

（二）论题必须保持同一

证明过程不管多么复杂、多么长，在同一论证过程中，论题必须始终保持同一，不得改变、转移或故意偷换论题。这条规则是同一律的要求在论证中的体现，违反这条规则的逻辑错误是"转移论题"或"偷换论题"。

"转移论题"或"偷换论题"就是在证明过程中将论题转换成其他论题进行论证。

例如：在一次关于某个国家机构的某种行为是否合法的辩论中，其中一位辩论的参与者说道："法治在于由国家机构维护和实现公正的法律。这个国家机构的行为在这种情况下虽然符合法律，但这是不公正的法律，因此，它的行为是不合法的。"

这个论证表面上是在论证"某行政机构的行为是否合法"，实际上已经改变了论题，将"合乎法律"改变为"合乎公正的法律"，而这种改变往往是不自觉的。

在司法文书中，对同一案件性质的断定必须保持同一，否则就会犯转移论题的错误，对案件的定性造成混乱。

在法庭辩论中，按照这一规则，要求参加辩论的双方必须就同一问题发表意见，或者就案件事实，或者就证据的证明力，或者就案件的法律适用。总之，辩论的双方要就同一问题交锋，这样才能达到澄清事实、正确适用法律的目的。

（三）论据必须是已确认为真的命题

论据是用来确定论题真实性的命题，因此，引用的论据必须是已知为真的命题，只有这样的论据，才具有论证的价值。如果论据虚假，或论据的真实性还有待证明，就不能确定以该论据推出的论题必真。违反这条规则要求的逻辑错误称为"虚假理由"和"预期理由"。

如果以虚假的命题作为论据进行论证，就会犯"虚假理由"的错误。例如，古代曾有学者这样证明"宇宙是有限的"这个论题：假如宇宙没有界限，那么，它就没有一定的中心，但是一切物体都以地球为中心，后者有一定的位置并且是宇宙的中心，所以，宇宙是有限的。在这个论证中，用来作为论据的命题都是虚假的，因此，此论证是无价值的。当然，这种错误的发生，在很大程度上是由于当时人们认识水平所限。

在法庭辩论中，各方当事人都有可能捏造虚假的论据，为自己的论点作证，以使法庭作出有利于己方的判决。这种以假取信于人的论证，就是犯了"虚假理由"的错误。

例如：原纳粹分子逊德尔自1958年侨居加拿大以来不断地制造谣言，说第二次世界大战中纳粹德国从未屠杀过犹太人，屠杀之说是捏造出来的。1982年，"加拿大纪念大屠杀协会"对逊德尔提起诉讼，指控他犯有造谣诽谤罪。逊德尔为自己辩护说，根据《加拿大刑法》第177

条的规定，只有在明知情况不实时故意散布谣言才可能构成犯罪。但是自己一直确信未发生过大屠杀事件，所以不是造谣，故而不能判罪。控方指出，纳粹大屠杀的罪行在今天已是妇孺皆知的常识，任何一个正常人都不可能否认，逊德尔在欺骗法庭。控方的反驳就是指出了逊德尔论据的虚假，犯了"虚假理由"的错误。

如果以真实性尚未证明的命题作论据，就会犯"预期理由"的错误。在司法实践中，司法人员如果不认认真真地进行调查研究，实事求是地分析案情，而是凭主观猜测，随意添枝加叶，将尚待证实的材料作为办案的根据，这就犯了"预期理由"的错误。

例如：在《十五贯》中，无锡知县过于执错判尤葫芦被杀一案，就是因为他主观臆断，凭"想当然"办事的结果。过于执听说苏戌娟在尤葫芦被杀后与熊友兰同行，尤葫芦被杀后丢了15贯钱，而熊友兰恰好身上也带了15贯钱。于是，他就断定熊友兰和苏戌娟通奸谋杀尤葫芦，并以此为据，给这两个无辜的青年判了死刑。过于执不调查案件的真相，只根据一些表面现象进行主观加工、猜测，然后以此作为论据进行判案，势必造成冤假错案。

（四）论据的真实性不能依靠论题来证明

论题的真实性是依靠论据为真来确定的。如果论据自身的真实性又靠论题来证明，就等于论题没有得到证明。这样，就会产生"循环论证"。

例如，17世纪法国哲学家笛卡尔曾经这样证明神的存在：我的神的观念是非常清晰的。神是尽善尽美的，无所不包的，因此也包含了"存在"的性质；如果说尽善尽美的神缺乏这一重要性质——即说他"不存在"是自相矛盾的，因此，神是存在的。

笛卡尔在证明"神是存在的"时，论据是"神包含'存在'的性质"，这等于只是同语反复，实际上什么也没有得到论证。

一个比较复杂的证明过程，有时论据本身是带证明的，从而形成多层论证。但不管论证多么长，只要有"循环论证"的错误，论证就是白费力气。

马克思在《剩余价值理论》一书中曾揭露过这种错误。马克思说："……预付资本的价值又由什么决定呢？马尔萨斯说，是由预付资本中包含的劳动价值决定的，劳动价值又由什么决定呢？是由花费工资购买的商品的价值决定的。而这些商品的价值又由什么决定呢？由劳动的价值加利润。这样，我们只好不断地在循环论证里兜圈子。"

在此，马尔萨斯用"商品的价值"论证"劳动的价值"，反过来又用"劳动的价值"论证"商品的价值"。马尔萨斯在这里到底证明了什么？什么也没有。

（五）从论据应能推出论题

在论证过程中，论据与论题之间必须具有逻辑上的必然联系。论据应是论题的充足理由，从论据的真能合乎逻辑地推出论题的真。如果证据不充分，或者所引论据与论题不相干，或者在证明过程中违反了推理规则，都是违反这条规则要求的表现，这样的错误称为"推不出"。现分述如下：

1. 论据不充分。在论证过程中，论据不足，即把确定论题真的必要条件当作充足理由。

例如：一份起诉书与一审判决中都提到被告人用致命的工具——锤子，打了被害人邵某的致命部位——头部，由此认定，被告人犯故意杀人罪。被告人方某以"无杀人故意"为由，提出上诉，并委托律师为其辩护。某律师出庭辩护说："一般说来，用致命的工具击中致命的部位，对认定故意杀人罪有重要的意义，但是不构成充分理由，不能孤立地以此作为区分杀与伤害的绝对标准，仍需结合案情进行具体的考察，上诉人虽然"用锤子击头"了，但据医院证明，邵某的头皮有8厘米挫伤，无骨折，颈部有擦破伤痕，左侧胸挫伤，左肘擦伤，"神志清楚，语言流畅"。可见，邵某只受了轻伤。因此，上诉人虽然用致命的工具打了邵某的致命部位，但其打击的强度只能证明他下手时仅有伤害的故意，而没有杀人的动机。因此，应认定上诉人犯的是伤害罪。

从逻辑上分析，律师的辩护指出了起诉书与一审判决在论证上犯了"推不出"的逻辑错误。在该案中，被告人用致命的工具击中致命的部位，这对认定"被告人是故意杀人罪"来说，只是必要条件，但不是充分条件，即前述事实为真，后面的认定不必然真，前提不蕴涵结论。

2. 论据与论题不相干。在论证过程中，所引用的论据的真实性与论题的真实性毫无关系。

例如：清朝时抚署委员刚弼在审理一起一家13口被人投毒致死的案件中，用引诱的办法使涉嫌的魏家父女向他行贿，然后以此为据，断定魏家父女就是凶手。魏家父女不服，他在升堂会审时这样论证："倘若人命不是你谋害的，你家为什么肯拿几千两银子出来打点呢？"在此，刚弼得到的证据只是行贿的证据，而不是投毒杀人的证据，这个证据与证明论题是不相干的。这就犯了推不出的逻辑错误。

在起诉书中，如果所陈述的事实和法律依据，与被告的罪名认定不相符合，也是论据与论题不相干的表现。

例如：某被告人与一名12岁男孩在大街一侧的人行道上玩排球，该男孩打了一个低球，被告用脚接球，但未能稳住，球滚上马路。此时，吕某骑车经过，车轮轧球，人摔倒，头触地，造成闭合颅脑损伤，合并脑出血，经抢救无效，两天后死亡。检察院以被告人犯交通肇事罪提起公诉。某律师在出庭辩护时指出：根据《刑法》第133条的规定，交通肇事罪具有两个主要特征：第一，犯罪的主体是从事交通运输的人员；第二，在客观上的表现为：交通运输人员过失地违反规章制度，发生重大事故，致人重伤、死亡或者使公私财产遭受重大损失。本案被告人和他的行为不具有上述特征。被告人是羊毛衫厂的机修工人，不能作为本罪的主体。在公路便道上玩球，仅仅违反了《某市道路交通管理暂行处罚条例》。《刑法》第133条不适用于本案。因此，仅凭"被告人在公路旁玩球出事"，不能就认定"被告人犯交通肇事罪"。

从逻辑上分析，律师的辩护指出了起诉书中所陈述的事实和法律依据，与被告人罪名的认定，二者风马牛不相及，即论据与论题之间没有蕴涵关系。

3. 违反推理规则。证明总要使用推理，这就要求由论据推出论题，必须遵守推理规则。只有论证方式正确，才能保证论据与论题之间具有逻辑上的必然联系，从论据的真推出论题必真。如果论证方式不正确，违反了推理规则，那么，由论据的真推不出论题必真。因此，论证中违反相应的推理规则，就会犯"推不出"的逻辑错误。

例如：在一起凶杀案件中，侦查员小张调查了解到以下事实：该案的凶手是持三棱刀作案的；某甲是重点怀疑对象。经搜查，在某甲的床褥底下发现一把三棱刀，而且某甲在发案时有作案时间。在案情分析会上，老王要小张谈谈自己对案情的看法。小张说："我认为，某甲是该案件的凶手。因为，该案件的凶手是持三棱刀作案的，而今查出，某甲有一把三棱刀，由此，可以肯定某甲正是该案件的凶手。其次，如果谁是该案件的凶手，那么，发案时间内一定有作案时间，今查证，在发案时间内，某甲有作案时间，所以，某甲是该案件的凶手无疑。"

刑侦人员小张对案件的分析和论证，相继用了两个推理。现整理如下：

（a）该案件的凶手是持三棱刀作案的，
　　　某甲是有三棱刀的，
　　　所以，某甲是该案件的凶手。

（b）如果谁是该案件的凶手，那么，发案时间内一定有作案时间，

　　某甲在发案时间内有作案时间，

　　所以，某甲是该案的凶手。

小张的第一个推理貌似三段论，实际上不是三段论。其中，"持三棱刀作案的（人）"与"有三棱刀的（人）"是两个不同的概念，在推理的前提中并没有起到中项的作用，因此，不是三段论或其他推理的有效式。第二个推理由肯定后件到肯定前件，不是假言推理的有效式。这说明小张的论证方式是不正确的，犯了"推不出"的逻辑错误。

四、什么是反驳

（一）反驳的定义

反驳是引用确认为真的命题为根据，从而得出某一命题为假或某一论证不能成立的推演过程。

例如，鲁迅在《文学和出汗》中有这样两段话：

上海的教授对人讲文学，以为文学当描写永远不变的人性，否则便不久长。例如英国，莎士比亚和别的一两个人所写的是永久不变的人性，所以至今流传，其余的不这样，就都消灭了云。

这真是所谓"你不说我倒还明白，你越说我越糊涂"了。英国有许多先前的文章不流传，我想，这是总会有的，但竟没有想到它的消灭，乃因为不写永久不变的人性。现在既然知道了这一层，却更不解它们既已消灭，现在的教授何从看见，却居然断定它们所写的都不是永久不变的人性了。

这里，鲁迅通过揭露对方论证过程中的矛盾，从而达到了确认对方论题虚假性的目的。

反驳与证明在论证中的目的是不同的。证明是确认某一命题的真，是"立"；反驳是确认某一命题的假，是"破"。但二者又是相互联系的，证明中有反驳，反驳中有证明。证明某一命题，就是反驳与之相矛盾的命题；而反驳某一命题，又是证明与之相矛盾的命题。证明与反驳在具体论证中经常交互使用，有时以证明为主、反驳为辅，有时又以反驳为主、证明为辅。

（二）反驳的结构

与证明的结构相同，反驳也是由被反驳的论题与所引用的论据两部分构成。从论据与被反驳论题之间的联系来看，反驳也要通过一定的论

证方式。

被反驳的论题，即被确定为假的命题。

如上例中"文学当描写永远不变的人性，否则便不久长"就是被反驳的论题。

反驳的论据，即用来作为反驳的根据或理由的命题。

反驳的方式，即在反驳过程中所运用的推理形式的总和。

（三）反驳从何着手

反驳是确认某一命题为假或某一论证不能成立，其目的在于揭露诡辩，批驳谬误。为了达到反驳的目的，应该根据具体情况，或者针对论题，或者针对论据，或者针对论证方式。

反驳论题，就是确认对方的论题是虚假的。

例如：1945年11月14日，纽伦堡国际军事法庭开庭，审判戈林等纳粹首要战犯。他们被指控犯有破坏和平罪、违反战争法规罪和违反人道罪。

纳粹战犯虽然在战场上遭到了可耻的失败，在法庭上却不肯轻易就范。被告人的辩护律师雅尔赖斯教授竟然声称，由纳粹德国发动的第二次世界大战虽然有5500万受害者，但是却没有一个抓得住的凶手。他在法庭辩护时提出"行为之前法无规定者不罚""国际法不直接针对个人，而且，如果个人行为是国家行为，个人不负责任""执行命令者无罪"等辩护理由。

针对雅尔赖斯"国际法不直接针对个人"的论点，苏联首席起诉人鲁登科指出，国际法对于个人和国家一样都要使他们承担义务，并对他们具有约束力，这一点早已被人们承认，这是因为违反国际法的罪行是通过个人实施的，而不是通过抽象的实体，那么，不惩办个人就难以惩办国家。

苏方起诉人在这里的反驳就是针对对方论题进行的反驳。针对论题进行反驳，只要论据充分，论证方式正确，就驳倒了对方的整个论证。

反驳论据，就是确认对方的论据是虚假的。

例如：在前述纽伦堡国际军事法庭审判案例中，雅尔赖斯提出："战争并不是对国际法规的重大背叛。"他说："至少在1939年前的许多年，在国际的实际生活中并不存在有关禁止战争的普遍有效的国际法规。"对此，英国首席起诉人肖克罗斯爵士指出：1928年8月27日，国际社会就已签订非战公约（即巴黎公约），该公约"无条件谴责将来以战争作为政策的工具，并且明确表示放弃战争"。

肖克罗斯爵士在这里就是针对对方提出的论据进行的反驳。

驳倒了对方的论据，确定了对方论据的虚假性，并不等于驳倒了对方的论题，只表明对方的论题失去了论据的支持。论据假，论题的真假是尚未确定的。

例如：一切行星上都有生命存在，

火星是行星，

所以，火星上也有生命存在。

这个证明的论据之一"一切行星都有生命存在"是虚假的。这只是表明，论题"火星上有生命存在"在此论证中没有得到证明，它的真假还需要重新证明。

反驳论证方式，就是确认对方的论据与论题之间没有必然的逻辑联系，从论据推不出论题。

例如：如果死者是服砒霜中毒死亡，那么，尸体内一定有砒霜的残余物质，

现查明尸体内有砒霜的残余物质，

所以，死者一定是服砒霜中毒死亡的。

这个证明的论据是正确的，但是论题却未必为真。原因在于论题与论据没有必然的逻辑联系。这个证明，就可以针对它的论证方式进行反驳，指出其中所运用的推理不是有效式。

确认从论据推不出论题，这表明论证不能成立，但不等于驳倒了论题。论题的真假还需要重新论证。

驳倒了对方的论据或论证方式，虽然不等于驳倒了论题，但还是具有重要的意义的。这说明对方的论题失去了论据的支持，或从论据不能必然推出论题。这样的证明难以令人信服，其论题难以成立。

关于论题、论据、论证方式三者的关系，总结如下：

论据真，论证方式正确，则论题真；

论据真，论证方式不正确，则论题可真可假；

论据假，论证方式正确，则论题可真可假；

论据假，论证方式不正确，则论题可真可假。

五、反驳的方法

无论反驳论题、反驳论据还是反驳论证方式，都可以采用不同的反驳方法。从反驳过程的特点来看，反驳方法可以分为直接反驳、间接反驳和归谬法。

（一）直接反驳

直接反驳就是引用真实性已确定的命题，直接推出被反驳的命题为假的反驳方法。

直接反驳常用的方法是举反例，即举出一个与对方论题或论据相矛盾的实例。

例如：1947 年 3 月上旬，南京特别军事法庭开庭公审南京大屠杀首犯——侵华日军第六师团长谷寿夫中将。公诉人叶在增宣读了长达 2 小时的起诉书，历陈了谷寿夫犯下的滔天罪行，其中包括在南京屠杀无辜百姓的犯罪事实。而谷寿夫却对此一概否认："我部是有文化教养的军队。两军对垒造成伤亡不可避免。至于死伤百姓，可能是别的部队士兵干的。"

"请《陷都血泪录》一书的作者郭歧出庭作证！"公诉人决心战胜这个凶恶的战犯。

郭歧问："攻陷南京时，你的部队驻在何处？"

谷寿夫答："我部驻中华门。"

郭歧声若洪钟："对了，《陷都血泪录》列举惨案，都是发生在中华门，正是你部残害华人百姓的铁证。"

谷寿夫狡辩："我部进驻中华门时居民已迁徙一空，无屠杀对象。"

石美瑜庭长宣布："把中华门万人坑内被害者的颅骨搬上来！"法庭安静下来。只见一颗颗颅骨滚动而来，从底部切痕可见，全部都是用刀砍下来的。谷寿夫呆若木鸡，但仍说不知道。英国记者田伯烈、美国《纽约时报》驻南京特派记者纷纷出庭作证，谷寿夫仍矢口否认。这时，石美瑜宣布拉开银幕，放映日军自己拍摄的新街口屠杀现场纪录片。接着放映了美国驻华使馆新闻处实地拍摄的谷寿夫部队暴行的影片。他怎么也想不到，竟然会在法庭上看到自己。铁证如山，谷寿夫只好颓然低头，俯首认罪。

虽然谷寿夫顽固坚持自己的论点，但公诉方数次举出与谷寿夫的论点相矛盾的事实，达到了反驳的目的。

直接反驳也可以采用证明对方的论点与某一个普遍接受的观点相矛盾的方法。

例如：有人说："我认为有些未年满 18 岁的年轻人可以有选举权。因为有些年轻人思想成熟早，有独立的见解，聪明、能干。"对此可以这样反驳："我国法律明文规定，只有年满 18 岁的公民，才能有选举权。因此，未年满 18 岁而有选举权是违法的，不能成立。"

用"只有年满 18 岁才有选举权"这一现行有效的法律条文直接推出"未

直接反驳的特点是：不需要经过任何中间环节，反驳直接、有力。

（二）间接反驳

间接反驳又称独立证明的反驳方法。它是通过证明与被反驳的论题相矛盾的命题（反论题）为真，从而推出被反驳的论题为假的反驳方法。

间接反驳的思维过程可以表示为：

（1）被反驳的论题：P

（2）设反论题：非P（或Q，P与Q是反对关系）

（3）反驳：非P为真（或Q真）；

所以，P假。

例如：在某县一起案件的庭审中，县检察院以胥某犯过失杀人罪提起公诉。对此，辩护人不同意，他说："被告胥某和冉某、向某三人去打熊，由向某布置两个'点'，相距104米，胥某先坐到'点'上，位置在苞谷地中间，地处坡下。从当时的天气和地势看，夜深天黑，被告坐'点'的坡下，一片苞谷地，长势好，秆粗叶密。坡下无住户，无行人小道，无守护苞谷棚。苞谷地周围树林环绕，深夜无人通行。尤其是分'点'时，三人已约法三章，坚持坐'点'，不能乱动，以口哨为号收'点'。所以，在被告的脑海里形成在他坐'点'的周围发现动静只能是熊，而不会是人的概念。然而竟事出意外。这正如被告胥某所说：'打死人是事实，根据当天晚上的情况和客观条件，我根本想不到老打猎的人会违章乱动，造成中弹死亡。'可见，危害结果的发生是由于行为人不能预见的原因引起的，行为人主观上并没有过失。"

在这里，辩护律师通过充分的论据，证明了此案是意外事件，这样就推翻了公诉人关于"胥某的行为构成过失杀人罪"的指控。

间接反驳的特点在于：不直接针对对方论题进行反驳，而是独立设立一个与之相矛盾或相反对的论题，通过证明反论题的真，进而确定被反驳论题为假，从而达到反驳的目的。

（三）归谬法

归谬法就是从被反驳的论题推出荒谬的结论，由否定荒谬的结论，进而推出被反驳的论题为假的反驳方法。

以被反驳的论题为依据，推出荒谬的结论，这是归谬法关键的一步。如何引导至荒谬？可以从被反驳的论题中推出与事实、理论相违的

满18岁而有选举权"为假

这里是根据矛盾律

这是两个相反对的命题，二者不可同真

谬论；也可以从被反驳的论题中推出逻辑矛盾。

归谬法的思维过程可以表示为：

(1) 被反驳的论题：P

(2) 假设：P 真

(3) 反驳：如果 P 则 Q〔或如果 P 则（R 且非 R）〕，

非 Q〔或非（R 且非 R）〕；

所以，P 假。

例如：20 世纪 70 年代，苏州女工杜芸芸将 10 万元遗产捐赠国家的事迹曾轰动一时。围绕这笔遗产，还有一场旷日持久的官司。原来，杜芸芸是死者的养女，长期服侍死者，与死者一起生活。当死者入葬后，原先素不来往的两家远亲匆匆赶来，合伙伪造遗嘱，企图瓜分遗产。后来双方都想独吞遗产，打起了官司。在诉讼开始后，其中一方陈某又进一步提出死者生前向她家借过 50 两黄金和 200 条被面，必须先从遗产中扣除这笔欠款，然后再按遗嘱平分遗产。她提出一些旁证，虽然这些旁证先后都被审判员否决，但仍不甘心。审判员最后突然发问："写遗嘱时顾某（死者）神态清楚吗？"陈某回答："清楚。"审判员随即又问："那好，既然她神志清楚，理应记得欠你家的这一大笔债务。当时，你们日夜守在她身边，她既然能把遗产如何分配都写得那么详细，为什么不在遗嘱中写明偿还你的债务呢？"陈某面对审判员的提问，顿时哑口无言。

在这里，审判员从假定陈某的说法是真实的出发，却由之推出了有违于事实、无法解释的结论，从而驳倒了对方。

再如：1925 年 7 月，在美国小城戴顿，许多著名人物云集于此，发生了一场对日后有深远影响的法庭辩论。被告约翰·施柯柏斯因向学生讲授进化论而被起诉。在不久前，美国通过法律禁止教授任何与《圣经》相抵触的东西。这条法律引起了社会广泛的争论，施柯柏斯案将双方的辩论引向法庭。民主党领袖布莱因主动担任原告代理人，他是进化论的坚决反对者。为了回答他的挑战，法学家达罗和律师马隆声明愿为施柯柏斯辩护。在双方辩论的过程中有这样一段对话：

达罗问明布莱因对《圣经》中的一切都确信无疑后，读一段《创世纪》："……晚上到早上是第一天"，然后问布莱因是否相信太阳是在第四天被创造出来的。

"是的。"

"没有太阳，那么，早上和晚上呢？"

布莱因一脸愁相，听众发出窃笑声。

达罗又问，他是否真的相信夏娃吃智慧果的故事。

"是的。"

"那么，你相信上帝自此以后令蛇贴着肚皮爬行而作为惩罚吗？"

"我相信。"

"好，在这之前，蛇是怎么行走的？"

众大笑，布莱因大窘。

在这一段交锋中，达罗首先确定布莱因对《圣经》中所讲述的一切确信无疑，然后针对《圣经》的内容向布莱因提出两个问题，这两个问题与事实相违的荒谬性是明显的，布莱因是无法回答的。听众的笑声宣告了他的失败。

归谬法的特点在于：这是一种以退为进的反驳方法。假定需反驳的论题为真，是为了引出荒谬。引出荒谬是为反戈一击，驳倒需反驳的论题。由于这种方法具有很强的反驳力量，因此，在实践中为人们所广泛运用。

古希腊哲学家苏格拉底是运用归谬法的大师。苏格拉底说服对方的方法，是他首先和他的对手在最初的陈述上取得共同的认识，作为其后全部推论的前提，然后，他一步一步地从这些前提推出一个比一个深入的结论，并且特别注意到对方对他的每一步推理都是赞同的。苏格拉底以这种方式最后得出对方本来反对的论题。

> 因此，这样的反驳方法又被称为"苏格拉底式讽刺"

□ 小　结

本章阐述逻辑方法，包括定义和划分、假说、证明和反驳。其主要内容有：

一、定义和划分

（一）什么是定义

定义的结构 $\begin{cases} 被定义项（D_s）\\ 定义项（D_p）\\ 定义联项（=df）\end{cases}$

（二）定义的方法

定义的方法 $\begin{cases} 事物定义 \begin{cases} 发生定义\\ 功用定义\\ 关系定义 \end{cases}\\ 语词定义 \begin{cases} 规定的语词定义\\ 说明的语词定义 \end{cases}\end{cases}$

（三）定义的规则

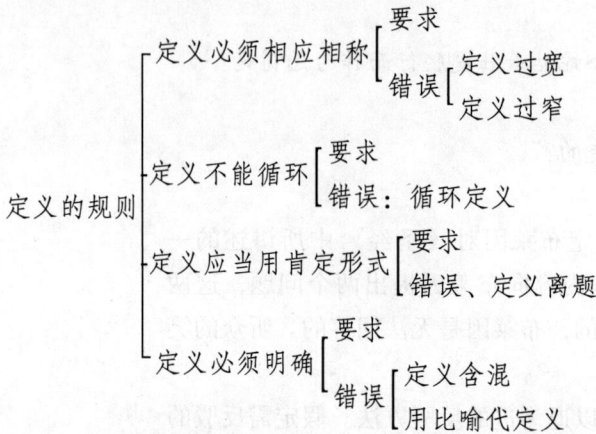

定义的规则
- 定义必须相应相称
  - 要求
  - 错误
    - 定义过宽
    - 定义过窄
- 定义不能循环
  - 要求
  - 错误：循环定义
- 定义应当用肯定形式
  - 要求
  - 错误、定义离题
- 定义必须明确
  - 要求
  - 错误
    - 定义含混
    - 用比喻代定义

（四）什么是划分

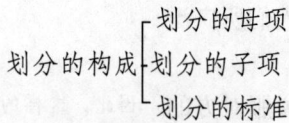

划分的构成
- 划分的母项
- 划分的子项
- 划分的标准

（五）划分的方法

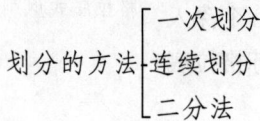

划分的方法
- 一次划分
- 连续划分
- 二分法

（六）划分的规则

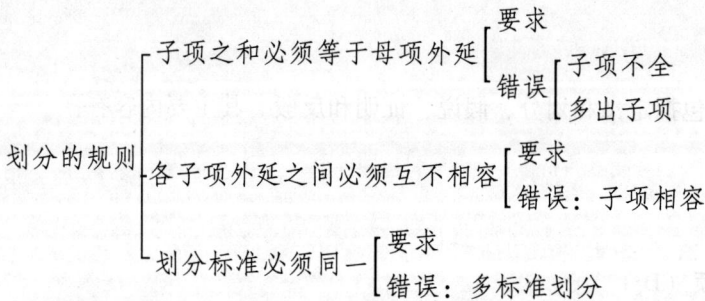

划分的规则
- 子项之和必须等于母项外延
  - 要求
  - 错误
    - 子项不全
    - 多出子项
- 各子项外延之间必须互不相容
  - 要求
  - 错误：子项相容
- 划分标准必须同一
  - 要求
  - 错误：多标准划分

二、假说

（一）假说的定义

假说是人们对所研究事物或现象作出的一种推测性解释，是人们对事物情况作出的一种假定性说明。

（二）假说的提出

要以掌握的事实材料和已有的科学知识为前提，还要综合运用各种推理，特别是要应用各种非演绎推理。

（三）假说的检验

先从假说引申出具体推断；然后检验这些推断是否与客观事实相符。

三、证明和反驳

（一）什么是证明

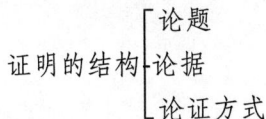

$$\text{证明的结构}\begin{cases}\text{论题}\\\text{论据}\\\text{论证方式}\end{cases}$$

（二）证明的方法

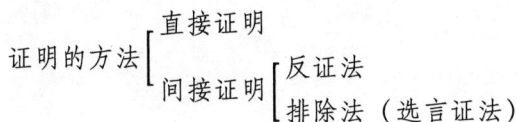

$$\text{证明的方法}\begin{cases}\text{直接证明}\\\text{间接证明}\begin{cases}\text{反证法}\\\text{排除法（选言证法）}\end{cases}\end{cases}$$

（三）证明的规则

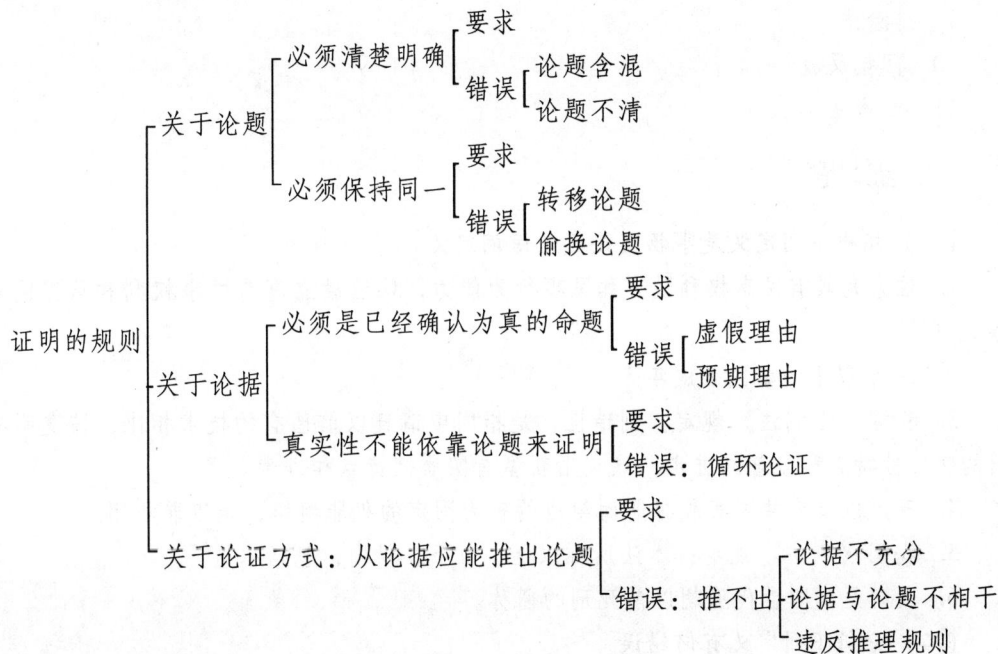

$$\text{证明的规则}\begin{cases}\text{关于论题}\begin{cases}\text{必须清楚明确}\begin{cases}\text{要求}\\\text{错误}\begin{cases}\text{论题含混}\\\text{论题不清}\end{cases}\end{cases}\\\text{必须保持同一}\begin{cases}\text{要求}\\\text{错误}\begin{cases}\text{转移论题}\\\text{偷换论题}\end{cases}\end{cases}\end{cases}\\\text{关于论据}\begin{cases}\text{必须是已经确认为真的命题}\begin{cases}\text{要求}\\\text{错误}\begin{cases}\text{虚假理由}\\\text{预期理由}\end{cases}\end{cases}\\\text{真实性不能依靠论题来证明}\begin{cases}\text{要求}\\\text{错误：循环论证}\end{cases}\end{cases}\\\text{关于论证方式：从论据应能推出论题}\begin{cases}\text{要求}\\\text{错误：推不出}\begin{cases}\text{论据不充分}\\\text{论据与论题不相干}\\\text{违反推理规则}\end{cases}\end{cases}\end{cases}$$

（四）反驳的方法

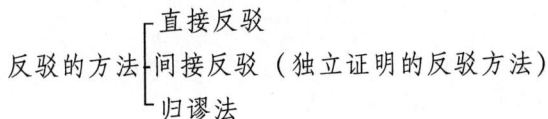

$$\text{反驳的方法}\begin{cases}\text{直接反驳}\\\text{间接反驳（独立证明的反驳方法）}\\\text{归谬法}\end{cases}$$

□练习与思考

一、名词解释

1. 事物定义
2. 语词定义
3. 二分法
4. 假说
5. 证明
6. 反驳
7. 直接证明
8. 反证法
9. 排除法
10. 间接反驳
11. 归谬法

二、练习题

（一）指出下列定义是事物定义还是语词定义

1. 法人是具有民事权利能力和民事行为能力，依法独立享有民事权利和承担民事义务的组织。

2. 18 岁以上的公民是成年人。

3. 我国《专利法》规定：创造性，是指同申请日以前已有的技术相比，该发明有突出的实质性特点和显著的进步，该实用新型有实质性特点和进步。

4. 三人以上为共同实施犯罪而组成的较为固定的犯罪组织，是犯罪集团。

5. 我国《刑法》规定：本法所称以上、以下、以内，包括本数。

6. 大辟是我国古代隋朝以前死刑的通称。

（二）分析下列定义有何错误

1. 法院是国家的司法机关。

2. 国际法不是国内法。

3. 杀人罪就是故意非法地剥夺他人生命的行为。

4. 失败是成功之母。

5. 懒汉是不从事生产的人。

6. 公证人就是在国家公证机关从事公证工作的人。

（三）分析下列划分有何错误

1. 邮件分为航空邮件、平寄邮件、国内邮件、国际邮件。

2. 法律可以分为实体法、程序法、民事诉讼法。

3. 人民法院可以分为最高人民法院、高级人民法院和中级人民法院。

4. 一年可以划分为四季。

5. 地球可以划分为南北两个半球。

（四）根据假说的有关知识分析下例并回答有关问题

科学家们一直关注、探讨一个问题：是什么原因使得恐龙在大约 6500 万年之前全部死光。美国加利福尼亚大学的一项研究提出这样一个新论断：这个控制世界达 13 500 万年之久的巨霸遭到了灭顶之灾是由离地球 1/10 光年以内的一颗超新星爆炸引起的。论据是：古比欧地区岩石（那里的岩石是恐龙消失阶段最完整的记录）中金属铱的密集度，在恐龙消失期间骤然增加 25 倍。如果这种超新星爆炸，会发出大量的辐射能和物质碎片到地球上来，致使岩石中金属铱的密度骤然增加许多倍，会使地球周围的臭氧层遭到暂时的破坏，会使地面上的温度骤然下降、普遍干旱和光合作用减弱，使许多生物不能生长，从而使惯于在热带、亚热带雨林中生长而食量又非常大的恐龙失去生存的必要条件。

问：上例中提出了什么假说？是怎样提出来的？

（五）指出下例提出了哪些假说，是怎样被检验的

人们发现，蝙蝠在黑夜里能快速、准确地飞行而不会撞在任何东西上。为了解释这种现象，科学家们根据常识提出了这样一个假说：蝙蝠能在黑夜中避开障碍物飞行是由于它有特别强的视力。那么，由这个假说可知，如果把蝙蝠的眼睛蒙上，它在飞行中就会由于看不见东西而撞在障碍物上。为了检验由假说推出的结论，科学家们设计了一个小实验：在一暗室中系上许多纵横交错的钢丝，在每条钢丝上系上一个灵敏的铃子，让一些蝙蝠蒙上眼睛在这个暗室里飞行，蝙蝠如果撞上钢丝，铃子便会发出响声。可实验结果是铃子不响，蝙蝠没有撞在钢丝上。从而推翻了原假说。科学家们便想，蝙蝠是否有别的特异功能呢？是否无需眼睛就能辨别障碍物呢？于是，他们又提出了一个新的假说：蝙蝠能发出一种超声波，超声波遇到障碍物以后会发生反射，反射波被蝙蝠接收，便可知前方有障碍物。由此假说可以推知：蝙蝠在飞行中会不断发出超声波。后来，科学家们用仪器把这种超声波探测出来了，从而证实了这一假说。

（六）指出下列证明的方法

1. 本案死者是他杀。因为，如果死者背部有多处致命刀伤，则死者是他杀。经查证，本案死者背部确有多处致命刀伤，所以，本案死者是他杀。

2. 科学是无禁区的。因为如果有禁区，就等于承认客观世界有不许接触、不能探索、不可认识的领域，而事实上人类是在不断地认识世界、改造世界的过程中发展的，所以，科学是无禁区的。

3. 只有加强社会主义法制，才能顺利地进行社会主义现代化建设。因为，如果要顺

利地进行社会主义现代化建设，就要有一个安定团结的政治局面；如果要有一个安定团结的政治局面，就必须加强社会主义法制。

4. 中国革命只能依靠中国工人阶级领导才能取得革命胜利。因为，太平天国革命的失败证明了农民阶级不能领导中国革命取得胜利；辛亥革命的失败证明了民族资产阶级也不能领导中国革命取得胜利。

5. 美国总统乔治·华盛顿年轻的时候，一天，邻居盗走了他的马。华盛顿和警察一道在邻居的农场找到了马。可是邻居说这马是他的，不肯把马交出来。

华盛顿思索着：如何证明"这马不是你的？"不一会儿，华盛顿用手将马的双眼捂住问："如果这马是你的，那么，你说出它的哪只眼是瞎的？"

"右眼"，邻居回答说。

华盛顿把手从右眼移开，马的右眼是明亮的。

"啊！我弄错了"，邻居纠正说："是左眼！"

华盛顿把手从左眼移开，马的左眼也是明亮的。

邻居为自己辩护说："糟糕！我又错了。"

华盛顿说："如果这马是你的，那么，马的眼睛是否有瞎的，你就不会说错。可是，你为什么都说错了？"

警察说："够了够了，这已经足以证明这马不是你的！华盛顿先生，我们把马牵回去吧！"

6. 鲁迅在《文坛三户》中说，20年来，中国已经有了一些作家，一些作品，而且至今还没有完结，所以有个"文坛"，这是毫无可疑的。但是，这个"文坛"实在令人齿冷。为什么？鲁迅分析了当时"文坛"的"三户"：一为"破落户"，"他们的杰作上……大抵放射着一种特别的神采，是'顾影自怜'"。二为"暴发户"，他们自附于"风雅之林"，"浅薄，而且装腔，学样"，他们的作品中充斥着"沾沾自喜"。三为"破落暴发户"，他们是变化中的一户，"向积极方面走，是恶少；向消极方面走，是瘪三"。鲁迅最后得出的结论是："使中国的文学有起色的人，在这三户之外。"

（七）下列证明是否正确，为什么

1. 我徇私舞弊不是违法行为。因为我不是司法干部，司法干部徇私舞弊是违法行为。

2. 一位法官这样推论："本法院认为这一指控是已确证的事实，根据在于一个作为被告的、其行为受怀疑的人，一定是道德堕落的人，并且他认为他无罪的申辩是不值得相信的。"

3. 当要求某个学生证明一个三段论推理时，他回答："我的朋友会证明我一直在学习这个理论。"

4. 在《战国策·魏策四》中讲述了这样一件事：有人问一南辕北辙的人："你到楚国去，为什么朝北走呀？"答："我的马好"，"我的钱财多"，"我的车夫本领也高呀！"

5. 地球上出现的不明飞行物，肯定是外星球的宇宙人发射的，因为现代科学告诉我们，外星球可能存在比地球人更高级的宇宙人，他们向地球发射宇宙飞行物是很自然的事。

6. 名人未出名门者更多。值得注意的是，如果越是注意查看一些名人的经历，就越是发现他们的出身并不高贵，其家庭既不是有万贯财富的富户，其先父远祖也没有具备后辈名人所擅长的技艺，以至于祖传世袭。因此，我们可以说，所有的名人都是从无名小辈中过来的，从没有生下来就是名人的先例。

7. 某律师在法庭上宣称他的委托人不会做任何错事，因为他是十分诚实的，根本不会做那样的事。

8. 刘某被指控犯有盗窃罪。在法庭辩论中，刘某的辩护人指出："刘某的行为不构成盗窃罪，因为证据不足，现场丢下的自行车不能作为刘某作案的证据。"公诉人说："现场留下的自行车是刘某的，这证明刘某是案犯，正因为刘某是案犯，所以，毋庸置疑，现场丢下的自行车就是赃物。"

9. 前不久，上海一位先生购得一张奖券，对奖号是89914，按上海话谐音为"不久就要死"。先生据此认为，大祸将临头，奖券不吉利，故弃之，同事中有不信者，拾奖券为已有。待开奖后，出人意料，89914竟获特等奖，先生懊悔不已。转念之间，前往同事处，要索回奖券，被同事坚决拒绝。骤然，冲突升级，激战一场。结果一个银铛入狱，一人命归西天。此时有人大作论证："呜呼哀哉！祸事不可抗，死人是必然，奖号的数字是老天爷的神机妙算。"有人不以为然地说："假如那位先生将奖券自存自领，岂非美事一桩？"另又有人论证："那也死人，先生将会高兴得要死。"

（八）指出下列反驳的方法

1. 康有为曾说："万国礼教主无不跪。中国民不拜天，又不拜孔子，留此膝何为？"鲁迅驳道："康圣人主张跪拜，认为'否则要此膝何用'。走时腿的动作，固然不易于看得分明，但忘记了坐在椅上时候的膝的曲直……"

2. 华佗并未为关羽刮骨疗毒。据史料记载，关羽刮骨疗毒是在樊城"水淹七军"之战中。但樊城之战是在建安二十四年（公元219年），而华佗在建安十二年就被曹操杀了，他又怎么可能为关羽动手术呢？

3. 有一家被盗，这家人在追赶的过程中把贼击倒在地，并扭送至保长处。保长把贼捆绑起来，又带上镣铐，解送官府。走在途中，贼死了。郡府要惩办保长把贼捆绑整死的罪。案已结审，录事参军杨某看完检验书说道："该贼是被背后追杀的人击伤致死的。因为贼的左肋下有一处致命伤，长1寸2分，伤痕中还有一条白道，这肯定是被背后追杀的人击伤致死的。"杨某传来了那个追贼的人，弄清了情况，他又要来了那根打贼的棍子，果然棍子的一端有一个裂缝，证明贼身上伤痕中间的白道，就是由棍子的裂缝击打形成的。所以，贼的死并非保长整死。于是保长免于治罪。

4. 药剂师走进邻居的一个书商的铺子里，从书架上拿下一本书来问道："这本书有趣吗？"

书商:"不知道,没读过。"

药剂师:"你怎么能卖你自己未读过的书呢?"

书商:"难道你能把你药房里的药都尝一遍吗?"

5. 屠格涅夫在《罗亭》中写过这样一场争论:

什么都不相信的毕加索夫说:"每一个人都在谈论自己的信念,还要别人尊重它……呸!"

罗亭:"妙极了,那么,照你这么说,就没有什么信念这类东西了?"

"没有,根本不存在。"

"你就是这样确信的吗?"

"对!"

罗亭最后说:"那么,您怎么说没有信念这种东西呢?您自己首先就有一个。"

6. 美国大律师赫梅尔,在一件赔偿案件中代表某保险公司出庭辩护。原告在法庭上声称:"我的肩膀被掉下来的升降机轴打伤,至今右臂仍抬不起来。"赫梅尔说:"请给陪审团看看,你的右臂现在能举多高?"原告慢慢地将手臂举到齐耳的高度,并表现出非常吃力的样子,以示不能举得更高了。赫梅尔又说:"那么,你在受伤以前能举多高呢?"原告不由自主地一下子将手臂举过了头顶,引得全庭哄堂大笑。笑声宣告了原告的失败和赫梅尔辩护的成功。

7. 在一次国际会议期间,一位美国外交人士挑衅地对中方代表说:"如果你们不向美国保证:不用武力解决台湾问题,那么显然就是没有和平解决的诚意。"

中方代表立即予以反驳:"台湾问题是中国的内政,采取什么方式解决是中国人民自己的事,无需向他国作什么保证。请问,难道你们竞选总统也需要向我们作出什么保证吗?"

顿时,美国外交人士哑口无言。

8. 在关于奴隶制的辩论中,林肯在笔记中写道:

"不管甲怎样确证他有权奴役乙,难道乙就不能抓住同一论据证明他也可以奴役甲吗?你说因为甲是白人,乙是黑人。那么,就是以肤色为依据喽。难道肤色浅的人就有权去奴役肤色深的人吗?那么,你可要当心,因为按照这个逻辑,你就要成为你所碰到的第一个肤色比你更白的人的奴隶。你说你的意思不完全是指肤色吗?那么,你指的是白人在智力上比黑人优异,所以有权去奴役他们吗?这你可又要当心,因为按照这个逻辑,你就要成为你所碰到的第一个智力上比你更优异的人的奴隶。"

(九) 分析下列法庭辩论,指出其证明或反驳的方法,并分析证明或反驳中有无逻辑错误

1. 某部队发生一起盗枪案。被告人盗窃手枪 4 支、子弹 100 余发。根据军职罪条例,盗窃大量枪支弹药的,属情节特别严重,要判处较高刑期。在法庭上,辩护人说:"被告人的行为不属情节特别严重。因为 4 支手枪、100 多发子弹不能算是'大量的'。如果说

这就是'大量的',那么,一个兵工厂生产了4支手枪、100多发子弹,难道能说是生产了大量的枪支弹药吗?"对此,公诉人反驳如下:"生产枪支和盗窃枪支是性质完全不同的两桩事,怎么能够类比呢?按照辩护人的逻辑,一个人盗窃了1万元人民币也不能说是大量的,因为制币单位如果只印了1万元人民币,能说是'大量'的吗?"显然,辩护人的逻辑是十分荒谬的。

2. 有一起杀人案件,韦某与其弟媳上山挑柴草。韦某从山上挑到山下,其弟媳接着挑回家。挑了十几担后,韦某在与弟媳交接柴草处,发现弟媳倒在地上,头被击伤,满面是血,衣服被撕破,奄奄一息,韦某立即背起弟媳,欲回家抢救。行走不到10米,弟媳死去。此时,韦某异常心慌,心想此处很少有他人来往,别人一定会说是他杀害其弟媳的,自己就是跳进黄河也洗不清了。于是将尸体抛入荒草丛中,回家装作不知道。没过几天,韦某被捕,检察院以杀人罪对韦某提起公诉。韦某矢口否认。在庭上,公诉人说:"韦某是作案人无疑。其理由是:现场有韦某的脚印;韦某身上有死者的血迹。我们知道,如果是作案人,那么,现场必有人的足迹,现发案现场,韦某的脚印非常清晰;如果是作案人,那么,作案人的身上必有死者的血迹。韦某身上有死者的血迹,铁证如山。所以,韦某是作案人,是杀死其弟媳的凶手。"

韦某的辩护人提出,单是这两条理由,还不能认定韦某是杀死其弟媳的凶手。因为这两条还不构成充足理由。这里还有其他可能,例如,韦某先到现场,离开后才发生杀人案件;杀人案件发生后,韦某来到现场。在这两种情况下,现场都会留下韦某的清晰的脚印。另外,韦某身上的血迹,即使是其弟媳的血,也不一定是作案时沾上的。所以,仅凭这两点,不能必然地得出韦某就是杀人凶手。

3. 印度影片《流浪者》中的拉兹,闯进拉贡纳特法官公馆,举刀想杀死抛弃自己的生身父亲,但终因手软未遂。拉兹被拉贡纳特指控为谋杀罪。

在法庭上,检察官向控告人提问:"拉贡纳特先生,您知不知道被告拉兹究竟为什么要杀害你?他是不是与您有仇?"拉贡纳特非常自负地说:"被告是天生的罪犯。这种仇恨,是罪犯对法官所持的仇恨,因为法官对强盗向来是毫不留情的,……"

辩护律师丽达:"您称被告是天生的罪犯,这是什么意思?"

拉贡纳特:"这我认为不必要解释,被告是天生的流浪儿,从他父母那里继承了犯罪因素。""父亲是坏人,儿子绝不会好。好人的儿子是好人,贼的儿子一定是贼。"

……

丽达:"拉兹为什么要杀拉贡纳特?原因比您想象的要复杂得多,……"丽达把拉贡纳特无情地赶走妻子以及拉兹母子的悲惨遭遇当众叙述了一遍,然后继续她的辩护,她说:"这就是拉兹的过去,你们已了解,拉兹为什么走上了犯罪的道路。法官先生,有罪的不是拉兹,而是他的父亲!是他从家里赶走了无辜的妻子!是他遗弃了亲生儿子!拉兹小时候只能跟流浪儿生活在一起,那种环境能够使他成为正路人吗?法官先生、审判官先生,我认为你们不应该判拉兹的罪,而应该判罪过深重的拉贡纳特的罪。"

拉贡纳特："……她硬说我好像是这个罪犯的什么……父亲。请问律师先生，你有什么证据？"

丽达："你不想承认拉兹是你的儿子，世界上再也没有别的更有力的证据了。拉贡纳特先生，这个证据可以在你的良心里找到，从拉兹身上找到。看看他，你看看拉兹的脸，跟你的面貌一样。你听听拉兹的声音，与你的声音完全相同，你的良心现在还不承认自己的孩子吗?!"

4. 20 世纪 30 年代，英国商人威尔斯蓄意敲诈，到香港茂隆皮箱行订购 3000 只皮箱，价值港币 20 万元。合同约定 1 个月后取货，港商按期交货。威尔斯却说：皮箱中有木料就不是皮箱，而合同上写的是皮箱。因此向法院提出控诉，要求按合同约定赔偿损失。威尔斯在法庭上信口雌黄，气焰嚣张。这时港商的辩护律师站起来，从口袋里取出金怀表，高声问法官："请问，这是什么表？"法官答："这是金表，可是，这与本案有什么关系？"律师高举金表，面对法庭上所有的人说："有关系。这是金表，没有人怀疑了吧？但是请问，这块金表除表面是镀金的之外，内部的机件都是金制的吗？"旁听者同声议论："当然不是。"律师继续说："那么，人们为什么又叫它金表呢？"稍作停顿后又高声说："由此可见，茂隆行的皮箱案，不过是原告无理取闹、存心敲诈而已。"原告理屈词穷。法庭以威尔斯犯诬告罪、罚款 5000 元结案。

三、思考题

1. 什么是定义？定义由哪几部分组成？
2. 定义的方法有哪些？
3. 什么是事物定义？事物定义有哪些不同的种类？
4. 什么是语词定义？语词定义有哪些不同的种类？
5. 定义有哪些规则？违反这些规则会犯什么逻辑错误？
6. 什么是划分？划分由哪些部分组成？
7. 划分有哪些规则？违反这些规则会犯什么逻辑错误？
8. 什么是假说？假说如何检验？
9. 什么是证明？它是由哪几部分组成的？
10. 证明的方法有哪几种？它们各有什么特点？
11. 证明有哪些规则？违反这些规则会犯什么逻辑错误？
12. 什么是反驳？反驳有哪些方法？它们各有什么特点？
13. 论据真，论题是否必真？论据假，论题是否必假？
14. 论证方式正确，论题是否必真？论证方式不正确，论题是否必假？